# 移动图书馆用户体验研究与服务质量提升策略

曲　莉　著

中国商务出版社
CHINA COMMERCE AND TRADE PRESS

**图书在版编目（CIP）数据**

移动图书馆用户体验研究与服务质量提升策略 / 曲莉著. -- 北京：中国商务出版社，2021.9 （2023.3重印）
ISBN 978-7-5103-4007-9

Ⅰ.①移… Ⅱ.①曲… Ⅲ.①数字图书馆—图书馆服务—服务质量—研究 Ⅳ.①G250.76

中国版本图书馆CIP数据核字(2021)第203214号

移动图书馆用户体验研究与服务质量提升策略
XINSHIQI JINGGUANLEI ZHUANYE RENCAI PEIYANG MOSHI YANJIU YU SHIJIAN TANSUO

曲 莉 著

| | | |
|---|---|---|
| 出　　版：中国商务出版社 | | |
| 地　　址：北京市东城区安定门外大街东后巷 28 号　　邮编：100710 | | |
| 责任部门：融媒事业部（010-64515164　631229517@qq.com） | | |
| 策划编辑：舒朝普 | | |
| 责任编辑：张永生 | | |
| 总 发 行：中国商务出版社发行部（010-64515164） | | |
| 网　　址：http://www.cctpress.com | | |
| 邮　　箱：cctp@cctpress.com | | |
| 印　　刷：河北赛文印刷有限公司 | | |
| 开　　本：185 毫米 × 260 毫米　　1/16 | | |
| 印　　张：12.25 | 字　　数：262 千字 | |
| 版　　次：2021 年 9 月第 1 版 | 印　　次：2023 年 3 月第 2 次印刷 | |
| 书　　号：ISBN 978-7-5103-4007-9 | | |
| 定　　价：40.00 元 | | |

# 前　　言

移动互联网时代，移动服务深入人心。越来越多的图书馆通过短信息、移动网站、客户端、微信图书馆等方式为读者提供丰富多样的移动图书馆服务。移动服务的快速发展增进了用户与图书馆之间的信息交互，图书馆的移动服务逐渐从以资源为中心转向以用户为中心。随着移动服务的深化与拓展，用户越来越重视图书馆的服务质量，用户体验已成为衡量图书馆服务质量的重要标志。图书馆作为资源中心和学习中心，在泛在信息社会的环境下如何提升用户体验，提高图书馆的移动服务质量，让用户随时随地享受图书馆无处不在的服务，是当前图书馆面临的重要课题。

用户体验是人们对使用或期望使用的产品、系统或者服务的所有反应和结果，最初在人机交互领域被广泛应用。随着移动图书馆研究重点的转变，即由最初的以资源为中心转变为以用户为中心，用户体验成为移动图书馆用户研究的重要部分。移动服务正改变着人们获取知识的方式，移动用户更加注重用户体验中情感的愉悦与满足，这就对移动图书馆提出了更高的要求。深入挖掘移动图书馆用户体验要素，开展移动图书馆用户体验理论研究，构建移动图书馆用户体验理论模型与评价模型，对全面了解和提升用户体验、促进移动服务质量全面提升具有重要的理论和实践意义。

本书的研究主题为移动图书馆的用户体验与质量提升。从研究与分析用户体验影响因素入手，围绕系统特性、服务特性、用户特性和社会特性等，构建了移动图书馆用户体验影响因素模型，并构建了移动图书馆流失用户模型。然后，围绕移动图书馆的服务质量提升开展了相应的对策研究。最后，对移动图书馆云服务的体系架构、运行机制及管理模式进行了研究。

移动图书馆用户体验与服务质量提升是一个新兴的研究领域，学科交叉性较强。笔者虽然付出了很多努力，做了一些理论探索和实证工作，但由于学识和水平有限，书中疏漏和不当之处在所难免，敬请专家、同行、读者批评指正。

编　者

2021 年 8 月

# 目　　录

# 第一章

# 移动图书馆用户体验概述

## 第一节 移动图书馆概述

### 一、移动图书馆的兴起

在大数据信息时代背景下，图书馆的建设也在朝着信息化和数字化的方向发展，图书馆顺应时代潮流不断优化管理思路、创新服务模式，为用户提供更加优质、便捷的信息资源服务。随着网络通信技术和移动互联的高速发展，信息传播形式与载体均发生了巨大的变化，电子资源取代纸质资源成为主要的信息资源传播形式。同时，以智能手机和平板电脑为代表的移动终端，成为人们获取信息资源的重要载体。这种变化对图书馆的发展提出了新的挑战和要求，资源的数字化和服务的移动化成为当前图书馆发展的重要趋势和方向。移动社交、移动学习、移动阅读、移动商务、移动搜索等正在大踏步进入我们的生活，移动时代已经到来。移动图书馆是国内外图书馆为了顺应时代潮流、满足用户需求而提出的一种新的服务形式，它实现了用户对图书馆资源的快速查询与获取，可以满足用户的各类信息需求，除了传统的文字信息外，移动图书馆还可为用户提供图像、音频、视频等多媒体资源。同时，移动图书馆打破了人们获取资源的时空限制，可以使用户随时、随地查询与获取信息资源，切实增强了用户体验感。可以说，移动图书馆的建设与发展深刻推动了图书馆的信息化建设和服务模式变革。

移动图书馆译自英文中的"mobile library"或"m-libraries"，原指"汽车图书馆"或"流动书车（bookmobile）"，美国图书馆协议县级图书馆工作组（The County Libraries

Group of the Library Association）早在 1949 年就将其定义为"设计、配备和运行的一种运载工具，尽可能远地提供比临时分馆更加实用的服务"。最初的移动图书馆是为了方便给不能亲自前往图书馆借阅的读者提供服务，从而在大型的汽车、轮船等交通工具中安装能够放置图书的书架，方便读者阅读。最早的移动图书馆是人们为了满足知识需求而采取的最朴实的服务形式，这个时期的移动图书馆和手机毫无关联。随着网络通信技术的发展，传统意义上的移动图书馆承载了新的服务内容，并被赋予了新的定义和内涵，泛指图书馆提供的移动服务，用户通过移动终端享受图书馆资源和服务。本书后续的研究中提到的移动图书馆特指图书馆通过移动终端为移动用户提供移动服务，而不是汽车图书馆或流动图书馆。

随着智能手机的兴起和发展，信息服务在无线通信领域飞速发展，以短信服务为主的手机图书馆服务逐渐兴起，并在图书馆系统和读者之间架起了一道桥梁，为读者提供更便捷的文献信息服务，服务内容主要包括到期提醒、续借、预约、查询等，新的服务模式具有成本低、使用方便并且结构简单的特点。通信技术和移动互联网的高速发展将图书馆的数字资源和服务进一步拓展到移动终端，加之二维码、位置服务（location based service，LBS）、虚拟现实和响应式网页设计等新兴技术被应用到移动图书馆中，使得图书馆用户能够通过智能手机、平板电脑等移动终端，实现数字资源的查询、阅读、下载等操作，进一步丰富了移动图书馆的功能。

信息技术的快速发展和移动设备的不断更新，促使移动图书馆的服务模式和服务内容不断更新和完善。2001 年 8 月 WAP 2.0 正式发布，WAP（wireless application protocol，无线应用通讯协议）技术的发展日趋成熟，WAP 上网逐渐盛行，2006 年起 WAP 网站逐渐成为当时国内图书馆移动信息服务平台的新选择。使用 WAP 技术建设手机图书馆网站或移动门户网站，成为图书馆提供移动服务的首选，以满足用户通过手机检索馆藏、查看开放时间、存取电子期刊论文等需求。随着 4G/5G 技术的高速发展和移动应用的普及，移动图书馆也进入了移动应用阶段，自 2010 年起越来越多的图书馆开始面向 IOS、Android 平台用户提供移动图书馆应用，服务内容、服务功能更加丰富，位置服务、二维码、虚拟现实等移动技术的应用更为广泛，基本满足了用户不受时空限制，随时随地使用图书馆资源和服务的需求。微信是腾讯公司于 2011 年推出的一个为智能终端提供即时通信服务的免费应用程序，已经成为当前最为流行的社交软件，对图书馆的移动服务也产生了积极的影响。随着微信公众号的推出，2012 年起图书馆纷纷入驻微信，开始通过微信平台为读者提供移动图书馆服务。目前，移动应用和微信图书馆已经成为国内图书馆最主要的移动服务模式。从移动图书馆的兴起与发展来看，移动图书馆的服务内容与服务模式也不是一成不变的，移动图书馆会随着智能设备和信息技术的发展不断更新和完善，5G 技术的发展必将推动移动图书馆朝着更加智能化、便捷化、个性化的方向发展。

## 二、移动图书馆的服务模式

随着智能终端的普及和移动互联网的发展，移动图书馆服务模式也呈现出多样化的趋势。移动图书馆服务模式是指伴随着无线网络通信技术的进步，图书馆所采取的不同类型的移动服务实现方式。基于移动终端的图书馆移动服务模式主要分为四类，即短信服务（short message service，SMS）、移动网站、客户端应用和微信图书馆。

### （一）短信服务

基于 SMS 短信的服务模式是最早的移动图书馆服务模式，在移动图书馆发展的初期，图书馆采用手机短信的形式为读者提供提醒式服务。短信服务是出现较早且普及率较高的一项移动服务，短信具有发送畅通、操作简洁方便的特点。基于 SMS 短信的服务模式主要以文本的方式主动向图书馆用户推送提醒信息，如馆藏信息、读者借书信息、图书预约、续借及催还、超期罚款催缴、新闻、讲座通知等。与此同时，图书馆可以通过短信的形式满足读者咨询的服务需求，如馆藏目录查询、开馆时间、借阅情况、常见问题咨询等。早期因为移动通信技术处于初期发展阶段，移动图书馆服务模式主要以手机短信为主，所以短信服务模式相对比较成熟，国内外大部分图书馆一直沿用至今。国内外图书馆提供的短信服务模式存在一定的差异，国内移动图书馆提供的短信服务以短信提醒服务为主，而国外移动图书馆提供短信服务以实时参考咨询为主。短信服务模式最大的特点是用户门槛低，对用户的手机配置和网络速度要求低，扩大了图书馆的使用范围，而且具有灵活性、普遍性、实用性、高交互性、低成本性、高稳定性和高扩展性等优点。

随着读者需求的多元化发展，传统的短信服务存在仅支持简单文本、内容形式单一等缺点，短信推送模式已不能满足读者的需求。随着彩信服务的出现，部分图书馆开始利用彩信开展个性化信息推送服务。彩信服务支持多媒体功能，能够传递包括文字、图像、声音、数据等各种多媒体格式的信息，但是发送成本相对较高。随着其他移动服务模式的发展，尤其是微信推送功能的推出，微信已经逐步取代了彩信推送模式，目前使用彩信服务的图书馆较少。尽管短信服务仍存在一些不足，但是短信服务仍然是大部分图书馆提供的一项基本移动服务，可能作为一种服务形式单独存在，或者已经集成到图书馆管理系统或者其他移动服务模式中。独立的短信息服务模式在国内外的公共图书馆中更为普遍，例如国家图书馆为读者提供了丰富的短信息服务，包括预约到达通知、图书催还、图书续借、读者卡挂失、读者卡过期提醒、读者意见与建议等；短信息咨询服务在美国公共图书馆中使用较多，读者只需将所要咨询的问题编辑成短信发送至指定号码，馆员就会通过短信直接回复读者的问题，例如纽约公共图书馆、旧金山公共图书馆等。

## （二）移动网站

移动网站①是指构建智能手机、平板电脑等移动设备能够访问的网站来提供移动图书馆相关信息服务的模式。实现形式主要有纯粹的移动网站、优化的移动 Web 网站等两种方式。纯粹的移动网站主要采用 WAP 技术，随着 HTML5 的出现与发展，HTML5 有望成为图书馆构建移动网站的重要选择。

随着信息技术的发展，为了满足用户对信息的多元需求和加强图书馆与用户之间的互动，移动图书馆致力于在移动终端上显示更加丰富的内容。WAP 无线应用协议应运而生，其最大的特点在于系统的开源性和灵活性，用户可以通过智能移动终端访问图书馆的 WAP 网站，从而使用移动图书馆资源和服务。因为 WAP 协议所具有的优势，使其在 HTTP 协议开发移动网页之前成为移动信息管理平台的较多选择，这种接入方式连通了传统网络信息服务和用户。这种方式具有一定的交互性，在一定程度上弥补了短信服务的不足。WAP 网站功能丰富，可以提供资源检索与利用、图书预约、图书续借、查询个人信息、修改密码等服务。WAP 协议具有统一的存储接口、丰富的多媒体信息服务和即时的数据同步等优势。同时，WAP 协议能够支持小屏幕、高延时、窄带宽、低存储容量和低处理能力的无线环境，WAP 支持 GSM（global system for mobile communication，全球移动通信系统）、CDMA（code division multiple access，码分多址）等多种移动网络模式。当然，WAP 服务模式也面临一些问题，例如 WAP 服务必须通过 WAP 网关访问互联网，不支持超文本标记语言，所有网络数据必须在网络通畅时才可以被使用。另外，用户的移动设备必须是带有上网功能的智能手机等终端。

随着技术的发展，在图书馆界，纯粹的移动 WAP 网站越来越少，当下的图书馆 Web 网站大多经过了移动优化，或者采用 HTML5 技术，或者使用响应式网页设计（responsive web design，RWD），以满足移动用户通过移动终端对网站的访问需求。优化后的网站将自动检测访问来源，如果检测到是来自智能手机等移动终端的访问，系统将自动跳转到移动页面，从而提升了移动用户的访问体验。响应式网页设计的理念是集中创建页面的图片排版大小，可以智能地根据用户行为以及使用的设备环境（系统平台、屏幕尺寸、屏幕定向等）进行相对应的布局调整。杨晴虹等②提出利用网站响应式设计模式，将是高校图书馆移动服务的未来趋势。许多图书馆的移动门户网站已采用响应式设计，如上海图书馆、云南大学图书馆等。毕剑等③使用响应式网页设计技

---

① 江波、覃燕梅. 我国移动图书馆五种主要服务模式的比较研究 [J]. 图书馆论坛，2014（2）：59 − 62 + 89.

② 杨晴虹，程志超，刘燕权. 美国高校图书馆移动服务现状调查与分析 [J]. 图书与情报，2015（3）：83 − 89.

③ 毕剑，刘晓艳，张禹. 使用响应式网页设计构建图书馆移动门户网站：以云南大学图书馆为例 [J]. 现代图书情报技术，2015（2）：97 − 102.

术，在 Drupal 开发平台开发了云南大学图书馆响应式门户网站，网站能自动适应 PC 端、平板电脑端和智能手机端等不同终端的访问。

## （三）客户端应用

2007 年苹果公司推出 iPhone 产品，从而开启了智能手机的新时代，彻底颠覆了人们对手机的认识和理解。人们只需要在智能手机上安装相应的客户端应用（也称为 App），就可完成购物、订票、支付等业务，丰富的应用程序极大地拓展了智能手机的功能。移动图书馆的客户端应用就是指图书馆针对移动终端开发的应用程序，图书馆发布 App 客户端供读者下载和安装，用户通过移动图书馆客户端享受图书馆提供的各项服务。移动图书馆客户端应用服务模式具有三个方面的优势：第一，使用方便快捷。用户只需要打开客户端，而无须输入网址，就可以使用图书馆的各项资源和服务。操作方便快捷，用户可以通过手动输入、语音输入、拍照等多种形式输入相应关键字，便可以实时检索与获取相关的检索结果，操作简单。第二，拥有较强的交互性和即时性。客户端服务功能齐全、资源丰富、响应速度快。用户在使用时可以与其他用户进行即时交流，也可以对相应的服务进行实时咨询和评价。客户端的强交互性有利于图书馆和用户之间的相互交流，提高用户黏性。第三，增强了用户的场景感和体验感。App 的形式支持一键登录，无须反复操作，相对移动网页需要链接或二维码才能打开而言，客户端简化了用户使用流程。客户端界面清晰，功能突出，响应式的布局都有利于提高用户的体验感。移动图书馆客户端服务模式具有独特的优势，使得这种模式成为当前移动图书馆的重要服务模式之一。根据许天才等[1] 2018 年对中国 42 所"双一流"高校的调研，有 64.29% 的图书馆提供移动客户端服务。

## （四）微信图书馆

2008 年，腾讯公司正式推出微信。自微信推出以来，微信用户群体增长迅速。据统计，2019 年微信月用户数量达到 11.5 亿人。随着微信公众号的推出，加之微信庞大的用户群体基础，图书馆纷纷入驻微信平台，微信逐渐成为图书馆开展移动服务的新领地，微信图书馆也逐渐成为图书馆提供微信服务的代名词。微信图书馆是指图书馆借助微信平台开发定制相应的图书馆微信订阅号、服务号或者微信小程序[2]，利用微信提供的相应接口实现微信平台与图书馆管理系统对接，从而实现用户个人信息查询管理、书目检索、文献查阅、参考咨询、座位预约、电子门禁等移动服务。简而言之，

---

[1] 许天才，潘雨亭，冯婷婷，等. 高校移动图书馆服务模式现状调研与发展策略研究［J］. 图书情报工作，2020（3）：71－82.

[2] 张晓梅. 图书馆微信小程序应用研究［J］. 传媒论坛，2020（3）：93－94.

微信图书馆平台是以图书馆资源为支撑，以微信为平台的新型移动图书馆服务模式①。基于微信图书馆的服务模式目前应用成效良好，微信图书馆用户数量快速增长，用户阅读量的迅速增长充分证明了微信图书馆的高速发展。微信图书馆已经成为当前移动图书馆重要的服务模式之一，根据许天才等②2018 年对中国 42 所"双一流"高校的调研，97.62% 的"双一流"高校面向读者提供微信图书馆服务，目前微信图书馆的服务形式主要有微信服务号、订阅号和小程序。

由于微信图书馆是基于微信开发的，所以它直接继承了微信所拥有的众多优势，例如用户群体大、即时通信、基础平台免费、跨平台、跨终端等。微信不仅拥有用户数量多的优势，同时具有个性化与多媒体化的特征，其传播对象呈现出年轻化和高学历的特点，与高校图书馆的服务对象具有较高的重合度，这对于后续的服务推广非常有利。微信相比客户端和短信息服务模式而言，具有即时通信的优势，所以微信图书馆主要侧重于与用户的交互和信息推送。微信平台开放 API（application programming interface，应用程序编程接口）接口有效增强了图书馆微信平台的交互性，丰富了图书馆功能，特别是为图书馆的自定义功能提供了重要支撑。与图书馆客户端相比，微信图书馆开发门槛不高、开发难度不大，成为图书馆开展移动图书馆服务的新选择。由于微信基础平台是免费的，所以微信图书馆是一种非常经济实惠的服务模式，尤其适合经费不是十分充裕的中小型图书馆。微信图书馆支持自适应屏幕和自动跨平台服务，有效解决了为适应多类型智能设备而花大成本开发基于不同系统版本移动应用的问题。图书馆以公众号的形式开展服务，用户无须额外下载 App 使用，从而释放了用户手机的内存空间。

对比四种移动图书馆服务模式而言，短信息是历史最悠久的服务方式，短信结构简单、收发信息方便、成本低廉。但短信功能简单、内容长度有限、可传递的信息只能是文本，类型单一。短信息服务模式直到现在仍在使用，但更多的图书馆是将其集成到图书馆管理系统或其他移动服务模式中。早期的移动网站主要以 WAP 网站为主，随着 HTML5 技术、RWD 技术等在图书馆的广泛应用，WAP 网站越来越少了。随着移动互联网的快速发展，移动图书馆的服务模式主要以客户端和微信为主。由于客户端开发门槛高、研发成本高、维护成本较高，越来越多的图书馆选择超星移动图书馆等云服务模式③。由于微信具有海量的用户优势，加之开发门槛低、使用成本低，而且支持不同智能设备信息同步，用户接受度高、容易推广，微信后来居上，已经成为当前

① 王贵海，刘剑池. 高校图书馆创新服务体系的构建：以沈阳师范大学图书馆为例 [J]. 图书情报导刊，2016（11）：47-51.
② 许天才，潘雨亭，冯婷婷，等. 高校移动图书馆服务模式现状调研与发展策略研究 [J]. 图书情报工作，2020（3）：71-82.
③ 魏群义. 移动图书馆云服务研究 [M]. 北京：科学出版社，2017.

国内最为流行的移动服务模式。

## 三、移动图书馆建设现状与分析

### （一）移动服务功能

移动图书馆是一种基于移动互联网的新型服务形式，它不仅突破了用户获取图书馆资源和服务的时空限制，同时推动了图书馆信息化变革与发展的步伐。国外移动图书馆的理论和实践起步较早，应用更为普及。国外高校移动图书馆的服务形式与国内基本一致，移动服务十分丰富[①]，除传统的馆藏目录查询、开放时间、移动数据库、图书馆位置、新闻和活动、参考咨询、读者账户、联系方式、续借图书和新书通报等服务外，还提供查询可用的计算机、预定研讨室/学习室、预定移动课程等，以及通过移动服务提供相关移动应用程序、为访客提供停车位、提供博客或社交网络的链接、提供图书馆参观或视频导览等拓展服务。俄勒冈大学图书馆基于定位技术，为用户提供历史定位（historical location）和步行导览（walking tour）等服务。加拿大阿萨巴斯卡大学开发的 M-library 移动图书馆项目，网站通过识别用户所使用的移动设备，为用户匹配合适版本的数字资源，方便用户随时随地访问。

互联网技术的发展催生了各式各样的移动终端设备，在移动互联网时代，移动设备多样化、用户年轻化、应用场景多元化。移动互联网从本质上改变了高校师生的学习和工作方式，高校师生利用移动网页、App、微信等各种客户端获取信息和服务，这对高校传统信息服务提出了新的挑战和要求，高校图书馆积极投身移动图书馆的建设，成为我国移动图书馆建设的重要力量。许多高校图书馆不断开展移动图书馆新项目的探索，并积极融入移动校园、智慧校园的建设规划，不断推动移动图书馆的发展与完善。

国内移动图书馆服务发展迅速，图书馆提供了形式多样、功能齐全、内容丰富的移动服务，从移动图书馆服务内容来看，不仅涵盖了图书馆大部分传统业务，不少图书馆还根据移动终端的特点开发了特色移动服务项目。根据移动图书馆的服务内容，移动图书馆服务大致可以划分为四类，即学习资源类服务、学习工具类服务、学习交互类服务、资讯服务[②]。其中，学习资源类服务包括 OPAC（online public access catalogue，联机公共查询目录）检索、数字资源检索、电子图书、音视频和文献传递

① 叶莎莎，杜杏叶. 国内外移动图书馆的应用发展综述 [J]. 图书情报工作，2013（6）：141 - 147.
② 朱轶婷，宋庆功，宋玲玲，等. 中美日高校图书馆面向移动学习服务的比较研究 [J]. 图书馆学研究，2014（20）：69 - 74.

等；学习工具类服务包括硬件预约（计算机、工作站等）、空间预约（阅览座位、研修室等）、App 推荐、开馆时间、交通指南等；学习交互类服务包括虚拟咨询、表单咨询、智能咨询、联系馆员、咨询电话、常见问题、投诉建议、新书推荐等；资讯服务包括通知公告、新书通报、资源推荐等。

## （二）移动技术的广泛应用

随着移动技术的发展和进步，移动技术在移动图书馆中得到了更多的应用，不仅丰富了移动服务的内涵，而且提升了用户体验。当前在移动服务中应用的移动技术主要有二维码、位置服务、增强现实等。

二维码主要用于存储和传递信息，识别快速、信息容量大、可靠性高、成本低，智能手机的普及使得二维码的核心价值凸显，被广泛应用到移动支付、电子商务等领域。二维码是指在一维条码的基础上扩展出另一维具有可读性的条码，使用黑白矩形图案表示二进制数据，经设备扫描可获取其中所包含的信息。二维码在日本、韩国和美国的图书馆中得到了广泛的应用，日本的图书馆使用二维码技术，方便用户扫描进入图书馆的手机登录端口，访问个人图书馆、查询借阅记录、预约讲座等；韩国的图书馆使用二维码验证读者身份、查询借阅情况等；美国的图书馆允许用户使用二维码将资源下载到手机。我国高校图书馆也十分重视二维码技术在移动图书馆中的应用①，例如北京大学图书馆、清华大学图书馆等运用二维码技术，用户只需要通过扫描二维码即可获取目标链接，实现图书馆资源的快速读取。清华大学图书馆在书目信息推送、馆舍与布局导引、读者手册获取和密集书架控制等场景中应用二维码技术，为移动图书馆开拓出更多的应用场景。读者扫描二维码不仅可以获取图书题名、索书号以及馆藏地等信息，还可以下载读者手册的电子书以及轻松开启密集书架。公共图书馆的二维码应用案例同样不少。上海图书馆 2009 年率先在"寻根稽谱：上图馆藏家谱精品展"中尝试使用二维码技术，参观者通过手机扫描展品的二维码，即可获取展品的详细信息和照片，而且可以链接至上图的家谱网站。蔡晖②将二维码应用于深圳"图书馆之城"项目，开发了二维码读者证办理业务、自助设备扫码登录、二维码图书转借等业务。

位置服务（location based services，LBS）又称定位服务，是由移动通信网络和卫星定位系统结合在一起提供的一种增值业务，通过一组定位技术获得移动终端的位置信息（如经纬度坐标数据），提供给移动用户本人或他人以及通信系统，实现各种与位置

---

① 王金秀. 我国高校图书馆二维码技术应用调查研究［J］. 国家图书馆学刊，2014（4）：58 - 63.
② 蔡晖. 公共图书馆二维码应用模式研究与实践：以深圳"图书馆之城"应用为例［C］//中国图书馆学会. 中国图书馆学会年会论文集：2017 年卷. 北京：国家图书馆出版社，2018：142 - 149.

相关的业务，实质上是一种概念较为宽泛的与空间位置有关的新型服务业务。随着智能手机的普及，GPS（global positioning system，全球定位系统）模块已经成为智能手机的标准配置，基于 GPS 的各项移动服务层出不穷，例如手机导航、附近景点、专车服务等，同时也为移动图书馆的位置服务提供了基础硬件条件。美国很多公共图书馆的移动图书馆都提供了位置服务，通过 Google 地图引导读者进行交通路线导航，以方便读者抵达图书馆。国内基于位置服务的移动服务案例也不少。王捷①提出依托现代信息技术，构建图书馆室内全空间信息服务系统，针对用户在图书馆内的位置变化开展移动定位服务，为不同类型用户推送定制化、个性化和跟踪化专业资源信息。李莉、周霜菊②提出一种利用移动互联技术的高校图书馆馆藏书目的个性化推送系统，根据读者所处位置快速提供图书馆相关图书信息，提高了馆藏使用率。庄莹等③结合空间定位技术和移动地图技术，设计和开发了一种面向复杂室内空间的导航电子地图，利用二维码技术进行准确的室内空间定位，并以武汉大学图书馆为样区，设计了一套面向复杂室内空间结构的位置编码规则，开发和实现了可提供图书馆室内定位与最优路径推送的手机端导航电子地图。部分图书馆利用室内定位技术提供基于地理位置的创新服务，根据室内位置为读者进行个性化推送，并提供用户流动分析工具，统计每个服务场所的人流流量、平均逗留时间，更好地了解用户行为和优化图书馆服务。薛涵④以哈尔滨工程大学图书馆借阅书库为应用环境，应用室内定位技术和虚拟现实技术，开发实时虚拟导航的图书定位系统，可以为读者书籍存放地点的行走路线导航，提升读者找寻图书的效率。

增强现实（augmented reality，AR）是一种实时地计算摄影机影像的位置及角度并加上相应图像的技术，这种技术的目标是在屏幕上把虚拟世界套在现实世界并进行互动。孙翌等⑤提出通过位置信息可与图书馆的特色库结合起来实现移动增强现实，尤其是强化旅行（augmented walking tour）领域，可以用于历史特藏文献的展示。强化旅行是让用户在移动场所直接从图书馆数据库中调用相关资料（照片、历史记录、录音、视频等），如弗吉尼亚海滩公共图书馆与 Tagwhat 公司开发的"景点伟大故事"（Great Stories at Places）的合作项目。吉姆·哈恩（Jim Hahn）提出移动虚拟现实的应用包括

① 王捷. 基于现代信息技术的图书馆全空间信息服务系统研究［J］. 图书馆工作与研究，2018（5）：64 - 69.
② 李莉，周霜菊. 基于位置的高校图书馆馆藏书目个性化推送系统构建［J］. 图书馆理论与实践，2017（5）：98 - 100.
③ 庄莹，黄丽娜，郑恒杰，等. 二维码定位技术支持下的室内导航电子地图的设计与实现：以武汉大学图书馆为例［J］. 测绘通报，2017（5）：125 - 128 + 142.
④ 薛涵. 基于 WLAN 的图书馆室内定位技术研究［J］. 图书馆杂志，2014（12）：81 - 86 + 98.
⑤ 孙翌，李鲍，高春玲. 微信在图书馆移动服务中的应用研究与实践［J］. 图书情报工作，2014（5）：35 - 40.

物理书架浏览、图书馆导航、脸部识别等领域。

## （三）移动图书馆建设问题分析

相比传统图书馆而言，移动图书馆是依托移动互联网和智能移动终端设备发展起来的一种新型图书馆模式。用户可以通过移动设备终端随时随地使用移动图书馆服务，掌握图书馆的新动态和馆藏信息，使用图书馆的各项服务。移动图书馆实现了图书馆资源、信息及服务的查询和利用，节约用户时间，简化了用户使用流程，有效整合了图书馆各类资源。虽然移动图书馆具有其独特的优势，但是在实际发展中，目前移动图书馆的建设和发展还存在诸多问题。

1. 移动图书馆开发模式单一，同质化严重

根据前面的调研，当前移动图书馆的开发模式相对单一，尤其是移动客户端和移动网站，基本都是选择成熟的云服务产品，导致很多图书馆的移动图书馆平台，无论是服务界面、页面风格还是服务功能、服务内容，都存在严重的同质化问题。缺乏学校特色的移动图书馆，很难让移动用户产生归属感和认同感。据了解，如果选择成熟的商用产品，后续的个性化定制和开发就会非常困难。要改变这种局面，需要国内产品提供商做出更多改变，积极向国外同类产品学习。国外的 Boopsie 公司是全球领先的移动云服务提供商，为图书馆提供定制化的原生态移动 App（native mobile apps）服务，移动服务包括 OPAC 检索、社交媒体、图书馆指南（分馆地址、开放时间、联系人等）、GPS 定位服务、自助借阅、移动咨询、电子书刊、BookLook 和 BookCheck 等。Boopsie 系统采用云服务模式，但是与国内超星和书生产品不一样的是，Boopsie 公司可以为图书馆定制个性化的移动 App，移动客户端的图标、菜单、功能均可以根据图书馆的需求实现定制化。

2. 移动资源体系建设不足，资源整合不够

尽管国内移动图书馆建设如火如荼，但是目前移动资源体系集成的文献数据库较少，与数字图书馆的海量资源相比差距甚远，难以满足读者深层次的移动阅读需求。国内移动资源体系的建设主要有两种模式：一种是依托移动图书馆系统的产品提供商所拥有的文献资源，例如超星移动图书馆系统自带的移动资源包就包含有 110 万种电子图书、3000 种电子期刊（大部分期刊论文由于版权原因仅能通过文献传递渠道获取）、3 万多集音视频和 300 种报纸；另一种模式就是利用文献数据库的移动服务，例如国家图书馆的手机门户网站就提供"中国知网"和"读览天下"服务，方便移动用户登录后使用两个文献数据库。根据魏群义[①]的调研，国内图书馆大多数采用第一种模式，由于超星同时为资源提供商，与其他资源提供商存在一定的竞争关系，导致其集

---

① 魏群义. 移动图书馆云服务研究［M］. 北京：科学出版社，2017.

成的文献数据库严重不足。国内图书馆的移动资源体系主要涉及的文献类型是电子图书和视频，与数字资源体系所覆盖的丰富的文献资源类型相比，相差甚远。因此，必须加大移动图书馆的数字资源整合力度，统筹各方利益，建立较为完善的移动资源云服务体系，最大限度地实现移动资源的共建、共享。

3. 个性化移动服务缺失，用户使用体验欠佳

目前，许多移动图书馆个性化服务不管是从内容上还是形式上，都非常有限，缺乏创新性，同质性和模仿现象严重，特别是在主动服务、个性化服务、协同服务、整合与创新服务等方面存在很大不足。移动图书馆服务缺乏个性化，主要体现了两个方面，即系统界面和功能的个性化以及用户的个性化服务。用户的个性化服务主要侧重用户的服务体验，用户应该可以根据自身的喜好，对系统界面、功能设置进行个性化定制，以满足用户的个性化服务需求。移动图书馆服务系统的个性化服务包括收藏夹、学习/阅读记录、个性化服务页面、资源订阅服务、借阅记录和扫描历史等，以满足读者的个性化学习和文献利用需求。系统应该通过用户行为分析模块，根据读者的喜爱推荐个性化资源和服务。同时，应该根据移动终端的特点，例如定位功能、照相功能等，多开发移动终端特有的服务，打造功能丰富、特色鲜明的移动服务体系。

# 第二节　用户体验概述

## 一、概念

用户体验（user experience）最早是在 20 世纪 90 年代中期由用户体验设计师唐纳德·诺曼（Donald Norman）提出的，他认为一个良好的产品能同时增强心灵和思想的感受，使用户感觉到愉悦而欣赏、使用和拥有它。唐纳德·诺曼认为，设计要从人的思维和感官层面来考虑，强调用户体验。早期用户体验的研究集中于网站用户体验，因为网站作为普遍存在的实体，用户体验指标容易被衡量。随着计算机技术的发展，移动、图形技术取得突破性的发展，使得人机交互技术渗透到每个研究和实践领域①。这使得产品和服务的评价方式发生变化，从单纯的系统的评价指标转变为衡量用户体验。用户体验从广义上来说是用户在使用具体的产品和服务过程中建立起来的主观感受，包括情感、偏好、认知、生理或心理反应、行为和成就等各个方面。对于不同的领域和不同的用户群体而言，用户体验的具体概念是不同的。彼得·莫维尔（Peter

---

① 黄心旷. 移动互联网用户界面设计方法研究［M］. 成都：四川师范大学，2014.

Morville）认为用户体验可以用蜂窝模型表示，包括有用性、可用性、满意度、可找到、可获得、可靠性、价值七个模块①。史蒂夫·克鲁格（Steve Krug）认为用户体验包括有用性、可学习、可记忆、有效、高效、合乎期望六个方面。惠特妮·奎瑟贝利（Whitney Quesenbery）提出 SE 原则，认为用户体验包含有效性、效率、易学习、容错、吸引力五个方面。杰西·詹姆斯·加勒特（Jesse James Garrett）提出的五层模型，模型自下而上分为战略层、范围层、结构层、框架层、表现层，战略层主要包括网站目标和用户需求，范围层包括功能规格和内容说明，结构层主要包括交互设计与信息架构，框架层主要包括界面设计、导航设计和信息设计，表现层主要包括视觉设计②。

对于用户体验的定义，最具影响力的是国际标准 ISO 9241 - 210：2010，用户体验是人们对使用或期望使用的产品、系统或者服务的所有反应和结果。顾名思义，用户体验是用户与产品交互过程中产生的，包括用户的心理感觉、肢体感觉以及用户体验为用户所带来的结果，体验结果主要是用户的感知和反应，包括情绪和生理反应等。另外，可用性专业协会（Usability Professional's Association，UPA）将用户体验概括为与产品、服务或者企业交互所有方面组成的所有用户感知。用户体验是多方交互的结果，即用户的内在状态（倾向、期望、需求、动机、心情等）、系统特征（复杂性、目的、可用性、功能等）及交互环境（如组织/社会环境、活动意义、自愿使用等）共同作用的结果。用户体验应用体现在一切设计和创新的过程中，例如用户居所的设计、IT 产品设计、移动图书馆升级等。

## 二、要素

在用户体验要素的研究中，加勒特提出的用户体验五要素在国内外具有重要的影响力与认可度。加勒特在专著《用户体验要素》（*The Elements of User Experience*）中对用户体验的要素范围进行了五个层次的界定，按照由低到高的顺序依次是战略层、范围层、结构层、框架层、表现层。每一层都由其下一层所决定，较高层的决定会受到较低层决策的影响。最底层的是战略层，是用户体验设计的基础，即清楚产品的目标和用户的需求，针对用户需求提供针对性的产品；第四层是范围层，即对于功能型产品，创建产品的功能规格，对于信息型产品，满足用户的内容需求；第三层是结构层，即进行交互设计和信息架构；第二层是框架层，即进行信息设计（促进理解的信息表达方式）、界面设计和导航设计；最顶层是表现层，即直观展示给用户的页面，包括网页颜色、字体、字号、图片的位置、整体的布局等视觉设计。莫维尔从环境、用户和资源内容三个方面对用户体验要素进行归纳，将其分为有用性、可用性、易用性、可

---

① 姚舟. 面向金融电子商务的 web 理财产品陈列设计研究 [M]. 长沙：湖南大学，2015.
② 杜雪璇. 高校图书馆微信服务用户体验研究 [M]. 郑州：郑州大学，2018.

靠性、可获得性、满意度和有价值性。哈森皇（M. Hassenzahl）等认为用户体验包括可操作性、可识别性、激励性和启发性四个要素。鲁宾诺夫（R. Rubinof）认为用户体验要素包括四个方面，即品牌、可用性、功能性和内容丰富性。上述学者对用户体验要素的划分主要围绕系统的可用性、有用性、可靠性以及用户的情感感知方面。国内学者金燕等①将用户体验分为感性要素和理性要素，感性要素是指用户的情感感知，理性要素是指用户对产品的认知。丁一等②认为用户体验包括可用性、用户情感及用户诉求（赋予产品某个价值属性）。

## 三、研究方法

产品必须考虑用户体验，考虑用户体验的产品必须满足有用、易用、友好的目标。有用是指满足用户的需求；易用是指产品能够被广大群体所接受，使用相对简单；友好是指让用户在使用中感受到愉悦。在满足有用、易用、友好的目标后，产品或服务可以进一步注重视觉设计，视觉设计目的是为了让产品更具吸引力，利用色彩学、图形学等手段美化产品，增强用户体验感，提高用户黏性。在实际的产品开发中，用户体验贯穿整个流程——理论研究、产品设计和改进完善，三者共同构建了用户体验的完整流程。

改进和完善用户体验的方法包括产品接受度测试、可用性测试、专家评估、用户反馈等。用户体验研究有十大常用方法，包括访谈法、小组座谈法、问卷法、可用性测试法、卡诺模型法、卡片分类法、头脑风暴法、五秒测试法、专家评估法及生理指标测量法。访谈法即根据产品用户群的细分和对应群体中的个人进行一对一的谈话，记录个人的意见和想法。根据目标的差异性，访谈法分为结构式访谈、半结构式访谈和完全开放式访谈。小组座谈法是指由一个经过训练的主持人，以一种无结构的自然的形式与一个小组的被调查者进行交谈，从而获取对一些有关问题的深入了解。问卷法是借助书面问卷的形式向特定群体征求意见，被访谈人群根据自己的想法填写问卷，设计者对问卷结果进行分析和利用。可用性测试法是指在产品设计中用来改善产品可用性的方法，成本低、易操作、用户参与感强。卡诺模型法是由东京理工大学教授狩野纪昭提出的对用户需求分类和排序的模型，该模型以分析用户需求对用户满意度的影响为基础，分析不同类型质量特性和顾客满意度之间的关系。卡片分类法是将信息写在不同的卡片上进行归类，用于了解用户想法，完成导航、内容组织等信息架构建

---

① 金燕，杨康. 基于用户体验的信息质量评价指标体系研究：从用户认知需求与情感需求角度分析[J]. 情报理论与实践，2017（2）：97-101.

② 丁一，郭伏，胡名彩，等. 用户体验国内外研究综述[J]. 工业工程与管理，2014（4）：92-97.

设，主要分为开放式卡片分类法和封闭式卡片分类法。头脑风暴法由奥斯本提出，工作小组人员在不受任何限制的氛围中以会议的形式进行讨论、畅所欲言、随意发表自己的看法，其目的在于刺激新观念和创新设想。五秒测试法是指用户利用短暂的时间判断网站质量，评估网页目的和内容。专家评估法即专业评审人员根据通用的可用性原则和丰富的经验发现产品问题，主要用于发现用户界面设计可用性问题，包括"场景任务走查""整体走查"两种方式。生理指标测量法是指利用专业的仪器测量用户在使用产品时的脑电、肌电、皮肤电、呼吸、血压等生理指标，以真实地掌握用户体验。

# 第三节　移动图书馆用户体验概述

## 一、定义

移动图书馆用户体验是指用户在使用移动图书馆的过程中，对移动图书馆的系统平台、信息资源、功能服务产生的所有主观感受。张明霞等[1]提出图书馆用户体验是一种纯主观的整体性感受，是用户在使用图书馆的过程中的全部印象和感受，它决定了图书馆的服务质量、用户满意度及忠诚度。部分学者考虑到移动网络环境的特点。陈添源[2]提出移动图书馆用户体验是指用户在使用移动图书信息资源与服务的过程中建立起来的心理感受，受到用户、信息资源、网站平台、使用环境和文化因素等众多方面的影响。沈军威等[3]提出移动图书馆用户体验是用户在使用移动图书馆的整个过程中，对其平台和服务不断积累形成的感性心理状态和理性价值认知，包括对移动图书馆的最初印象、使用过程中产生的各种情感体验及使用后产生的情绪体验。

## 二、要素

在移动图书馆的用户体验要素方面，罗琳[4]、陈添源[5]借鉴杰西·詹姆士·加瑞特（Jesse James Garrett）用户体验五要素对移动图书馆用户体验的要素进行划分，认为用

---

① 张明霞，祁跃林，李丽卿，等. 图书馆用户体验的内涵及提升策略 [J]. 新世纪图书馆，2015（7）：10－13.

② 陈添源. 基于用户体验的移动图书馆构建研究 [J]. 新世纪图书馆，2013（5）：58－62.

③ 沈军威，倪峰，郑德俊. 移动图书馆平台的用户体验测评 [J]. 图书情报工作，2014（23）：54－60.

④ 罗琳. 国内移动图书馆 App 用户体验研究 [J]. 大学图书情报学刊，2016（5）：76－80.

⑤ 陈添源. 基于用户体验的移动图书馆构建研究 [J]. 新世纪图书馆，2013（3）：58－62.

户使用移动图书馆都是从表现层开始，直至战略层，详细探讨了移动图书馆用户体验的影响要素。张明霞等①从用户体验的过程出发，将用户体验要素分为感官体验、交互体验和情感体验三个层次。赵杨②在数字图书馆移动服务的研究中，将用户体验要素归纳为环境交互层要素、平台交互层要素、人员交互层要素和用户交互层要素。可以看出，学者分别从不同的角度对移动图书馆用户体验的要素进行划分，但可以总结为三个方面，即用户、系统平台和交互环境。一是用户自身的主观感受，用户在使用移动图书馆时受到使用动机、对系统平台的熟练掌握程度、主观情绪等因素的影响；二是系统的属性特征，包括系统的稳定性、安全性及可靠性等；三是交互环境的影响，用户在使用移动图书馆时既会受到系统的影响，也会受到周围人对其使用的影响，若周围人对图书馆移动服务持积极、支持的态度，则用户对移动图书馆的态度会倾向于正向，则有助于提高用户的使用体验。图书馆在建设移动系统平台时，需结合用户体验要素，从不同维度提高图书馆的服务质量。

## 三、维度

用户体验具有主观性、复杂性和交互性等多种特点，为全面衡量用户体验，国内外学者分别从不同角度对用户体验维度进行划分。维亚斯（D. Vyas）等将用户体验分为四个维度，包括感知性（Sensual）、认知性（Congnitive）、情感性（Emotional）和实用性（Practical）。朴杰云（Jaehyun Park）等从可用性、影响作用和用户价值三个维度对用户体验进行评价。劳（E. L. C. Law）等认为用户体验由用户感知体验、可用性体验、美学体验和产品整体质量感知体验四个维度组成。拉塞尔（J. A. Russell）认为用户体验由感官体验、用户期望体验、反思情感体验三个维度组成。吉尔摩（M. E. Gilmore）等将用户体验分为感官体验、交互体验、沉浸体验、愉悦体验和社群关系五个维度。施米特（B. H. Scnmitt）在《体验营销》一书中将体验营销理论与实例相结合，认为用户体验包括感官体验、情感体验、思考体验、行动体验和关联体验五种维度。诺曼（D. Norman）提出了人的普遍体验分层理论，认为用户体验包含本能层、行为层和反思层。李小青③在诺曼的体验分层理论的基础上，认为 Web 用户体验也包含三个方面，即视觉体验、品牌感知、浏览体验的本能层体验；Web 功能体验、内容体验、互动体验的行为层体验；塑造品牌价值、创造回忆、感受愉悦和满足、获得认同

---

① 张明霞，祁跃林，李丽卿，等. 图书馆用户体验的内涵及提升策略［J］. 新世纪图书馆，2015（7）：10－13.

② 赵杨. 数字图书馆移动服务交互质量控制机制研究：基于用户体验的视角［J］. 情报杂志，2014（4）：184－189.

③ 李小青. 基于用户心理研究的用户体验设计［J］. 情报科学，2010（7）：763－767.

感、实现自我价值的反思层体验。刘冰等①认为用户体验维度包含技术功能体验、美学情感体验和效用价值体验三个方面。王晓艳等②认为信息服务领域的用户体验包括功能体验、技术体验和美学体验三个维度。沈军威等③在构建移动图书馆用户体验量化指标时将用户体验分为感官体验、认知体验、技术体验、服务体验、情感体验和价值体验六个方面。崔竞烽等④结合用户体验要素，将微信图书馆用户体验维度划分为感官接受度、内容吸引度、任务完成度、心理愉悦度和使用受益度。金小璞等⑤将移动图书馆用户体验划分为界面用户体验、信息内容用户体验和系统性能用户体验三个维度。乔红丽⑥认为移动图书馆使用者感知包括感官感知、认知感知、技术感知、服务感知和情感感知五个维度。

综合国内外学者关于用户体验以及移动图书馆用户体验维度的划分可以看出，由于研究目的、研究角度以及划分标准的不同，对于用户体验维度的划分也存在着差异，一类是从心理学的角度出发，对用户体验维度进行划分；一类是从整体的全面性上进行划分，国外学者注重用户的情感体验、愉悦体验及产品的美学体验，国内学者较为重视感官体验、功能体验、服务体验等。不论哪种划分方式，用户体验的目的都是满足用户需求，注重用户的使用感受，从而为用户提供更高水平的服务。

# 第四节　移动图书馆用户体验研究综述

移动图书馆的对象要素主要包括移动设备、移动系统平台、移动用户和移动馆员，移动用户作为服务的接受方一直是学界研究的重点。目前移动图书馆用户研究主要分为用户需求、用户体验和用户采纳三个方面。随着移动图书馆服务的不断普及和深入，用户在图书馆服务中的角色由单向的被动接受者逐渐变为深层交互的主动参与者，对用户体验越加重视。用户使用移动图书馆的过程就是对其功能、内容和服务的体验过

---

① 刘冰，卢爽. 基于用户体验的信息质量综合评价体系研究 [J]. 图书情报工作，2011（22）：56–59.
② 王晓艳，胡昌平. 基于用户体验的信息构建 [J]. 情报科学，2006（8）：1235–1238.
③ 沈军威，郑德俊. 高校移动图书馆的用户体验实证：以南京农业大学移动图书馆用户为例 [D]. 全国情报博士生学术论坛，2014.
④ 崔竞烽，郑德俊，孙钰越，等. 用户体验视角下的图书馆微信公众平台满意度研究 [J]. 图书馆论坛，2018（3）：133–140.
⑤ 金小璞，毕新. 基于用户体验的移动图书馆服务质量影响因素分析 [J]. 情报理论与实践，2016（6）：99–103.
⑥ 乔红丽. 移动图书馆用户体验的结构方程模型分析 [J]. 情报科学，2017（2）：56–62.

程，因此，移动图书馆用户体验研究就是从用户的角度探究影响用户体验的各方面因素，从而提升移动图书馆服务。移动图书馆作为图书馆顺应时代发展的产物，提升用户体验对移动服务可持续发展起着至关重要的作用。随着移动图书馆的服务迅速发展，如何提升移动图书馆服务用户体验，成为图书馆学界的研究热点。

为了全面掌握移动图书馆用户体验研究现状，笔者对多个中外文数据库进行了文献检索（检索时间：2019 年 12 月）。外文文献主要来源有：Elsevier ScienceDirect、Web of Science、SpringerLink、EBSCO、ACM、Emerald、Taylor&Francis ST 等，分别检索关键词、标题及主题中含有"mobile library"、"m-library"或"library's mobile website"，并含"user experience"或"UE"或"UX"的文献。中文文献主要来源有中国知网（CNKI）、万方数据库和维普数据库，涉及的文献类型有学位论文、期刊论文、会议论文等，分别检索关键词、标题及主题中含有"移动图书馆"或"手机图书馆"，并含"体验"的文献。在剔除检索结果中重复和相关性较小的文献之后，最后共检索到 227 篇相关文献。通过对文献研究内容进行分析后发现，移动图书馆用户体验研究主要围绕用户体验影响因素研究、用户体验模型研究、用户体验测评研究和用户体验提升研究四个方面。

## 一、用户体验影响因素研究

研究者围绕移动图书馆用户体验影响因素展开了大量研究，但是不同研究者对影响因素并未达成统一的标准。部分研究者运用定量分析方法分析和解释移动图书馆用户体验因素，如结构方程模型（structural equation modeling，SEM）。乔红丽[①]利用综合结构解析式模型和问卷量表的方法，对移动图书馆系统使用者的感知作用因素进行了调研，并将用户体验要素分为感官认知、服务感知、策略感知、认知感知、情感感知、使用者感知、应用态度以及应用意图等方面。黄务兰[②]以常州大学移动图书馆使用者为问卷调查对象，使用结构方程模型分析了影响用户体验的主要因素（求助频率、出错频率、易学习性、易记忆性、界面设计、及时性、兼容性和安全性等）。金小璞[③]设计了基于用户体验的移动图书馆服务质量影响因素初始集合，采用问卷调查方法获取移动图书馆服务质量用户体验数据，采用因子分析方法提取基于用户体验的移动图书馆服务质量主要影响因素：移动图书馆界面设计、移动图书馆信息内容及移动图书馆系统功能。另一部分学者利用技术接受模型（technology acceptance model，TAM）来检验

---

① 乔红丽. 移动图书馆用户体验的结构方程模型分析 [J]. 情报科学, 2017 (2)：56 - 62.

② 黄务兰, 张涛. 基于结构方程模型的移动图书馆用户体验研究：以常州大学移动图书馆为例 [J]. 图书馆杂志, 2017 (4)：80 - 89.

③ 金小璞, 毕新. 基于用户体验的移动图书馆服务质量影响因素分析 [J]. 情报理论与实践, 2016 (6)：99 - 103.

移动图书馆用户体验影响因素的相关假设。甘春梅、宋常林①运用 TAM 模型针对广州某高校进行调研，发现影响移动图书馆用户使用意愿的因素主要有感知有用性、易用性、态度、主体规范等。此外，在早期有研究者基于诺曼的普遍体验分层理论区分用户体验要素。李小青②将分层理论与心理学研究方法相结合，将用户体验要素划分为：视觉、品牌、浏览的本能层体验，使用的方便性和有效性、功能或内容、互动的行为层体验，回忆、品牌形象、情感、自我价值实现的反思层体验。相关研究者在分层理论、创新扩散理论等理论知识的基础上，主要利用结构方程模型和技术接受模型等模型，并结合访谈法、问卷调查等调查方法，从多元的维度探讨了移动图书馆用户体验影响因素。移动图书馆用户体验作为复杂的主观心理感受，测量维度并不是唯一的。与此同时，相关研究者对用户体验的维度划分也存在一定的差异，有的研究者重视功能全面性、系统可用性的体验，有的研究者重视认知方面的体验，有的研究者则更加重视情感方面的体验。由此可见，移动图书馆用户体验需要从多个维度进行测量，影响因素会随着相关理论和研究方法的差异呈现出多样化的成果。

## 二、用户体验模型研究

移动图书馆用户体验模型是开启系统研究和进行用户体验测评的基础。分析国内外学者对移动图书馆用户体验模型的研究成果，用户体验模型可以分为结构性模型和测评性模型。结构性模型即反映移动图书馆用户体验构成结构的模型，有助于研究人员更加全面、深入地了解移动图书馆用户体验的结构成分及其相互关系。结构性模型可用于设计、改善移动图书馆的用户体验。测评性模型即旨在进行移动图书馆用户体验测评的模型，是进一步构建评价指标体系及指导实证调研和测评的基础，反映了用户体验测评的基本内容。

### （一）结构性模型

国内外学者在用户体验结构性模型方面做了大量的研究工作，如用户体验设计的体验分层理论和 APEC（aesthetic、practical、emotion、cognitive，审美、实用、情感、认知）框架、从不同角度构建的基本用户体验模型、移动网站和 App 用户体验设计模型、用户体验设计范式与原则等。这些理论研究成果为移动图书馆用户体验的结构性模型研究与构建奠定了良好的基础。钱国富③借鉴用户界面交互设计中的"黄金八法

---

① 甘春梅，宋常林. 移动图书馆采纳行为意愿研究：基于 4 个模型的比较 [J]. 图书馆杂志，2017（1）：59－66＋87.
② 李小青. 基于用户心理研究的用户体验设计 [J]. 情报科学，2010（5）：763－767.
③ 钱国富. 图书馆 WAP 网站可用性研究 [J]. 国家图书馆学刊，2010（3）：49－52.

则"，同时考虑到手机浏览信息的局限性，梳理国内图书馆开通的 WAP 网站实例，并提出图书馆 WAP 网站设计的注意事项。陈添源①结合移动图书馆的系统开发方法从战略目标层、范围涵盖层、信息架构层、网站框架层和用户界面层阐述了用户体验设计的全过程，构建了移动图书馆网站用户体验设计模型。黄务兰等②从有效性、易用性、满意度和技术支持度等方面，构建了移动图书馆用户体验分析模型。

## （二）测评性模型

当前所采用的方法、技术、工具大多来自传统的可用性研究，但可用性研究是从产品的角度出发而进行的。芬斯塔（K. Finstad）从用户角度出发构建了用户体验可用性度量模型，包括围绕有效性、高效性和满意度三个维度而展开的 12 个指标。罗登（K. Rodden）等提出可用于大规模用户体验测试的 HEART 框架，框架的衡量指标包括幸福感（happiness）、参与度（engagement）、采纳率（adoption）、留存率（retention）和任务成功率（task success）等。体验质量（quality of experience，QoE）是指用户与应用、服务或系统交互之后所产生的愉悦或烦恼的程度，体验质量最初产生于通信领域，随后在其他领域得到应用。相关学者尝试将用户体验与体验质量融合研究，同时总结出适用的用户体验测评工具和方法。王灿荣等③结合移动图书馆的网络环境、移动用户和移动服务的特性，构建了移动图书馆用户体验质量评价（MUQoEE）体系基础模型。有学者将时间因素引入用户体验模型，如卡拉帕诺斯（E. Karapanos）等对暂时性经验框架进行了改进和验证，发现用户体验受到逐渐熟悉、功能依赖和情感依赖的影响。林闯等④考虑到用户之前的体验会对当前体验产生影响，以视频流媒体服务为背景，提出了基于隐马尔可夫的用户体验质量模型，建立了基于随机模型的评价方法。

## 三、用户体验测评研究

相关研究者从实证研究的角度出发，对移动图书馆用户体验测评进行深入研究，是对测评性模型从理论应用到实践的进一步细化，主要包括对测评方法和具体测评指标的研究。

---

① 陈添源. 基于用户体验的移动图书馆构建研究［J］. 新世纪图书馆，2013（3）：58－62.

② 黄务兰，张涛. 基于结构方程模型的移动图书馆用户体验研究：以常州大学移动图书馆为例［J］. 图书馆杂志，2017（4）：80－89.

③ 王灿荣，张兴旺. 移动图书馆中移动用户体验质量评价机制的构建分析［J］. 图书与情报，2014（4）：92－98.

④ 林闯，胡杰，孔祥震. 用户体验质量（QoE）的模型与评价方法综述［J］. 计算机学报，2012（1）：1－15.

## （一） 测评方法

通过对相关文献的统计分析发现，在移动图书馆用户体验测评中采用的方法有定性评价方法、定量评价方法和综合评价方法。定性评估方法主要是采用启发式评估，对移动图书馆用户体验进行评价。启发式评估通过邀请可用性评价专家或软件工程师开展评价，一般只需要 3 ~ 5 人，即可发现产品 80% 以上的可用性问题，评价效率比较高。而定量评价方法则主要是采用 A/B 测试，即在可控的实验条件下，将不同变量的产品或服务随机提供给用户，以此来找出可产生最优表现的变量。综合评价方法是指将定性与定量相结合的评价方法，综合前两种方法的优点。一般从有效性、效率及满意度三个方面开展移动图书馆的可用性测评，以收集用户体验数据。可用性测试主要以普通用户为测试对象，包括实验室测试和实地研究两种方法，如何选择主要取决于可用性研究的目标和可用性测试的属性。尽管如此，部分学者认为实地研究更适用于移动应用的可用性测试，因为在真实情况下获得的用户体验和行为数据能更客观地反映出移动应用的可用性。

在数据采集中，一般来说，用户情感无法直接得到量化数据。一些传统的可用性评价量表可用来获取用户对产品的感知信息。伊索穆苏（M. Isomursu）等测试了 5 种适用于移动应用用户情感采集的自我报告方法，用于收集用户对系统的感知信息。邵罗等总结了几种用于整体评估的规范量表：QUIS（用户交互满意度问卷）、SUMI（软件可用性测试问卷）、PSSUQ（整体评估可用性问卷）、SUS（软件可用性问卷）等。还有学者利用实用性与享乐性量表、PrEmo 情感化量表、PANAS（积极和消极情感量表）等进行了用户体验调研。此外，还有学者尝试将心理学研究方法引入用户体验研究①，如将"最小可觉差"理论引入用户体验质量的评价，通过表情捕捉、眼动追踪、瞳孔捕捉等方法进行数据捕捉等。

## （二） 测评指标

国内外学者对移动图书馆用户体验评价指标体系开展了大量的研究，研究成果不少。综合分析已有的研究结果，国内外移动图书馆用户体验测评指标研究成果主要分为 10 类，见表 1-1②。

---

① 袁浩，马玉梅，陈典良，等. 手持移动终端界面可用性眼动评价研究 [J]. 人类工效学，2016（4）：70 - 73；孙洋，张敏. 基于眼动追踪的电子书移动阅读界面的可用性测评：以百阅和 iReader 为例 [J]. 中国出版，2014（5）：48 - 52.

② 魏群义，李艺亭，姚媛. 移动图书馆用户体验研究综述与展望 [J]. 图书情报工作，2018（10）：126 - 135.

表 1-1　移动图书馆用户体验测评指标研究成果分类表

| 序号 | 具体指标 |
|---|---|
| 1 | 可学习性、效率、可记忆性、出错频次、满意度、效用、简单（复杂）、可理解（可读性）、学习表现 |
| 2 | 易用性、易学性、提供帮助服务、多媒体功能、记忆负荷、效率和控制能力、任务完成能力 |
| 3 | 移动应用可用性测试核心指标：有效性、效率、满意度 |
| 4 | 硬件性能、技术、内容、阅读功能、综合评价4个一级指标和显示舒适、手感舒适等26个二级指标 |
| 5 | 可学习性、易用性、有效性、错误与反馈、布局与设计、用户满意度 |
| 6 | 感官体验、认知体验、技术体验、功能体验、情感体验、价值体验 |
| 7 | 预期期望、预期付出、社交影响、便利条件和移动用户体验价值 |
| 8 | 效用（个人效用价值、社会效用价值、品牌形象价值）；内容（互动、服务、阅读）；功能（视觉、浏览和检索） |
| 9 | 易学性、有效性、效率和服务效果4个一级指标和容易掌握使用、认知负荷低、记忆负担小等14个二级指标 |
| 10 | 可理解性、清晰、易用性、高效性、有用性和满意度 |

## 四、用户体验提升研究

移动图书馆一直致力满足更多的移动用户服务需求，不断优化提升用户体验，以获得更高的用户满意度，从而推动移动图书馆服务的可持续发展。国内外学者从不同的角度，对移动图书馆用户体验提升开展了深入研究。根据方法及其侧重点的差异，主要分为可用性提升研究、情感体验提升研究和用户体验综合提升研究等三个方面。

### （一）可用性提升研究

研究文献内容可以发现，移动图书馆可用性提升的研究对象主要是 WAP 网站和移动客户端，常用的研究方法有启发式评估和可用性测试。根据移动图书馆项目建设的生命周期，可用性研究可以划分为服务投入使用前、服务使用过程中及优化改善后。在移动图书馆投入使用前，为了解其用户体验设计效果和进一步完善而进行的可用性研究。林丽娟（Lin Juan Chanlin）等在图书馆移动网站投入使用前，进行了用户体验提升研究，结果表明移动图书馆比 PC 端网站更高效，学生对新系统反应积极。米勒（R. E. Miller）等探究了 Boopsie 公司为中等学术图书馆开发的移动图书馆的可用性，发现简单的界面是移动图书馆相对于传统图书馆的优势。在移动图书馆服务使用过程中，为提升当前用户体验而进行的可用性研究。艾达罗斯（A. Eidaroos）等采用启发式评估对沙特阿拉伯公立大学的移动图书馆进行了可用性测评，为围绕链接和导航、用户帮助、数据录入表单、视觉设计和视障用户的可访问性等方面，提出了诸多改进意见。冯（R. H. Y. Fung）等根据启发式设计原则，对香港大学的移动图书馆网站进行可用性研究，并与哈佛大学和香港中文大学进行横向比较，发现其存在的可用性问题并提出了针对性的改进建议。王春毅等对台湾亚东技术学院图书馆移动网站的两项服务（到期提醒与图书预约）进行了可用性测试。彭德尔（K. D. Pendell）等使用不同类型的手机对波特兰州立大学（Portland State University）移动图书馆进行了可用性测试，根据测试结果提出了用户体验改进意见。罗萨里赛（J. A. Rosario）等根据可用性研究结果，对健康图书馆移动网站进行了重新设计，使读者满意度进一步提升。此外，还有学者为探究用户体验提升效果，针对改进后的移动图书馆平台进行了可用性测试。叶心天等对优化后的科罗拉多大学安舒茨医学校区（University of Colorado Anschutz Medical Campus）健康科学图书馆进行了可用性评估，结果显示，优化后移动网站的有效性和效率明显提升，读者的满意度更高。

## （二）情感体验提升研究

国内外学者对移动图书馆平台进行了情感体验提升研究，研究内容主要包括用户需求、用户期望、用户意愿和用户差异等。在移动图书馆用户需求研究方面，李宇佳等[①]根据用户体验的需求层次理论，从用户体验的视角全面剖析移动图书馆用户的多样化需求，运用系统动力学方法剖析影响用户需求的各要素间的相互关系及动态变化过程，并利用建模工具将其作用机理可视化呈现。根据对现有移动图书馆的分析并结合移动图书馆用户需求系统动力学模型，剖析当前移动图书馆的薄弱点和系统动力学模型中的关键环节，分别从感官体验设计、信息资源设计、交互设计和情感化设计着手，针对移动图书馆设计提出建议，例如注重情感体验设计，满足用户的情感诉求。叶莎莎等[②]对移动图书馆用户信息需求的类型、特征、规律和用户偏好等方面进行了理论探讨，并提出在移动互联网环境下，移动图书馆用户的信息需求也会遵循一定的原则和规律，但这种需求规律不是移动图书馆用户特有的，而是与网络环境下的用户信息需求规律具有很强的相似性。在网络环境下对移动图书馆用户而言，移动性和便捷性是移动图书馆最大的优势所在，用户都希望通过省时、省力的方法获取所需要的移动信息资源。郑德俊等[③]通过实证调研分析了高校移动图书馆的用户需求、使用偏好、易引

① 李宇佳，张向先，张克永. 用户体验视角下的移动图书馆用户需求研究：基于系统动力学方法 [J]. 图书情报工作，2015（6）：90 - 96 + 119.

② 叶莎莎，杜杏叶. 移动图书馆用户需求理论研究 [J]. 图书情报工作，2014（16）：50 - 56.

③ 郑德俊，沈军威，张正慧. 移动图书馆服务的用户需求调查及发展建议 [J]. 图书情报工作，2014（7）：46 - 52.

发不满的因素及选择态度，并据此提出了移动图书馆的改进建议（以用户体验为根本，丰富服务平台中的服务项目，优化服务资源，以推广形式创新为核心，吸引更多用户使用移动图书馆）。在移动图书馆用户期望、用户意愿和用户差异等方面，西霍尔泽（J. Seeholzer）等利用焦点小组探究了学生对于图书馆移动网站的使用情况和期望。高春玲等[1]以辽宁师范大学师生为调研对象，从用户阅读行为和设施特征等方面揭示了用户阅读图书馆电子资源的使用意愿及其影响因素。郑德俊等[2]发现不同用户因其性别、学科背景、使用经验等对移动图书馆服务质量的感知具有差异性。少数学者从心理学角度开展了移动图书馆用户情感体验提升研究。查光进（X. Zha）等通过研究发现，与使用数字图书馆相比用户在使用移动图书馆时会产生较少的沉浸体验，在移动图书馆早期建设阶段检验用户体验，提高用户沉浸体验非常必要。

## （三）用户体验综合提升研究

用户体验综合提升研究即通过对移动图书馆用户体验现状的整体把握，从系统质量、用户情感及交互环境三个方面提出了移动图书馆用户体验提升方案。王茜等[3]对清华大学无线移动数字图书馆（Tsinghua Wireless and Mobile Digital Library System，TWIMS）进行了两次用户体验调研，第一次是在 TWIMS 上线之后重点调研了用户对系统功能设置及各项指标的满意度，第二次则是对改进后的 TWIMS 用户体验提升效果的测评，最终提出 10 项移动图书馆可用性设计原则（页面内容简单化原则、减轻用户的经济负担原则、提高屏幕空间的利用率原则、最小记忆原则、提供导航机制原则、一致性原则、提供帮助与指导原则、即时反馈原则、对用户的错误操作进行预防与纠正原则、接受用户反馈原则）。聂华等[4]对移动服务状况、读者需求和移动设备持有状况进行调研、评估之后，主要围绕提升用户体验，从应急服务、交互式服务和个性化服务三个主要方面进行设计和开发，构建了基于 WAP 协议的"北京大学图书馆"服务；同时指出随着移动终端技术在短时间内的快速发展、图书馆信息管理系统越来越多地提供移动服务，以及用户移动行为习惯及需求的变化，未来北京大学图书馆移动服务

① 高春玲，卢小君. 用户阅读图书馆电子资源意愿的影响因素分析：以辽宁师范大学师生移动阅读行为为例 [J]. 图书馆论坛，2014（34）：34 - 40.
② 郑德俊，王硕. 移动图书馆服务质量的感知差异性分析 [J]. 图书情报工作，2016（21）：6 - 16.
③ 王茜，张成昱. 清华大学无线移动数字图书馆用户体验调研 [J]. 大学图书馆学报，2010（5）：36 - 43；王茜，张成昱. 清华大学手机图书馆用户体验调研及可用性设计 [J]. 图书情报工作，2013（4）：25 - 31.
④ 聂华，朱本军. 北京大学图书馆移动服务的探索与实践 [J]. 图书情报工作，2013（4）：16 - 20.

将朝着"独立、整合、创新"的统一客户端方向发展。沈军威等[①]借助问卷调查,对服务质量、用户满意度和用户持续使用意愿之间的影响关系进行实证分析,发现用户与移动图书馆平台交互过程中所形成的服务质量认知和情感体验影响价值认同,进而影响用户满意度和持续使用意愿;同时构建移动图书馆服务质量优化"飞行"模式,即以需求来引领,发挥服务质量在提升用户满意度和促进用户持续使用上的主体作用,并经由培训和推广助力用户扩大服务质量认知和增强情感联结。徐倩[②]采用分层随机抽样方法对重庆医科大学师生进行 KANO 模型问卷调查揭示用户需求状况,梳理移动图书馆用户需求主要包括信息功能、资源供给功能、交互功能、特色功能四个方面,其中无关属性 7 项,期望属性 10 项;同时根据 better-worse 系数,构建用户满意度矩阵,提出重点改善功能 8 项,并给出用户满意度提升策略。

通过对国内外移动图书馆用户体验模型及测评研究的分析发现,当前研究存在一些问题。首先,在理论研究层面,相关模型和体系的构建没有统一的标准,不同的学者从不同的角度构建了用户体验模型和评价指标体系,对于图书馆的实践应用缺乏有效的指导性,构建的模型和体系缺乏实证研究。其次,在实践方面,移动图书馆用户体验测评质量不高,难以反映移动图书馆的用户体验现状,存在用户体验测评模型不够规范、数据来源不够丰富、调研项目不够全面等问题。当前移动图书馆用户体验提升研究偏重对可用性的提升研究,但可用性只是用户体验的一部分,难以全面反映用户体验和使用感受。必须从用户的角度对移动图书馆用户体验的全过程开展研究,才能探索出有效、全面的用户体验提升策略。

## 五、未来研究展望

移动图书馆的发展始终要以用户为中心,用户研究贯穿着移动图书馆服务的始终。用户体验作为用户研究中的一项重要内容,对移动图书馆的发展有着重要的影响。根据移动图书馆用户体验的复杂性特点,在研究中可进行多学科融合的横向延展和由理论到实践再到理论的纵深升华研究。

### (一) 理论方面

首先,进一步完善移动图书馆用户体验理论体系。可以从以下两方面开展研究:移动图书馆用户体验的定义和要素研究。一个概念的定义、范围是其发展并最终付诸

---

① 沈军威,郑德俊. 移动图书馆服务质量优化模式的构建研究 [J]. 图书情报工作, 2019 (15): 52-59.
② 徐倩. 基于 KANO 模型的移动图书馆用户满意度提升策略研究:以重庆医科大学为例 [J]. 情报探索, 2019 (4): 76-81.

于实际的最基本的要求。当前研究偏重实证，缺乏影响移动图书馆用户体验要素的深入探讨。其次，注重多学科交叉研究。例如，引入心理学相关理论和研究方法，将沉浸体验引入移动图书馆用户情感感知研究、采用眼动技术等监测用户情感变化等，以使得研究者能够全面细致地捕捉到用户的情感变化，同时更为深入地了解用户体验。最后，探索新的用户体验研究方向，如对交互环境研究和用户期望体验进行深入研究。移动图书馆具有环境依赖性的特点，移动网络、移动服务技术不断发展，客户端及其操作系统日渐多样化，这些交互环境因素的变化会对移动图书馆用户体验产生怎样的影响，以及移动图书馆服务应如何提升以应对这些变化还有待研究。目前研究主要针对与用户的当前体验，而用户期望也会影响用户体验，并进一步影响用户对服务的满意度，所以用户期望体验这一方向也有待探索。

## （二）实践方面

首先，采用多元化研究方法。当前对移动图书馆用户体验的研究大多采用问卷调查法，虽然这样便于数据获取，但也容易导致数据来源单一、调研结果不够深入等问题。在未来研究中应注重质性研究方法的采用，以求深入探究影响用户体验的驱动因素及其内在联系。其次，加强可持续化研究。缺乏对用户信息获取过程的反馈和跟踪，将使得技术的提升无法带来用户体验的提升。可持续化研究符合移动图书馆用户体验动态性特点，在未来研究中需注重长期用户体验研究，探索影响用户体验变化和用户黏性的重要因素。最后，深化移动图书馆用户体验提升研究。当前大多数研究只停留在对移动图书馆用户体验现状测评并提出建议，鲜有对提升后的系统进行跟进研究的。移动图书馆用户体验研究的最终目的是为用户创造良好的体验。移动图书馆用户体验提升措施和改进是否有效，也是移动图书馆用户体验提升研究中应该重点关注的问题。

# ▶ 第二章

# 移动图书馆用户体验要素研究

## 第一节　移动图书馆用户体验内涵

移动图书馆服务的特征可概括为两个维度、五个方面，第一个维度即移动性（mobile），包含泛在化（ubiquitous）、碎片化（fragmentation）和个性化（individualization）三个方面；第二个维度即社交性（sociality），包含交互性（interaction）和分享性（sharing）两个方面。移动性可以归纳为典型的"3A"特征：Anywhere（地点灵活性、地域灵活性）、Anytime（时间任意性）、Anybody（用户多样性）。社交性是指移动图书馆服务以内容生产为中心，社交关系为纽带，将内容生产和社交相结合。结合泛在信息环境下图书馆服务的特征以及用户体验的特点，可以发现移动图书馆用户体验具有以下内涵：

### 一、移动图书馆用户体验具有动态性特点

用户体验是一个逐渐积累和动态的过程，不取决于用户某时某刻的感受，随着用户与系统接触的不断深入，体验的产生是有一定层次的。在服务过程中，用户从最初接触产品开始，用户体验是由浅入深的，并且随着用户认知程度的深入反映出递进的体验层次，用户体验随着感官体验、交互体验、情感体验的层次逐级上升。唐纳德·A. 诺曼从认知心理学的角度提出，一件优秀的产品可以带给人们三种层次（本能层、行为层、反思层）上的需求满足。本能层的设计关注的是视觉，带给人第一层面的直

观感受；行为层的设计关注的是操作，通过操作流程体验带给用户感受；反思层的设计关注的是情感，相当于用户体验的提升。作为体验的一种，移动图书馆用户体验同样具有明确的始终，体验过程包含用户与平台交互之前、交互之中与交互之后的感受，不同阶段的体验感受是动态变化的，所以用户体验具有动态性的特点。

## 二、移动图书馆用户体验具有复杂性特点

移动图书馆平台的用户体验是用户在使用移动图书馆平台的整个过程中，对移动图书馆平台及其服务不断积累形成的感性心理状态和理性价值认知，它包括对移动图书馆平台的最初印象、使用过程中和使用后产生的各种情感体验。用户体验是一种复杂的情感体验，移动图书馆服务的交互环境包括云计算、移动互联网等复杂的网络环境，同时移动设备的性能、资源、费用等也会影响用户的使用体验。在马斯洛关于人的"生理需求—安全需求—社交需求—尊重需求—自我实现需求"五个需求层次的基础上，贝恩特·施密特通过"人脑模块分析"和心理社会学说将消费者的体验分成了感官、思考、创新、行为、关联五大体验体系。

## 三、移动图书馆用户体验具有主观性特点

移动图书馆用户体验是以用户为中心的主观体验，所以用户体验具有一定的主观性。通俗地讲，就是"这个东西好不好用，用起来方不方便"。因此，用户体验是主观的，且其注重实际应用时产生的效果。即使是同一项功能和服务，不同的用户使用之后的评价也是不一样的，其用户体验感因人而异。良好的用户体验需要同时满足用户的实用性和享乐性需求，而需求的实现影响着用户对享乐质量的感知，其中自尊感知和能力体现这两种心理需求的实现有助于用户产生积极的用户体验。所以，在用户体验的评价指标中，满意度一直是一项重要的指标，例如传统的可用性三大指标（即效率、效益和满意度）。张明霞等[①]认为，图书馆用户体验是一种纯主观的整体性感受，是用户在使用图书馆的整个过程中的全部印象和感受，它决定了图书馆的服务质量、用户满意度及忠诚度。

## 四、移动图书馆用户体验具有交互性特点

移动图书馆用户体验是一种交互式体验，具有交互性的特点。移动服务的交互性包含以下几个方面：首先，交互性体现在用户与系统之间的交互，用户对图书馆基本

---

① 张明霞，祁跃林，李丽卿，等. 图书馆用户体验的内涵及提升策略 [J]. 新世纪图书馆，2015（7）：10－13.

服务的体验，即用户与移动服务系统的交互（如借阅查询、书目查询等）。其次，交互性体现在用户与馆员之间的交互，用户在使用移动服务的时候需要与馆员进行交流，例如参考咨询、推荐购书、二维码门禁等。最后，交互性体现在用户与用户之间的交互，移动阅读具有社会化需求，即用户与用户之间可以互动、交流与分享经验。所以，要提升用户体验，要根据目标用户的需求和期望出发，结合用户本身的心理特征和行为方式、特点，使人与信息的交流沟通更加切合、协调、流畅，使用户对移动端交互动画的互动方式更加好奇，更具有参与感，能有效地让用户与机器进行双向互动。

# 第二节　移动图书馆用户体验要素

随着移动图书馆研究重点的转变，即由最初的以图书馆为中心转变为以用户为中心，用户体验成为移动图书馆用户研究的重要部分。用户体验最早由诺曼等人提出的，最初被广泛应用在人机交互领域。国际标准化组织将用户体验定义为"用户在接触产品、系统或服务后，所产生的反应与变化，包含用户的认知、情绪、偏好、知觉、生理与心理、行为，用户体验涵盖了产品、系统或服务使用的前、中、后期。系统、用户和交互环境是影响用户体验的三要素"。综合来看，用户体验是多方交互的结果，即用户的内在状态（倾向、期望、需求、动机等）、系统的特征（复杂性、目的、可用性、功能等）及交互环境（如组织/社会环境、活动意义、自愿使用等）共同作用的结果。

根据 ISO 对用户体验要素的分类，可将移动图书馆用户体验分为系统质量感知、用户情感感知和交互环境感知三个方面的体验。国外学者对用户体验要素的研究主要围绕系统质量感知和用户情感感知两个方面。在系统质量感知方面的研究大多基于可用性理论和技术接受模型理论。用户情感感知的研究内容主要集中在对用户需求、用户期望、情感反应等方面。国内学者对用户体验要素的研究相对较少，并且大多借鉴国外的研究成果。邓胜利[①]对国外用户体验研究进展进行综述，提出国外在用户体验的定义、内容、特征、模型及评价等方面进行探索，并将理论成果应用于电子商务的开展、网站建设和软件设计方面，并建议我国用户体验研究可借鉴国外经验，逐步形成用户体验理论体系，指导信息服务的发展。丁一等[②]对用户体验的应用研究现状进行综述，重点分析了用户体验的测评方法，将用户体验要素总结为可用性、用户情感体验

---

① 邓胜利. 国外用户体验研究进展 [J]. 图书情报工作, 2008 (3): 43 - 45.
② 丁一, 郭伏, 胡名彩, 等. 用户体验国内外研究综述 [J]. 工业工程与管理, 2014 (4): 92 - 97.

和用户诉求。胡昌平等①从宏观（表面层要素、框架层要素、结构层要素、范围层要素、战略层要素）和微观（信息构建、信息设计、工作流程、资源转换、界面设计和跨平台的兼容）两方面对信息构建中用户体验要素进行分析。王晓艳等②提出了基于用户体验的信息构建模型，考虑的用户体验要素包括用户特征、用户认知、用户需求和用户行为。金燕等③将其分为理性要素和感性要素，理性要素主要是指用户的认知，而感性要素则主要是指用户的情感。赵杨④从用户与数字图书馆移动服务系统交互的角度，将用户体验要素分为移动服务环境交互层要素、移动服务平台交互层要素、移动服务人员交互层要素和用户交互层要素。其中，移动服务环境交互层要素主要指由移动网络及其基础设施、移动终端设备等构成的数字图书馆移动服务软硬件要素；移动服务平台交互层要素主要指用户访问数字图书馆 WAP 站点、使用 App 应用软件时涉及的相关要素；移动服务人员交互层要素主要指用户通过数字图书馆员获取移动参考咨询、在线帮助等服务时涉及的相关要素；用户交互层要素主要指用户通过数字图书馆移动社交服务进行信息交流与知识共享时所涉及的相关要素。

以上研究成果为移动图书馆用户体验要素的研究奠定了基础，综合分析国内外学者对用户体验要素的研究成果，可将其总结为以下四个方面：

## 一、系统质量感知要素

系统质量感知要素即用户在与移动图书馆系统平台交互过程中，对系统平台所提供的服务、功能、资源等方面的感知，以及对平台的技术、理念等的感知，主要包含移动图书馆系统平台的可用性、功能实用性、信息构建、信息质量、感知易用性和感知有用性等要素。

## 二、用户与系统交互所产生的情感感知要素

用户与系统交互所产生的情感感知要素即反映用户使用移动图书馆服务所产生的主观情感感受的要素，主要包括系统为用户带来的愉悦感、享乐性、用户期望、用户需求满足及实现等要素。

---

① 胡昌平，邓胜利. 基于用户体验的网站信息构建要素与模型分析［J］. 情报科学，2006（3）：321－325.
② 王晓艳，胡昌平. 基于用户体验的信息构建［J］. 情报科学，2006（8）：1235－1238.
③ 金燕，杨康. 基于用户体验的信息质量评价指标体系研究：从用户认知需求与情感需求角度分析［J］. 情报理论与实践，2017（2）：97－101.
④ 赵杨. 数字图书馆移动服务交互质量控制机制研究：基于用户体验的视角［J］. 情报杂志，2014（4）：184－189.

### 三、交互环境感知要素

交互环境感知要素是指系统和移动用户始终处于复杂的交互环境之中，用户对交互环境的感知，具体包括社交影响、便利条件、使用成本、体验风险和体验利益等。

### 四、用户体验设计要素

用户体验设计要素即进行移动图书馆用户体验系统设计和功能提升所涵盖的要素，例如审美、情感、视觉体验、品牌感受、浏览体验、功能体验、内容体验、互动体验、愉悦、满足、自我价值提升等。

# 第三节　移动图书馆用户体验影响因素模型构建

关于移动图书馆用户体验影响因素模型，国内外学者已有一些探索和研究。赵杨[①]从用户与数字图书馆移动服务的多维交互关系入手，分析用户体验对移动服务交互质量的影响，针对服务交互过程中的用户体验要素，构建了用户体验设计框架，如图 2-1 所示。彭柯[②]等基于技术接受模型、信息构建理论和需求理论，探讨了数字阅读平台的用户体验影响因素，从感知有用性、感知易用性、信息构建、感知享乐性等方面构建了数字阅读平台的用户体验影响因素模型，如图 2-2 所示。王灿荣等[③]根据 MUQoEE 数学模型及研究情境设定，构建了移动图书馆 MUQoEE 评价指标体系基础模型，如图 2-3 所示，该模型涵盖八个自变量（预期期望、预期付出、社交影响、便利条件、移动用户体验价值、移动用户体验成本、移动用户体验风险、移动用户体验利益），以及两个因变量（MUQoEE 机制的评价性能、移动用户体验价值）。

基于国际标准 ISO 9241 – 210：2019 给出的用户体验定义，综合已有的移动图书馆用户体验影响因素模型研究成果，借鉴国内外已有的移动图书馆用户体验影响因素研究成果，构建移动图书馆用户体验影响因素模型。模型从系统特性、服务特性、用户特性三个角度分析用户体验影响因素，同时结合当前移动图书馆的具体应用情况，在

---

① 赵杨. 数字图书馆移动服务交互质量控制机制研究：基于用户体验的视角 [J]. 情报杂志，2014（4）：184 – 189.

② 彭柯，胡蓉，朱庆华. 数字阅读平台的用户体验影响因素实证研究 [J]. 数字图书馆论坛，2015（11）：2 – 10.

③ 王灿荣，张兴旺. 移动图书馆中移动用户体验质量评价机制的构建分析 [J]. 图书与情报，2014（4）：92 – 98.

系统特性、服务特性、用户特性等之外增加社会特性角度，以求更好地体现移动图书馆的社会价值。最后，从系统特性、服务特性、用户特性和社会特性四个方面，构建移动图书馆用户体验影响因素模型，如图2-4所示。

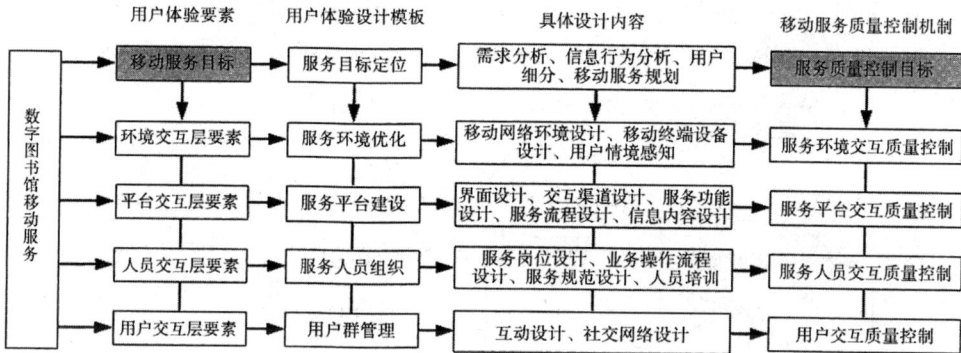

图 2-1 用户与数字图书馆移动服务交互中的用户体验设计框架

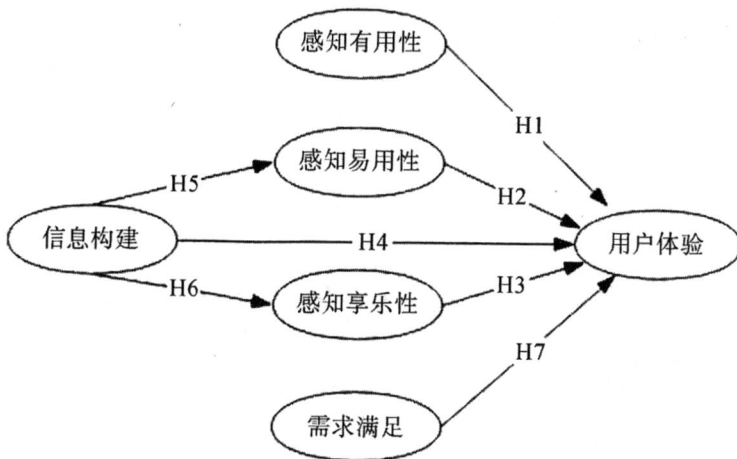

图 2-2 数字阅读平台的用户体验影响因素模型

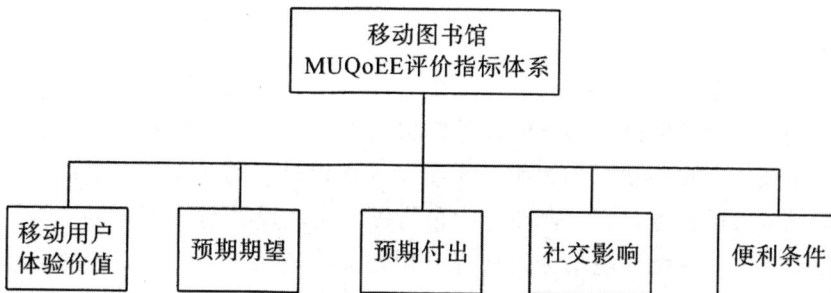

图 2-3 移动图书馆 MUQoEE 评价指标体系基础模型

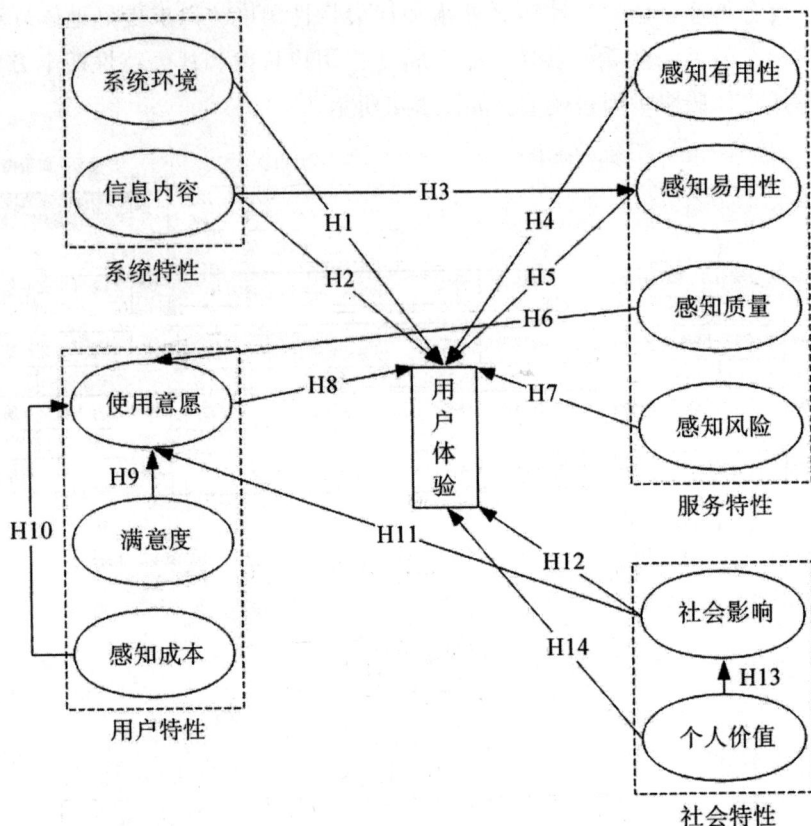

图 2-4　移动图书馆用户体验影响因素模型

## 一、系统特性

移动图书馆服务是通过移动服务系统开展的，读者通过各种移动智能终端访问系统享受移动服务，所以服务系统的系统特性会直接影响用户对移动图书馆服务的体验和感受。系统界面是用户接触系统平台的第一关，林德高（G. Lindgaard）认为系统界面特性主要包括界面设计和资源导航，涵盖了信息的呈现方式、表达方式和组织方式，以及系统的功能布局。良好的界面特性能够让用户眼前一亮，并降低用户搜索的难度，实现有效的搜索和识别功能。移动图书馆的系统特性包含两个方面，即系统环境和信息内容。

系统环境是指除图书馆硬件设施以外的移动图书馆系统在第一时间给用户感官体验的集合，主要体现在移动图书馆服务系统的界面设计、功能设置、页面布局与网络环境上。简洁大方的服务界面，合理的颜色搭配、功能设置与页面布局，流畅的网络环境等，这些良好的系统环境均会直接提升用户的服务体验。良好的系统环境会引导用户轻松、高效、愉悦地使用移动图书馆服务，促使他们愉快地进行下一步的功能操作，从而达到吸引用户的目的。

信息内容是指移动图书馆提供的有形服务要素，包括文献资源信息、提示信息、系统响应等。文献资源信息包括信息资源是否齐全、信息分类和信息组织是否合理和有效，以及信息的准确性和更新频率等。提示信息是移动图书馆系统界面弹出的消息提示，例如操作成功或错误提示和在线帮助等。不同操作结果的信息提示，对于提升信息的用户交互性非常重要。系统响应是关系用户能否快速完成任务的关键，在快节奏的当下，响应速度的快慢对用户体验的影响极大。另外，在内容为王的时代，丰富的信息内容是吸引移动图书馆用户的重要因素。

综合以上分析，提出如下假设。

H1：系统环境对用户体验有正向影响。

H2：信息内容对用户体验有正向影响。

H3：信息内容对感知易用性有正向影响。

## 二、服务特性

服务特性主要用来衡量移动图书馆提供的各类服务是否对用户有用、是否符合用户预期和需求等。感知易用性是个人使用一个系统/应用时省力的程度，是移动用户对移动图书馆服务最直接的感受，是用户感受到的使用图书馆系统的难易程度，也是感知有用性的前提条件。用户对技术掌握越容易，上手越快，对系统操作越便捷，就会认为系统越易用。反之，难以学习和操作的平台，势必会造成用户学习成本和时间成本的浪费，从而在使用中的产生负面情绪，带来消极的用户体验与感受，甚至很可能直接导致用户放弃使用该服务。因此，简单易学且容易熟练掌握的平台能够很快让用户上手操作，在后续使用过程中顺利无障碍，将会带来正向的用户体验。

感知有用性是个人认为使用一个系统/应用时能够提高或加强工作表现的程度，感知有用性体现在用户在使用移动图书馆各项资源和服务时，能收获更多价值，觉得服务对个人具有重要的作用。与感知易用性相比，感知有用性能更好地帮助用户利用图书馆资源的服务，能有效提高用户学习和工作的效率，是判断用户是否继续使用移动图书馆的依据之一。对于移动图书馆服务平台来说，用户选择移动服务主要是由于其操作方便、不受时空限制等，因此在一定程度上提高了获取资源和服务的效率，读者在使用过程中认为移动平台在各方面是对自己有用的，由此产生正向的、积极的情感，形成好的用户体验的一部分。

感知质量反映了移动图书馆提供的服务是否和传统图书馆服务一致，是否能随时提供满足用户期望的知识服务。赵杨等[1]基于信息系统持续使用理论分析了用户持续使用移动图书馆 App 的意愿和行为机理，通过实证检验揭示了系统质量、信息质量、服务质量、感知有用性、期望确认、感知成本和用户习惯等因素对用户持续使用移动图书馆 App 的具体影响，肯定了感知质量对用户体验的正向影响。感知质量包括功能满

---

[1]　赵杨，高婷. 移动图书馆 App 用户持续使用影响因素实证研究 [J]. 情报科学，2015（6）：95 - 100.

足质量、技术系统质量、用户关怀质量。因此，将感知质量作为用户体验变量具有合理性。同时，感知质量也是判断用户是否继续使用移动图书馆的另一个依据。

另外，大数据时代信息泄露的风险是存在的，随着移动用户的安全意识不断增强，个人信息安全性的高低同样决定着用户是否愿意相信图书馆，感知风险主要体现在图书馆对用户个人信息的尊重和保障上，包括服务人员的态度是否亲和，账号密码、借阅记录和个人隐私是否得到安全保护等。随着用户对于个人信息安全的意识不断增强，感知风险对于用户体验的影响程度将不断增加。

基于上述分析，提出如下假设。

H4：感知有用性对用户体验有正向影响。

H5：感知易用性对用户体验有正向影响。

H6：感知质量对使用意愿有正向影响。

H7：感知风险对用户体验有负向影响。

## 三、用户特性

用户与移动图书馆交互过程中会产生情感因素，即用户对于移动图书馆的情感体验。这些情感体验会在一定程度上影响用户的思维判断和行为，例如，当用户在使用移动图书馆过程中需求得到满足时，用户会身心舒畅、心满意足，极有可能继续探索使用移动图书馆系统；反之，当用户的情感诉求得不到满足而表现出失望和厌烦时，用户的使用进程可能会受阻，甚至放弃使用该系统。

情感体验包括用户满意度和用户使用意愿。用户满意度即用户使用移动图书馆资源和服务的满意程度，包括使用过程中和使用后对服务的满意体验。用户的满意度越高，用户体验感受就越好，其后续的使用意愿就会越强烈。使用意愿是影响移动图书馆后续使用的关键要素，包括用户今后是否愿意继续使用移动图书馆的服务，是否增加服务使用的频率，是否愿意向他人推荐移动图书馆服务等。

感知成本是用户使用移动图书馆时在时间、精力和费用上的投入。当用户使用移动图书馆服务时，如果在时间、精力和费用上投入越高，用户感知到的成本就会越高，那么用户继续使用该服务的意愿就会越弱。因此，笔者认为感知成本对用户体验有负向显著影响，感知成本越高，越会阻碍用户的使用意愿。

基于上述分析，提出如下假设。

H8：使用意愿对用户体验有正向影响。

H9：满意度对使用意愿有正向影响。

H10：感知成本对使用意愿有负向影响。

## 四、社会特性

社会影响是指针对某项新技术，社会主流或者重要人物的态度会在一定程度上改变用户的态度倾向，减少用户对新兴事物采纳的犹豫时间。在接触移动图书馆这一新事物之前，习惯使用传统图书馆的用户并没有亲身体验过移动图书馆的各项服务，社会主流、身边亲近人乃至媒体的态度都会对用户使用意愿产生巨大影响。因此，社会影响这一变量会影响移动图书馆用户体验。

罗杰斯（E. Rogers）将"个人价值"归纳为"对比其他人，那些对新技术充满好奇心，更容易也更愿意学习使用新技术、接受能力强的个人，使用新产品、技术创造的价值"。个人价值较高的个体会比其他人有更强烈的使用意愿，更主动尝试新技术、新产品，创造新的个人价值的同时，也会影响身边人产生社会影响。

基于上述分析，提出如下假设。

H11：社会影响对使用意愿有正向影响。

H12：社会影响对用户体验有正向影响。

H13：个人价值对社会影响有正向影响。

H14：个人价值对用户体验有正向影响。

# 第四节　移动图书馆用户体验要素研究

## 一、研究方法

心理学家格拉斯（G. V. Glass）将 Meta 分析定义为"对以往研究结果进行系统定量综合的统计学方法"。Meta 是一种对各种独立的研究结果进行统计分析的方法，对研究结果间差异的来源进行检验，并对具有足够相似性的结果进行定量合并。与传统综述相比，Meta 分析在原始文献的选择上有明确的方法论，以限制纳入和排除研究过程中的偏倚，使研究结论更加客观，并更加接近真实的科学证据。Meta 分析可以用到的软件很多，比如 SAS、STATA 等，最经典的一款软件是 RevMan（ReviewManager），RevMan 是国际 Cochrane 协作网准备和维护更新 Cochrane 系统评价而设计的软件，可以协助完成 Meta 分析的计算过程。这款软件可以在 Cochrane 网站上下载，是一款免费使用的软件。本次研究采用 Revman 5.0 Meta 分析专业软件，使用原始文献中相关系数 $r$ 作为 effect-size 输入效应量，其余文献则提取统计量 $t$ 值、$N$ 值、$P$ 值［备注：$t$ 值为 $t$ 检验（Student's t test）结果；$N$ 值为样本量；$P$ 值为当原假设为真时所得到的样本观察结果或更极端结果出现的概率］，统计合并确定最终效应值，通过偏倚分析得到一般性结论。

## 二、研究设计

### (一) 文献筛选

为了保证研究的可信性和完整性，尽可能将所有国内外相关研究文献纳入 Meta 分析中，采取如下检索策略在国内外权威索引数据库中开展检索，检索词尽量涵盖可能的关键词。以 "mobile library" or "library app" or "library client" or "mobile library service" or "m-library" 与 "users" or "UE" or "UX" or "user experience" 为检索词，在 Web of Science、Scopus 两个权威索引数据库中进行逻辑组配检索；以 "移动图书馆"、"移动服务"、"图书馆客户端"、"移动图书馆 App" 或 "手机图书馆" 分别与 "用户体验"、"使用者体验" 或 "使用者感知" 为检索词，在 CNKI、万方、维普三个国内权威数据库中进行逻辑组配检索。根据上述的检索策略和检索范围，共检索到 603 篇相关文献（检索时间：2019 年 5—6 月），剔除重复文献，进一步筛选标题、摘要和关键词后得到符合条件的文献 142 篇。

针对上述收集到的 142 篇文献，采用文献管理软件 NoteExpress 和人工方式相结合的方法，按照如下标准继续筛选与剔除：必须是以移动图书馆用户体验为研究对象的实证研究；必须确保样本的独立性；必须以用户体验为因变量；必须含有影响因素之间的相关系数 $r$、样本量或者相关系数 $r$ 与标准误 $se$，相关系数 $r$ 与 $P$ 值，或者 $t$ 检验与样本量等能够计算出相关系数的数据。

### (二) 文献编码

对纳入 Meta 分析的文献进行描述项和效应值的整理与编码，提取所需数据，包括年份、作者、文献来源等描述性信息和变量数、样本量、相关系数、$t$ 值、$P$ 值等。

## 三、研究结果与分析

### (一) 异质性检验

异质性检验可以描述参与者、干预措施和一系列研究间测量结果的差异和多样性，或那些研究间的内在真实性的变异。狭义定义专指统计学异质性，用来描述一系列研究中效应量的变异程度，也表明除可预见的偶然机会外，不同研究之间存在的差异性。异质性检验是 Meta 分析的重要步骤，用于检验和判断纳入文献是否具有同质性。

在图 2-5 所示的森林图中，横线代表研究结果的可信区间，图中各横线较短，样本量大，说明结果可靠性强。圆点代表独立研究的效应量，点的大小代表研究的权重，图中各圆点大小基本一致，说明各独立研究对 Meta 分析的贡献度也基本一致。各研究的置信区间没有重叠，说明多个研究成果间存在异质性，且异质性较大。由于 $Tau^2 = 0$，固定效应模型和随机效应模型的计算结果是一致的，因此对所有研究假设使用随机效应模型进行分析。

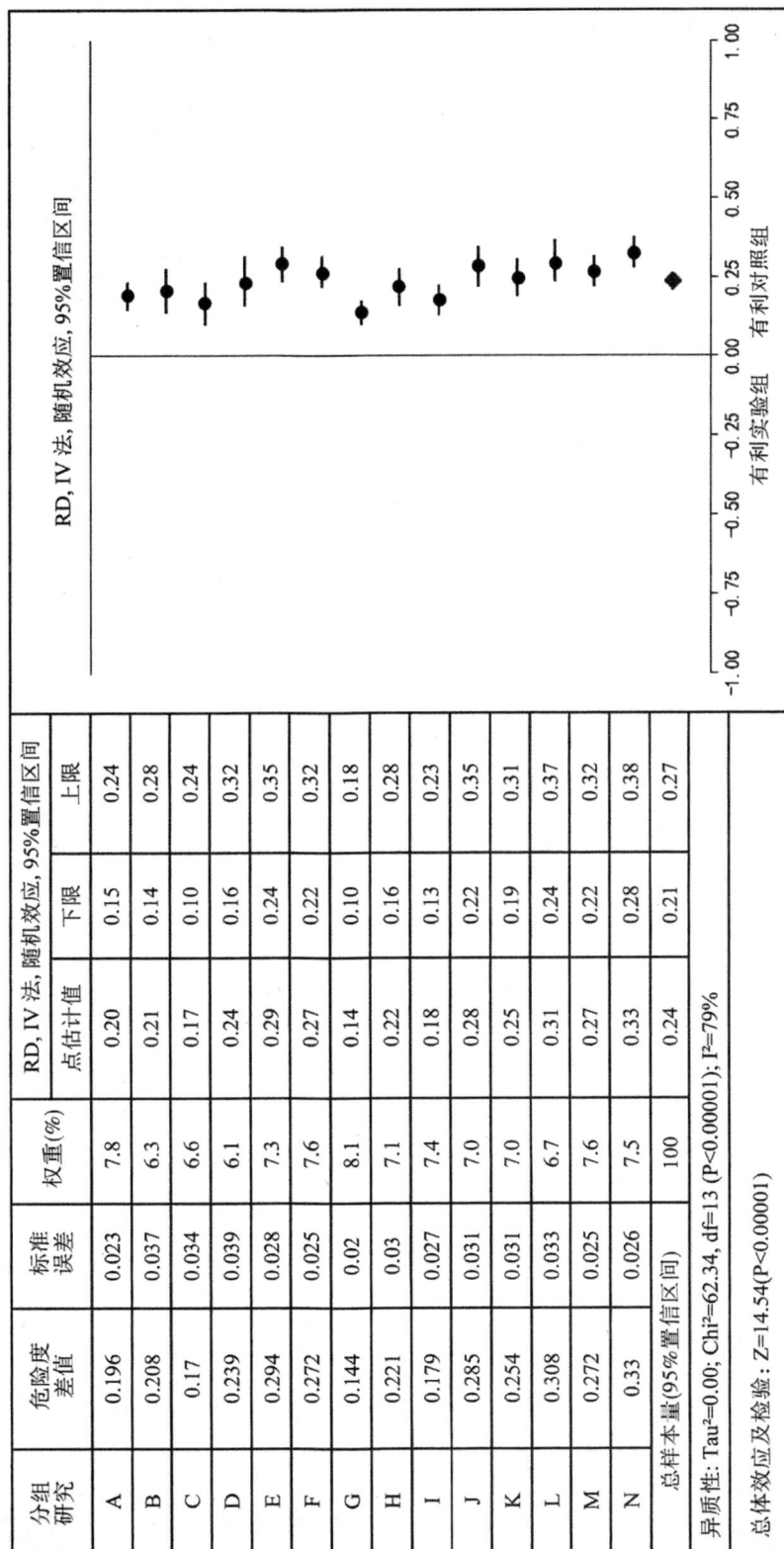

图2-5 移动图书馆用户体验影响因素异质性检验

| 分组研究 | 危险度差值 | 标准误差 | 权重(%) | RD, IV法, 随机效应, 95%置信区间 | | |
| --- | --- | --- | --- | --- | --- | --- |
| | | | | 点估计值 | 下限 | 上限 |
| A | 0.196 | 0.023 | 7.8 | 0.20 | 0.15 | 0.24 |
| B | 0.208 | 0.037 | 6.3 | 0.21 | 0.14 | 0.28 |
| C | 0.17 | 0.034 | 6.6 | 0.17 | 0.10 | 0.24 |
| D | 0.239 | 0.039 | 6.1 | 0.24 | 0.16 | 0.32 |
| E | 0.294 | 0.028 | 7.3 | 0.29 | 0.24 | 0.35 |
| F | 0.272 | 0.025 | 7.6 | 0.27 | 0.22 | 0.32 |
| G | 0.144 | 0.02 | 8.1 | 0.14 | 0.10 | 0.18 |
| H | 0.221 | 0.03 | 7.1 | 0.22 | 0.16 | 0.28 |
| I | 0.179 | 0.027 | 7.4 | 0.18 | 0.13 | 0.23 |
| J | 0.285 | 0.031 | 7.0 | 0.28 | 0.22 | 0.35 |
| K | 0.254 | 0.031 | 7.0 | 0.25 | 0.19 | 0.31 |
| L | 0.308 | 0.033 | 6.7 | 0.31 | 0.24 | 0.37 |
| M | 0.272 | 0.025 | 7.6 | 0.27 | 0.22 | 0.32 |
| N | 0.33 | 0.026 | 7.5 | 0.33 | 0.28 | 0.38 |
| 总样本量(95%置信区间) | | | 100 | 0.24 | 0.21 | 0.27 |

异质性: $Tau^2=0.00$; $Chi^2=62.34$, df=13 ($P<0.00001$); $I^2=79\%$

总体效应及检验: $Z=14.54(P<0.00001)$

## （二） Meta 分析结果

移动图书馆用户体验影响因素的 Meta 分析结果见表 2-1，合并效应值 $r$ 体现了各假设的相关关系，四个不同维度下的变量的假设都得到了验证。

表 2-1　移动图书馆用户体验影响因素 Meta 分析结果

| 假设 | 相关变量 | $K$ | $N$ | 效应值 $r$ | 95% 置信区间 | | 双尾检验 | |
|------|---------|-----|-----|-----------|------|------|------|------|
| | | | | | 下限 | 上限 | $Z$ | $P$ |
| H1 | 系统环境、用户体验 | 58 | 296 | 0.20 | 0.15 | 0.24 | 8.52 | 0.000 |
| H2 | 信息内容、用户体验 | 25 | 120 | 0.21 | 0.14 | 0.28 | 5.62 | 0.000 |
| H3 | 信息内容、感知易用性 | 20 | 120 | 0.17 | 0.10 | 0.24 | 5.00 | 0.000 |
| H4 | 感知有用性、用户体验 | 29 | 120 | 0.24 | 0.16 | 0.32 | 6.13 | 0.004 |
| H5 | 感知易用性、用户体验 | 80 | 273 | 0.29 | 0.24 | 0.35 | 10.05 | 0.007 |
| H6 | 感知质量、使用意愿 | 87 | 319 | 0.27 | 0.22 | 0.32 | 10.88 | 0.03 |
| H7 | 感知风险、用户体验 | 28 | 191 | 0.14 | 0.10 | 0.18 | 7.20 | 0.08 |
| H8 | 使用意愿、用户体验 | 44 | 197 | 0.22 | 0.16 | 0.28 | 7.37 | 0.000 |
| H9 | 满意度、使用意愿 | 6 | 30 | 0.18 | 0.13 | 0.23 | 6.63 | 0.000 |
| H10 | 感知成本、使用意愿 | 59 | 206 | 0.28 | 0.22 | 0.35 | 9.19 | 0.002 |
| H11 | 社会影响、使用意愿 | 49 | 191 | 0.25 | 0.19 | 0.31 | 8.19 | 0.11 |
| H12 | 社会影响、用户体验 | 61 | 197 | 0.31 | 0.24 | 0.37 | 9.33 | 0.000 |
| H13 | 个人价值、社会影响 | 88 | 325 | 0.27 | 0.22 | 0.32 | 10.88 | 0.000 |
| H14 | 个人价值、用户体验 | 109 | 330 | 0.33 | 0.28 | 0.38 | 12.69 | 0.02 |

注：$K$ 为独立研究的样本；$N$ 为独立研究的样本总量；$P$ 值是合并效应值的显著性检验值，$P < 0.001$ 表示显著相关。

在系统特性中，系统环境（$r=0.20$，$P<0.001$）和信息内容（$r=0.21$，$P<0.05$）与用户体验有显著相关关系，信息内容对用户体验的影响还要大于系统环境对用户体验的影响。同时，本书还证明了信息内容与感知易用性（$r=0.17$，$P<0.001$）的正相关关系，尽管相关性较弱，但也达到了显著水平。所以假设 H1、H2、H3，得到了相应的验证。

在服务特性中，感知有用性（$r=0.24$，$P<0.05$）和感知易用性（$r=0.29$，$P<0.05$）对用户体验均有正向影响，原假设成立。感知质量（$r=0.27$，$P<0.05$）对使用意愿有较强的正向影响，相关水平不够显著，假设成立。感知风险与用户体验（$r=0.14$，$P>0.05$）之间的假设未得到验证。因此，假设 H4、H5、H6 成立，H7 不成立。

在用户特性中，使用意愿（$r=0.22$，$P<0.001$）与用户体验呈显著正相关，满意度和使用意愿（$r=0.18$，$P<0.001$）有微弱的正相关关系，但也达到了显著水平。感知成本与使用意愿（$r=0.28$，$P<0.05$）存在正相关关系。因此，假设 H8、H9 成立，H10 不成立。

在社会特性中，社会影响与使用意愿（$P>0.05$）无相关关系，假设不成立。社会影响与用户体验有显著相关水平（$r=0.31$，$P<0.001$），个人价值对社会影响（$r=0.27$，$P<0.001$）呈显著相关关系。个人价值对用户体验有一定影响（$r=0.33$，$P<0.05$）。因此，假设 H12、H13、H14 成立，H11 不成立。

总体来看，假设 H1、H2、H3、H4、H5、H6、H8、H9、H12、H14 均得到验证，假设 H7、Hl0、H11 不成立。

## （三）发表偏倚

发表偏倚是指在研究前期进行文献资料收集、分析解释、发表和综述时，任何可能导致结论系统性偏离真实结果的情况。漏斗图是一种定性测量发表偏倚的方法，本研究采用漏斗图对发表偏倚进行识别和控制。为了判断发表偏倚是否存在，使用漏斗图时以率差 RD 为横坐标，以标准误 SE 为纵坐标。如果无发表偏倚存在，从各个研究中得到的数据将会在图表上呈现倒漏斗状的对称分布，其形状类似一个对称倒置的漏斗，被称为漏斗图。漏斗图用于观察某个 Meta 分析是否存在偏倚。样本量小的研究，数量多、精度低，分布在漏斗图的底部呈左右对称排列；样本量大的研究，精度高，分布在漏斗图的顶部，且向中间集中。当存在发表性偏倚时，漏斗图则表现为不对称，呈偏态分布。若竖线两侧的点越对称，说明偏倚越小。而且若点约集中在倒漏斗的顶端，且竖线两端的点数越发均衡，说明这个系统评价较好，偏倚较小。

移动图书馆用户体验影响因素漏斗图如图 2-6 所示。从图 2-6 可以看出，两条斜线与横轴所围成的区域呈倒漏斗状。漏斗图基本上以竖线为轴对称分布，表明数据关系基本不存在发表偏差。

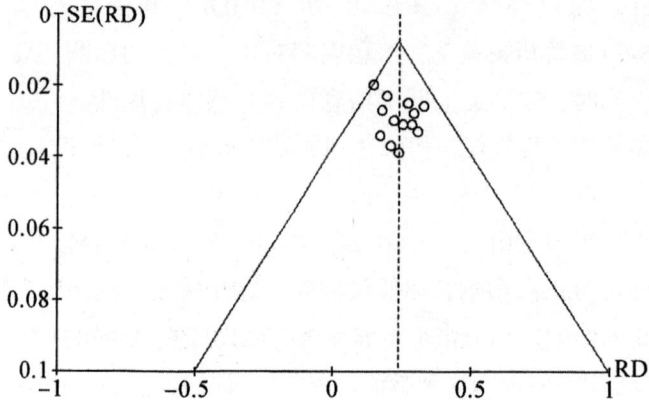

图 2-6 移动图书馆用户体验影响因素漏斗图

## 四、影响因素总结

根据前面移动图书馆用户体验影响因素的整体分析，可以得出以下结论：

（1）系统环境、信息内容、感知有用性、感知易用性、使用意愿、社会影响、个人价值对移动图书馆用户体验有促进作用。

（2）信息内容对感知易用性有促进作用。

（3）感知质量、用户满意度会增强用户对移动图书馆的使用意愿。

（4）个人价值能力的提高能扩大移动图书馆的社会影响。

从研究结果来看，移动图书馆用户体验影响因素主要分为两类，即阻碍因素和促进因素。阻碍因素包括感知成本和感知风险。促进因素包括系统环境、信息内容、感知有用性、感知易用性、使用意愿、满意度、个人价值和社会影响。

# ▶ 第三章

# 移动图书馆流失用户画像模型构建

当前移动用户对移动图书馆的服务满意度有待进一步提升。在现实生活中，有不少用户表示日后继续使用移动图书馆的意愿不高，说明当前移动图书馆服务存在潜在的用户流失风险。因此，进一步优化和提升用户体验，降低流失用户数量，是图书馆改进移动图书馆服务的重要工作。厘清用户流失原因、心理变化和行为之间的因果关系和形成机制，构建移动图书馆流失用户画像，能够为进一步分析不同类型流失用户群的流失特征和使用特征奠定基础。

## 第一节　用户画像与用户流失

### 一、用户画像

用户画像是由交互设计之父阿兰·库珀（Alan Cooper）最先提出的概念，他将用户画像定义为建立在用户数据上的真实用户的虚拟代表。用户画像的构成要素众说纷纭。有的学者认为用户画像主要包括基本性、真实性、移情性、目标性、独特性、应用性和数量七个要素，并取这七个要素的首字母组成 Persona 这一单词即"用户画像"。有的学者将用户画像的构成要素分为用户的基本素养、学历层次、社会关系、工作状况、位置情况、时间信息等。鉴于应用领域的不同，用户画像的要素也存在一定的差异。随着大数据的发展，用户画像应用领域不断扩大，主要涉及计算机、图书情报、金融、电商、新媒体等领域。

关于图书馆用户画像，不同的学者给出了不同的定义。王庆等①提出，图书馆用户画像定义为基于真实积累的用户信息行为结合具体的服务场景产生一系列标签，这些标签共同构成了对于一个用户的真实描述。徐立宁②认为，图书馆用户画像是通过分析用户的基本属性、消费属性、阅读属性和生活属性等，对用户产生的海量行为数据的挖掘和解析，抽象出与该用户的需求和偏好相关的标签。

国内外图书馆用户画像研究主要包括三个方面，即图书馆用户画像模型构建方法研究、图书馆用户画像构建算法改进、图书馆用户画像的实践应用。在构建方法方面，研究者主要根据图书馆类型与不同目标探索如何从用户数据中构建用户画像。陈添源③提出基于移动图书馆特定情境下构建其用户画像标签体系，借鉴 VALS2 用户细分的态度量表，从使用心理偏好入手重构标签描述体系，探究并呈现高校移动图书馆用户群体的差异化行为特征。陈俭峰④从智慧图书馆视角构建精准用户画像并建立数字化模型。徐海玲等⑤为了揭示不同群体用户的行为需求，基于概念格构建了高校图书馆群体用户兴趣画像模型等。图书馆用户画像构建算法主要包括基于统计的方法、基于机器学习的方法和基于深度学习的方法，这些算法的研究从已有的用户数据出发，不断探索如何利用算法更加精确地挖掘用户特征和提炼用户标签。在实践应用方面，研究者主要将用户画像应用于图书馆的服务设计、推荐系统、营销、阅读推广、信息过滤五个方面，旨在通过构建出的个体用户画像或群体用户画像特征，开发和完善图书馆功能与服务，以提高图书馆用户体验。

由于用户画像的表现形式和侧重点的区别，用户画像建模方法多种多样，目前比较流行和热门的构建方法包括面向用户行为的用户画像模型、基于本体的用户画像模型、融合用户兴趣的画像模型等。构建用户画像过程的本质是用短文本或标签描述虚拟用户组，主要通过把不同用户特征抽象为短语标签来实现用户画像的构建，某个群体画像中的用户具有相似的目标、需求或者行为。

目前用户画像构建过程可以分为两个大类：第一类是产品设计和运营人员依据用户需求，从用户群体中抽象出比较典型的用户；第二类是根据单个用户在使用产品或者服务中产生的行为、评价等数据，生成用户描述标签集合。两类用户画像有本质上的区别，前者得到的画像可以被作为是描述用户需求的工具，主要是为了协助不同设计人员在产品或服务设计的过程中考虑用户需求，并站在用户角度思考问题；后者得

① 王庆，赵发珍. 基于"用户画像"的图书馆资源推荐模式设计与分析［J］. 现代情报，2018（3）：105 – 109 + 137.
② 徐立宁. 基于动态精准画像的图书馆个性化推荐服务研究［J］. 图书馆学刊，2018（10）：112 – 116.
③ 陈添源. 高校移动图书馆用户画像构建实证［J］. 图书情报工作，2018（7）：38 – 46.
④ 陈俭峰. 智慧图书馆中精准用户模型的构建研究［J］. 图书馆学研究，2018（8）：12 – 18.
⑤ 徐海玲，张海涛，张枭慧，等. 基于概念格的高校图书馆群体用户兴趣画像研究［J］. 情报科学，2019（9）：153 – 158 + 176.

到的主要是一个标签化的用户模型，主要用于刻画用户的行为意图。在方法上，前者更注重定性分析，后者更注重定量分析。

总而言之，用户画像已成为学术界用户研究的热点，可以为众多服务功能提供技术支撑，例如个性化推荐、广告系统等。在图书馆领域，图书馆利用聚类分析、关联规则分析等数据挖掘或深度学习的方法，融合用户基本信息、行为偏好等数据并将它们抽象化，从而绘制读者用户画像。在当前的研究中用户画像可以精准地描述图书馆用户群体行为特征，进一步为图书馆个性化内容推荐、精准营销、用户满意度管理等提供技术支撑。

## 二、用户流失

移动互联网的出现和发展直接对用户使用某一产品或服务产生了重大影响，导致了许多服务主体——用户资源的大量流失。互联网信息时代，"弱肉强食"是时代发展的必然规律，新事物的发展必将导致旧事物的更新换代或者消亡，互联网和移动终端技术的发展，使用户对产品或服务的便利性和移动性有了新的要求。移动终端的完善以及智能手机的大范围普及，让更多用户拥有了智能手机，同时也进一步推动了移动互联网的发展，导致越来越多的用户更加偏好使用智能手机和使用网络资源和服务。移动互联网的飞速发展和信息技术的升级换代，促使更多类型的移动设备出现，进一步吸引了大批的新用户，同时也吸引了大批的传统 PC 端用户，使移动设备用户剧增。与此同时，移动互联网能够不受时间和空间的限制将更多用户连接起来，使用户更加紧密地联系在一起，一个用户的评价都会产生"蝴蝶效应"，对多个或者一个群体的用户产生影响，一个用户的差评都能在一定程度上导致用户流失。互联网时代，同类产品或者服务数量呈急速上涨的趋势，产品或服务提供者之间的竞争愈加激烈，这致使用户的选择越来越多，用户一旦出现消极情绪，就可能会立马转向其他同类产品，更加剧了用户流失的状况。

营销领域首次提出用户流失的概念，明确定义用户流失是各个网络服务商之间不断激烈竞争导致的后果，并将用户流失分为用户停止使用或放弃产品、停用当前产品并转用其他相同类型产品两种类型。不同学者对用户流失现象的阈值界定有所不同，学术界主流观点包括停止使用产品三个月及其以上、指用户受到特定刺激后采取减少使用频率或直接放弃使用产品的行为。此后，用户流失被引入电信、银行、计算机、电子商务、移动社交、图书馆等领域，主要涉及用户流失概念界定、用户流失要素分析、用户流失原因分析、用户流失预测等方面的研究，其中利用数据挖掘、机器学习、深度学习的方法进行用户流失预测并不断提高其精度，是用户流失研究中最为热门的方向。学者在研究过程中提出许多理论模型①，例如理性行为理论（theory of reasoned

---

① 王继华. 公共图书馆微信公众平台用户流失行为影响因素研究［J］. 农业图书情报学刊，2018（8）：70－73.

action，TRA）、计划行为理论（theory of planned behavior，TPB）、技术接受模型
（technology acceptance model，TAM）、刺激—有机体—反应（S-O-R）模型等。

国内学者针对移动图书馆的用户流失开展了相应的研究。郭顺利等①利用 S-O-R 理
论构建高校图书馆微信公众平台用户流失行为模型，采用扎根理论方法抽取影响因素
及各因素之间的关系，并借助解释结构方程模型分析影响因素。陈渝等②以理性选择理
论视角为出发点，引入信息质量、服务质量及满意度，并实证研究了影响电子书阅读
客户端用户流失意愿的相关因素。王继华③基于 S-O-R 理论，提取影响公共图书馆微信
公众平台用户流失的指标因素，构建公共图书馆微信公众平台用户流失行为模型。郑
德俊等④以微信读书平台为案例，采用 S-O-R 理论和扎根理论进行访谈设计与访谈记录
整理，确定影响微信读书平台用户流失的 21 个因素；同时使用解释结构模型方法进行
影响因素分析，发现了包含 7 个层级的影响因素结构关系。

图书馆是以用户为中心提供服务的主体，用户的评价和满意度直接影响着图书馆
的发展。移动图书馆就是图书馆顺应互联网和移动终端技术发展的产物，其本质目的
就是满足图书馆用户移动阅读、查询等可移动操作的需求。当下，百度、谷歌等搜索
引擎和掌阅、QQ 阅读等阅读软件的发展对移动图书馆的发展造成了严重冲击，甚至带
走了图书馆的大部分用户，导致了图书馆用户在一定程度上的流失。因此，图书馆想
要更好地发展和运营，就必须重视这些流失用户，掌握造成用户流失的原因，并有针
对性地采取措施减少流失用户数量和挽回流失用户。

# 第二节　移动图书馆流失用户模型构建

用户的数量和活跃度是衡量移动图书馆发展状态的重要因素。高校图书馆投入大
量精力，提供了丰富多样的移动图书馆服务，但用户体验的满意度有待提升。如何减
少移动图书馆用户流失、挽回流失用户、优化用户体验，是移动图书馆能够更快、更
好地发展的重要环节。移动图书馆用户流失行为是用户生理和心理层面存在消极变化，

---

① 郭顺利，张向先，相甍甍. 高校图书馆微信公众平台用户流失行为模型及其影响因素分析 [J].
图书情报工作，2017（2）：57 - 66.
② 陈渝，黄亮峰. 理性选择理论视角下的电子书阅读客户端用户流失行为研究 [J]. 图书馆论坛，
2019（9）：118 - 126.
③ 王继华. 公共图书馆微信公众平台用户流失行为影响因素研究 [J]. 农业图书情报学刊，2018
（8）：70 - 73.
④ 郑德俊，李杨，沈军威，等. 移动阅读服务平台的用户流失因素分析：以"微信读书"平台为
例 [J]. 情报理论与实践，2019（8）：78 - 82.

从而产生的相关消极反应，这些反应会导致高校移动图书馆服务的使用率减少，不利于移动图书馆的可持续性发展。因此，梳理用户流失原因、心理变化和行为之间的因果关系和形成机制，构建流失用户画像，能够为进一步分析不同类型流失用户群的流失特征和使用特征奠定基础，为提升用户体验提供决策参考。

# 一、S-O-R 模型

S-O-R（Stimuli-Organism-Response）模型即"刺激—有机体—反应"模型，是现代认知心理学领域的基础理论之一，被广泛应用于管理学、经济学等研究领域。S-O-R 模型主要由三个部分组成，包括刺激（stimuli）、有机体（organism）、反应（response）。刺激（stimuli）是指个体所处的能对个体产生影响的环境，有机体是指个体将环境刺激内化为个体变化的过程，反应是指个体在环境刺激下发生个体变化并将其外化为行为的过程。S-O-R 模型能够全面地阐释环境刺激、内化过程和用户行为反应三者之间的关系，是大数据环境下研究用户行为的重要理论基础。

当前，S-O-R 模型常用于解释信息系统用户的使用行为、电子商务环境下用户的消费行为和移动社交网站用户行为，S-O-R 理论在消费者心理及行为的研究中具有比较成熟的应用。在 S-O-R 理论的基础上，产生了环境—消费者行为模式，能够分析购物环境影响下的消费者消费行为，主要是对影响消费行为的因素进行深入分析，对消费者心理变化进行解释。该理论认为，消费者由于受到外部环境刺激，会产生情感层面、认知层面和物理层面的反应，这是导致消费者产生消费意图或者决策的主要原因。产品所处的环境会直接或间接影响消费者情绪和状态，从而导致其亲近或规避行为结果，其中正向刺激导致亲近行为，反向刺激导致规避行为。在消费者行为研究领域，S-O-R 模型主要应用于传统购物环境及现代电子商务中用户的消费行为分析，主要目的是利用分析结果来完善网站建设、指导品牌建设等。而在移动图书馆领域，用户作为图书馆服务的使用者（消费者），用户受到环境的刺激，会产生情感上的变化，消极变化有很大可能会影响用户的使用行为，不同的地方在于移动图书馆用户不会产生经济效应，但是刺激—情感内化—行为反应整个过程是一致的，其目标也具有一致的部分，即提高用户体验，完善平台建设。

在社交网站用户行为的研究中，主流理论将社交网站用户行为模式刺激分为情景和系统两个因素。情景主要是指使用社交网站时的外围环境因素，例如与其他平台的竞争；系统主要是指社交网站与信息系统性能有关的信息、服务和系统等质量因素。有机体分为用户物理层面、认知层面和情感层面三个因素。在社交网站用户行为的主流研究中，用户行为可以细化为活跃、潜水和流失三种状态，活跃是流失的对立面，主要是指频繁使用网站，能够为网站带来价值的用户行为；潜水行为是指用户对产品或服务永久或暂时性不使用；流失行为是指曾经访问或注册过网站的用户，对网站渐渐失去兴趣后放弃使用网站的行为。三种用户行为状态不是割裂开来的，在受到刺激时用户处于不同情感临界点的时候，三者是可以相互转化的。

综上所述，S-O-R 模型揭示了环境、个体变化和个体行为之间的关系，能够为移动图书馆用户流失因素分析和用户画像模型构建提供方法与指导。与此同时，S-O-R 模型能够很好地解释信息系统用户使用行为和流失意愿，在各领域用户流失研究中被充分证实了其实用性与科学性。S-O-R 模型的应用解释了移动图书馆用户流失行为的因果关系，S-O-R 模型中外部刺激所产生的用户个体变化特别是情感变化是构建移动图书馆流失用户画像的基础条件。

本书中刺激因素为用户使用移动图书馆服务时所置身的环境，在环境的影响下用户产生的消极变化为有机体因素，用户消极变化带来的行为称为反应因素。根据分析，构建基于 S-O-R 理论的移动图书馆用户流失模型如图 3-1 所示。该模型的刺激因素主要通过扎根理论分析用户访谈结果的方法获得，高校移动图书馆用户受到使用环境的刺激，产生消极变化，而消极变化主要通过用户情感与用户行为表现。

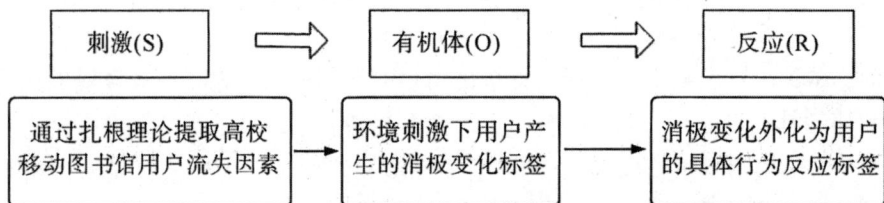

图 3-1　移动图书馆用户流失 S-O-R 模型

## 二、用户流失标签提取

用户年轻化是移动互联网时代最鲜明的特点，青年是移动互联网发展的主要参与者。高校是青年用户聚集的主要场所，移动互联网从本质上改变了高校师生的生活学习方式，高校师生利用 WAP 网站、客户端、微信图书馆等服务模式获取信息和服务，大学生用户是高校移动图书馆用户的主要群体。基于 S-O-R 模型移动图书馆用户流失标签提取主要采用的研究方法为用户访谈、扎根理论等。

本研究的访谈方法与访谈内容，借鉴徐孝娟等[1]提出的基于民族志决策树模型的开放式访谈设计方法、郭顺利等[2]设计的高校微信图书馆用户流失访谈内容、郑德俊等[3]构建的移动阅读服务平台用户流失访谈大纲设计访谈问题，详细的访谈大纲如图 3-2 所

① 徐孝娟，赵宇翔，孙霄凌，等. 开放式访谈设计中民族志决策树模型的应用及改进 [J]. 图书情报工作，2013（22）：103-110.
② 郭顺利，张向先，相甍甍. 高校图书馆微信公众平台用户流失行为模型及其影响因素分析 [J]. 图书情报工作，2017（2）：57-66.
③ 郑德俊，李杨，沈军威，等. 移动阅读服务平台的用户流失因素分析：以"微信读书"平台为例 [J]. 情报理论与实践，2019（8）：78-82.

示。访谈的对象皆为高校大学生，访谈方法包括网络访谈、面对面访谈两种（访谈时间：2019 年 12 月至 2020 年 2 月）。访谈用户共涉及 70 人，得到高校移动图书馆流失用户有效访谈记录共 51 份，其中通过 QQ、微信、邮箱等形式形成访谈记录 40 份，通过面对面访谈的形式形成访谈记录 11 份。

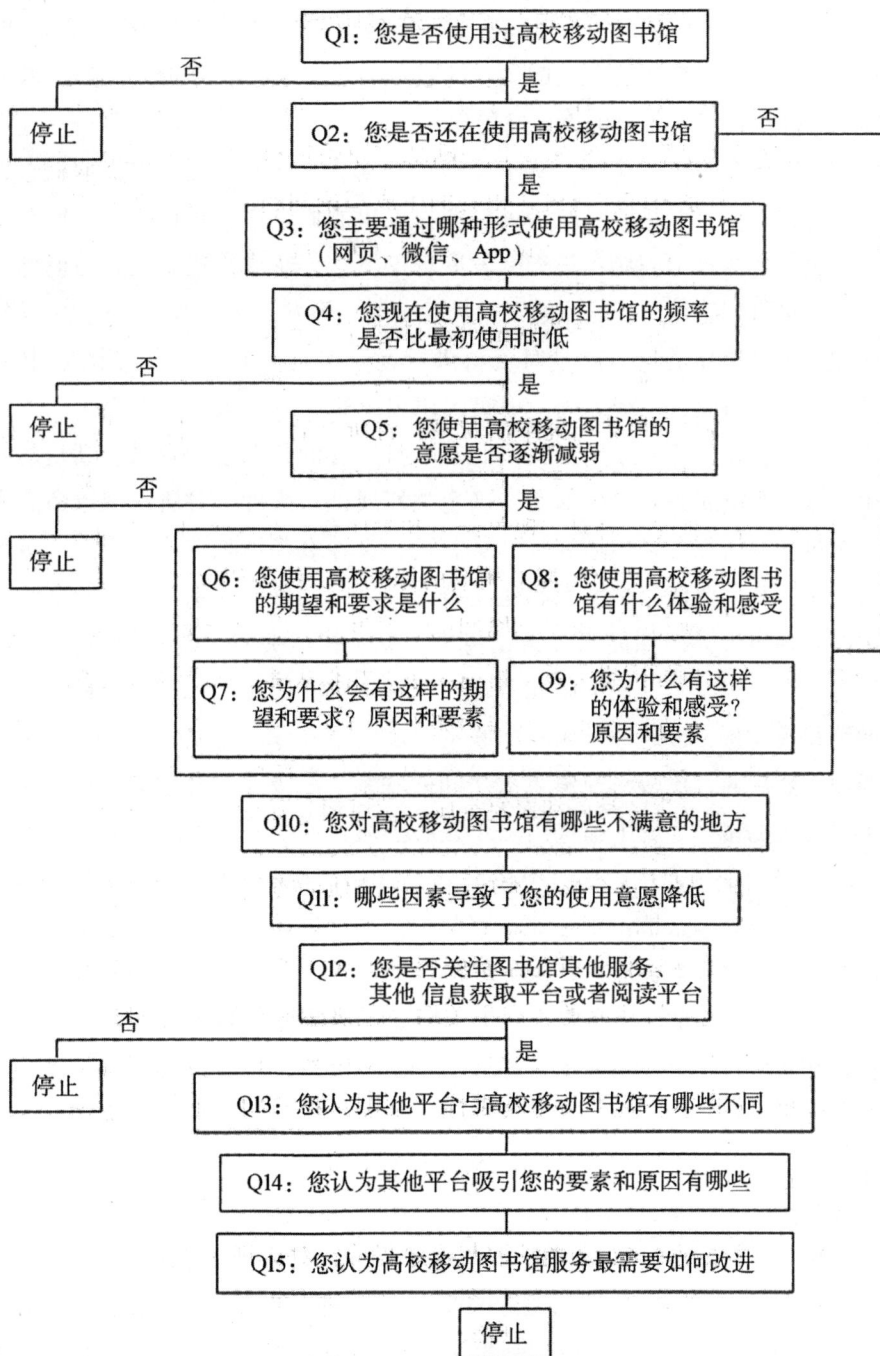

图 3-2　移动图书馆用户访谈大纲设计

扎根理论是由哥伦比亚大学的斯特劳斯（A. Strauss）和格拉斯（B. Glaser）共同发展的运用系统化程序，在经验、现象的基础上提取概念并归纳理论的一种自下而上的定性研究方法。扎根理论常用于定性访谈的分析，在为访谈内容设计提供指导的同时，能够对访谈结果进行要素标签和关系提取。扎根理论的实际应用主要经过开放式编码、主轴编码和选择性编码三个过程，从原始信息和数据中归纳、提炼概念和范畴，在分析过程中保持对信息和数据的归纳、比较、分类、关联等分析，直到提取的要素和关系能够比较全面且不重复的表现原始现象。

扎根理论具体操作流程主要分为五个步骤：第一，从原始资料中提取概念，逐级登录原始概念；第二，不断地对原始资料和提取出的概念进行对比完善，反复系统询问与概念相关的生成理论问题；第三，发展理论概念，厘清并建立概念与概念之间的联系；第四，进行理论抽样，对原始资料进行编码；第五，建构理论。

扎根理论中最重要的环节就是对资料进行逐级编码，主要分为三个级别的编码，即一级编码、二级编码、三级编码。一级编码要求研究者最大程度摒弃个人偏见和以往研究中的定见，将所有的原始资料按照其本身所有的状态进行登录。其目的是从原始资料中发现概念类属并对类属命名，确定类属属性与维度，对研究现象命名和类属化。在这个过程中研究者必须遵守什么都相信，又什么都不相信的原则。二级编码又称关联式登录，其主要任务是发现和建立概念类属间的各类联系，将原始资料中各部分间的关联表现出来，例如因果关系、情境关系、相似关系、差异关系、结构关系、功能关系等。在二级编码过程中研究者每次只对一个类属进行深度的分析，从一个类属开始厘清相关关系，最终各类属间的联系逐步明晰具体。研究者必须分辨主要类属和次要类属，然后通过比较法厘清主次之间的联系。三级编码又称核心式登录，它是指在全部已发现的概念类属中筛选出一个核心类属，这个核心类属可以把其他的类属串联起来，起提纲挈领作用。核心类属应该具有如下特征：核心类属占据中心位置，集中性强；核心类属频繁地出现在原始资料中；属于原始资料中比较稳定的现象；核心类属能与其他类属产生关联。三级编码的目的是对理论进行进一步整合，直到理论饱和与完整。三级编码的具体步骤为明确原始资料故事线；描述主、次类属与其属性、维度；检验初步假设，完善需要补充、发展的概念类属；确定核心概念类属，建立核心类属与其他类属系统的联系。

利用扎根理论分析方法对得到的 51 份访谈记录采用开放式编码抽取进行分析，对每条记录进行主题抽取与概念提炼，对比删除出现频率低的概念，并用最简短的词语或词组表示要素，然后进一步提炼概念化后的要素标签并进行主轴编码，整理、分析要素标签并保留其中符合信息生态理论的要素，最后厘清各要素之间的潜在与内在逻辑关系。最终经过凝结和整合，得到刺激（S）因素的 5 个主范畴（资源因素、系统因素、服务因素、环境因素、个人因素）和各个主范畴对应的 24 个影响要素标签及内涵。移动图书馆用户流失要素见表3-1。

表3-1　移动图书馆用户流失要素

| 主范畴 | 要素标签 | 释义 |
|---|---|---|
| 资源因素 | 资源过载 | 资源数量庞大、类型多样，需要进行多次分类、过滤和辨别 |
| | 资源同质化 | 资源重复严重，资源整合不充分，特别是数据库资源重复率高 |
| | 资源质量不足 | 部分资源内容存在一定的错误，电子资源不完整，资源碎片化 |
| | 资源时效性欠缺 | 资源更新速度跟不上用户需求，用户找不到相关资源，无用、错误资源清理和更新不及时 |
| | 资源开放度低 | 资源查看和下载受限，需要相应的网络环境或地理环境 |
| 系统因素 | 系统功能不全 | 系统功能与用户需求不对称，不同服务模式下系统功能对接不完全 |
| | 系统设计不合理 | 系统存在导航设计不合理、视觉设计不美观、系统操作烦琐等问题 |
| | 系统不稳定 | 系统存在相应缓慢、流畅性差的问题，直接体现在用户闪退、卡顿等方面 |
| | 精准响应不足 | 用户进行在检索、查询等操作的过程中，系统响应结果与用户需求存在偏差 |
| | 弱社交关系 | 用户之间不能进行实时交流，缺乏通信通道 |
| | 平台不统一 | 不同服务模式拥有不同的平台，不同平台功能存在差异 |
| | 缺乏引导 | 缺乏使用指南、功能说明 |
| | 互动性弱 | 用户与馆员之间信息不对称，缺乏互动和交流 |
| | 兼容和适配性不足 | 用户需要适应不同的版本、系统，不同类型用户端在显示上存在一定的差别 |
| 服务因素 | 业务水平低 | 馆员缺乏专业知识和技能，无法应对用户咨询甚至忽略 |
| | 宣传滞后 | 宣传推广力度弱，用户不了解功能、服务、服务模式 |
| | 反馈渠道不完整 | 问题反馈渠道一，用户意见和问题不能实时实地提交 |
| | 缺乏特色 | 没有针对用户个性化需求提供专业或定制服务，缺乏自身的特色 |
| | 信息推送不合理 | 无用信息多，信息失效性、规范性和原创新都不足，导致用户对信息推送的不满 |
| 环境因素 | 其他用户影响 | 周围同学对于移动图书馆负面评价潜移默化的影响 |
| | 替代品吸引 | 百度、谷歌等信息获取平台或掌阅、QQ阅读等阅读平台功能服务更能满足用户需求，转移了用户注意力 |
| 个人因素 | 用户离校 | 用户离校不能使用或不再需要使用相关功能和服务 |
| | 任务冲突 | 用户忙于准备考试、参与社会实践等其他活动，导致用户没有时间或者机会使用移动图书馆 |
| | 需求缺失 | 用户没有科研、书籍借阅等需求驱动其使用移动图书馆 |

在移动图书馆用户流失行为研究中，有机体（O）主要是指在刺激（S）即资源、系统、服务、环境、个人五个方面的因素影响下用户产生的消极变化，消极变化主要

包括物理层面和情感层面。物理层面主要是指用户在刺激下产生的生理上的消极变化，情感层面主要是指用户在刺激下产生的心理上的消极变化。研究运用扎根理论对访谈结果进行主轴编码和要素抽取，根据刺激（S）和有机体（O）之间的因果关系，最终经过凝结和整合，得到有机体（O）因素的 2 个主范畴（物理变化、心理变化）和主范畴对应的 5 个变化标签及内涵。移动图书馆流失用户变化标签见表 3-2。

表 3-2　移动图书馆流失用户变化标签

| 主范畴 | 要素标签 | 释义 |
|---|---|---|
| 物理变化 | 操作困难 | 用户实际使用高校移动图书馆的过程中无法流畅使用，遇到各种操作障碍 |
| | 生理障碍 | 辨识困难、视觉疲劳 |
| 心理变化 | 中立无感 | 对高校移动图书馆态度中立，使用时既没有体验到移动图书馆的优越性，也没有负面情绪 |
| | 期望降低 | 对移动图书馆兴趣衰退、热度下降，不期待新功能和新服务 |
| | 反感厌恶 | 产生失望、疲惫、讨厌等负面情绪，甚至潜移默化地影响他人的情绪 |

在移动图书馆用户流失行为研究中，反应（R）主要是指用户将使用移动图书馆时由于刺激产生物理变化或心理变化表现出来而产生的相应的行为。本研究运用扎根理论对访谈结果进行主轴编码和要素抽取，根据刺激（S）、有机体（O）、反应（R）三者之间的因果关系，最终经过凝结和整合，得到反应（R）因素的 1 个主范畴（用户流失行为）和主范畴对应的 4 个行为标签及内涵。移动图书馆流失用户行为标签见表 3-3。

表 3-3　移动图书馆流失用户行为标签

| 主范畴 | 行为标签 | 释义 |
|---|---|---|
| 用户流失行为 | 节制行为 | 仍然浏览和使用资源和服务，但是减少使用频率和使用时间 |
| | 停止行为 | 忽略、回避移动图书馆推送信息、个性化推荐，卸载 App，取消微信公众号关注或闲置一段时间后再次使用 |
| | 替代行为 | 使用图书馆非移动形式的服务和功能或使用其他信息查询平台和阅读平台 |
| | 抵制行为 | 用户拒绝使用服务，产生负面评价，并对周围用户使用造成影响 |

## 三、流失用户画像模型

主范畴之间的典型结构关系是构建移动图书馆流失用户画像模型的基础，主要是通过选择性编码实现。选择性编码是对上一次编码更进一步的精练和整合，将主轴编码形成的主范畴通过"故事线"连接起来，呈现出所描绘行为形成机理的全部关系条件和关系结构，从而形成理论模型。

整个过程主要是在扎根理论和 S-O-R 模型的指导下，以访谈结果为数据分析来源，厘清主范畴核心要素标签，分析和验证各个范畴之间的关系，进而描绘全部核心要素的因果关系，最终形成移动图书馆流失用户主范畴典型关系结构表，见表 3-4。

表 3-4　移动图书馆流失用户主范畴典型关系结构

| 典型关系 | 关系结构 | 关系结构内涵 |
| --- | --- | --- |
| 资源因素、系统因素→物理变化 | 因果关系 | 资源繁杂和系统缺陷是导致用户操作困难和用户生理障碍的主要原因 |
| 资源因素、系统因素、服务因素、环境因素、个人因素→心理变化 | 因果关系 | 移动图书馆资源、服务、系统，同类产品竞争，他人评价，用户个人需求因素是导致用户心理变化的主要原因 |
| 物理变化、心理变化→用户流失行为 | 因果关系 | 用户的心理和生理变化直接影响用户行为，不同程度变化导致了流失行为差异 |
| 物理变化→心理变化 | 相关关系 | 用户操作困难和生理上的消极变化对用户心理会造成一定影响 |

建立在众多真实数据之上的虚拟用户画像，其结果是不同用户在被细分之后的差异化标签描述，选择合适的细分方法成为用户画像建模的关键。S-O-R 理论揭示了环境、个体变化和个体行为之间的关系，S-O-R 模型指出用户在使用产品和服务时受到来自各个方面的刺激，使个体产生生理和心理上的变化，进而采取行动上的应变并做出不同的反应，用户在负面刺激的影响下会导致生理、心理疲倦和满意度下降，进而引起一系列用户流失现象。在 S-O-R 理论指导下，利用扎根理论构建出的移动图书馆流失用户要素标签、变化标签和行为标签可以描述移动图书馆用户的个体差异和特征，并且能够解释个体特征之间的因果关系，与利用合适的细分方法构建流失用户画像标签框架的目标一致。

在实践中，用户画像构建的第一步就是建立用户画像标签框架；然后在用户画像标签框架的基础上，选用合适的信息采集方法进行样本采集，从而构建用户画像标签数据集，通过机器学习或深度学习的算法抽取重要的用户特征标签精准描述个体用户；最后对用户画像进行分类，建立群体用户画像并进行可视化处理展示，为后续分析提供参考和依据。因此，用户画像生成可以说是揭示用户属性特征的过程。用户基本属性作为重要的用户属性特征之一，应该纳入用户画像标签框架中。用户人口统计属性作为用户最基本的特征在一定程度上对用户行为产生影响。在本书中，用户人口统计属性会对用户心理变化、用户流失行为有一定调节和影响，主要考虑用户个体性别、年龄、专业、身份差异。移动图书馆载体技术不断革新，服务模式也随之不断变化。当下的移动图书馆主要分为短信息、移动网站、客户端、微信图书馆四种服务模式，不同服务模式在一定程度上会对用户习惯行为造成影响。移动图书馆服务模式作为用户使用行为的细分，研究将用户人口统计属性和用户使用行为综合为用户基本属性标签用于后续移动图书馆流失用户画像构建，见表3-5。

表3-5 移动图书馆流失用户基本属性标签

| 主范畴 | 属性标签 | 释义 |
|---|---|---|
| 人口统计属性 | 年龄 | 年龄的差异会造成价值观和使用行为的差异，不同年龄的用户选择不同 |
| | 性别 | 性别影响用户偏好，造成行为的不同 |
| | 专业 | 专业的差异化使用户使用移动图书馆的需求参差不齐 |
| | 身份 | 本科生、研究生、博士生等身份不同，对科研和学习的需求不同会造成使用移动图书馆的行为有所差异 |
| 用户使用形式 | 客户端 | 不同形式下移动图书馆功能存在差异性，造成用户流失要素有所区别 |
| | 移动网站 | |
| | 微信图书馆 | |

## 四、用户画像模型解释

用户从初次使用移动图书馆到频繁移动图书馆，再到移动图书馆倦怠的行为转变，从本质上看是用户心理演变和外化的过程，用户心理变化必定是某种或多种刺激引起的。移动图书馆用户的流失行为的产生，主要是用户使用时产生的正向情感（轻松、愉悦）转为中向情感（无感）或负向情感（期望下降、抵制、反感等）的过程，用户产生这种情感转变主要是由移动图书馆缺陷、复杂的外部环境和用户自身负面状态作为刺激来源造成的。

移动图书馆缺陷主要包括资源、系统、服务三个方面。移动图书馆数字资源存在内容错误、更新不及时、下载受限等缺陷，不同服务模式下移动图书馆的使用方式和功能存在差异，移动图书馆检索速度、结果不尽如人意，使用移动图书馆需要特定的环境且缺乏使用指南等问题，导致用户在使用移动图书馆时遇到各种问题，浪费用户时间，降低用户使用热度和兴趣，使用心理从积极转为无感甚至是冷漠厌恶。移动图书馆系统设计色彩搭配不合理、缺乏良性引导是用户产生视觉疲劳等物理变化的主要原因，用户生理上的不良反应会导致用户产生疲惫、焦虑、反感等负向情感。移动图书馆服务缺乏实时性、专业性和针对性，用户反馈得不到及时解答或反馈无门而降低用户积极性，让用户失望。移动图书馆服务形式和新功能的宣传力度欠缺，导致用户缺少对移动图书馆的认知和兴趣，这是用户中立无感的主要原因。移动图书馆是图书馆顺应大数据发展潮流的产物，移动图书馆不合理推荐和错误信息会严重干扰用户判断，因此用户会采取卸载客户端或者取消微信公众号的行为以减少不好的体验感。人拥有群居属性，用户心理和行为会受到其他用户影响，特别是周边同学的负面评价会降低用户的使用意愿，同时用户对比心理和移情作用会让用户偏向更优秀的平台，使用户对移动图书馆更加无感。用户离校、用户任务冲突、用户没有科研需求等个人因素会影响用户使用需求，需求不足也是用户无感的主要原因之一。

有机体主要是起内化作用，内化是指产品或服务用户受到内外部双重刺激的过程中产生的心理变化。在使用移动图书馆的过程中，用户做出流失行为前，绝大部分用户会先产生对移动图书馆的消极情感，例如失望感、焦虑感。因此，在这个过程中用户产生的失望感程度是内化的主要观察变量。失望感是消费领域重要的概念之一，主要是为了衡量和研究消费者在购买产品或服务前后的情感变化。随着研究的发展，有学者将失望感引入信息系统领域，主要是为了探究信息系统领域用户情感变化。当前主流研究都认为失望感会对用户行为产生重要影响，是用户流失的主要原因。笔者对移动图书馆流失用户进行访谈，并通过扎根理论提取流失原因和情感变化标签后发现，失望感和移动图书馆用户流失密切相关。

在此次研究中，根据对原始资料的提取，将移动图书馆用户受到刺激后产生的失望感分为中立无感、期望下降和厌恶反感，它们会在不同程度上引起用户的行为变化。失望感对移动图书馆用户流失行为产生正向影响，系统和资源质量好坏是影响用户失望感程度的重要变量之一。系统质量是反映移动图书馆系统本身开发和运营状态质量的重要指标，主要包括系统本身的质量、设计和系统在运行过程中的稳定性与可靠性等。在信息系统领域，大部分研究者提出系统质量会导致用户情感变化，当系统设计和运行质量符合用户期望时，用户会产生正向的情感变化，如果用户对系统质量满意，就会产生亲近行为。但是一旦当系统设计与运行质量不符合用户的期望时，用户就会产生消极情感，如果消极情感积累到一定程度，用户必然会采取相应的规避行为。在移动图书馆领域，用户使用的移动图书馆系统运行不稳定、卡顿、显示错误较多时，系统设计不美观、不合理就会导致移动图书馆用户产生消极情感变化，从而对移动图书馆产生失望感并形成流失意愿，最终导致移动图书馆用户流失。移动图书馆系统质量对移动图书馆用户失望感产生正向影响，两者之间存在相关关系。在移动图书馆领域，移动图书馆与传统实体图书馆和 PC 端的数字图书馆相比，移动性、便捷性是其突出优势，但是当这种相对优势对用户产生的刺激不足时，用户便不会对移动图书馆产生积极情感，甚至有可能会表达出消极情感即失望感。

在移动图书馆领域，移动图书馆资源质量相比起 PC 端的数字图书馆和其他同类型平台，如果不存在优势或者存在更多问题，就会使用户产生失望感。例如，资源过载，资源数量庞大、类型多样，需要多次进行分类、过滤和辨别；资源同质化，资源重复严重，资源整合不充分，特别是数据库资源重复率高；资源质量不足，移动图书馆部分资源内容存在一定的错误，电子资源不完整，资源碎片化；资源时效性差，资源更新速度跟不上用户需求，用户找不到相关资源，无用、错误资源清理和更新不及时；资源开放度低，资源查看和下载受限，需要相应的网络环境或地理环境等问题是移动图书馆三种服务模式共有的问题，会让用户在使用过程中不知所措、浪费时间，从而产生对移动图书馆的失望感。

反应主要包括亲近行为和规避行为。本书主要探讨移动图书馆用户的流失行为，它属于规避行为的一种具体表现，所以本书主要讨论规避行为，不探讨亲近行为。用户在受到压力和负面刺激时，用户通常会产生负向情感，部分用户会采取规避和逃离行为以调节自己的情绪。用户对移动图书馆使用情感的负面变化会导致用户倦怠，用户倦怠是导致用户流失的主要原因。用户对移动图书馆中立无感，会导致用户从一开始就会放弃使用移动图书馆或者减少使用行为。用户移动图书馆期望值下降程度的差异，是用户停止使用和抵制行为的主要的区分依据。用户失望、疲惫等负面情绪的不断叠加，一旦突破临界值，就会导致用户对移动图书馆的抵制行为，或者转向其他更符合用户期望的平台。使用状态如使用特征、关系特征等决定了用户的涉入度，对用户的态度和感知起调节作用。移动图书馆不同的平台使用方式不同，用户对平台的选择体现了用户的使用习惯，其差异性会导致用户受到不同的刺激，从而产生不同的情感和行为，所以移动图书馆服务模式是区分不同用户的重要因素之一。个人基本特征主要包括人口统计学因素，不同年龄、性别、专业、身份对用户整个流失行为形成起调节作用，同时人口统计因素也是聚类和分类中重要的特征之一。

当前移动图书馆的服务模式主要包括移动网站、客户端和微信图书馆等。虽然三种服务模式在形式上存在一定差异，但是三种服务模式在本质上目标都是一致的，即优化图书馆用户的移动体验。不同服务模式提供的功能在总体上是一致的，主要包括图书馆资源信息查询和检索、查询借阅情况、移动阅读、通知公告等。所以，在移动图书馆用户流失标签的提取中，笔者合并了三种服务模式的共有问题，保留了某种服务模式独有的问题，共同组成移动图书馆用户流失主要因素。例如，不管是哪种服务模式在提供资源服务功能的过程中都存在资源时效性和整合力度不足的问题，信息推送不合理是微信图书馆独有的问题，兼容和适配性问题是 App 客户端独有的问题。不同的服务模式和其独有的流失因素，在后期移动图书馆流失用户画像聚类中将会起到重要作用。

# 第三节　移动图书馆用户流失改进对策

本书从整体上提取了移动图书馆用户流失主要因素，可以在一定程度为移动图书馆的用户体验提升与服务改善提供有益参考。

## 一、用户流失要素启示

从整体上而言，移动图书馆必须提高系统质量、改进服务体验，解决用户在使用移动图书馆过程中遇到的问题。针对移动图书馆自身缺陷部分，系统质量等技术层面薄弱对用户负面情感的产生具有显著影响。因此，移动图书馆应继续完善以文献查询和阅读服务为核心的功能，在设计上增强系统使用的交互性、引导性、趣味性和定制性，如增加复杂功能提示，根据用户画像分类提供用户群定制服务，进一步完善隐私保护，提高用户对系统的满意度。同时，移动图书馆应加强馆员技能培训，综合运用微博、微信、传统媒体等平台宣传自己，降低用户未知性流失率。替代品吸引是导致用户流失行为的重要因素之一。图书馆应该时刻关注其他信息平台或移动阅读平台的发展趋势，及时关注行业新技术、新理念的发展，以便及时完善和更新自身的功能和服务。

## （一）全面提高资源质量

在确定移动图书馆资源供给之前，高校图书馆必须做好移动信息资源的需求分析。相关图书馆管理人员在进行移动图书馆数据库建设之前，应该了解不同院系、不同学历水平师生的资源需求，有针对性地整合文献信息资源，丰富用户需求的相关信息资源，优化信息资源结构，提高移动图书馆信息资源的利用率。在移动图书馆数字资源上线后，高校图书馆管理人员要与时俱进，不断加强和更新与师生之间的沟通和交流，听取用户不断变化的需求并正确对待他们提出的意见和建议，还要找出移动图书馆信息资源服务中存在的不足，以满足师生的信息资源需求。

加大高校图书馆移动信息资源的整合力度，进一步丰富移动资源的类型和数量。移动图书馆可以将本馆重要和特色的数字资源整合到显眼的地方，方便用户查阅、下载、阅读，节约用户时间，使其能够更快、更及时地获取前沿学术动态。高校图书馆要加强移动信息资源网络建设，改善图书馆网络软件和硬件设施，例如计算机、服务器、数据库等，通过更新移动图书馆所需设备来提高移动图书馆网络服务平台响应速度，将全面的信息资源融入服务平台中。移动图书馆必须保证移动信息资源网络的安全性，可以选择引进专业性人才参与网络安全和资源整合建设。

## （二）全面完善系统功能

系统质量和运行水平等技术层面的问题对用户失望感具有显著影响。因此，移动图书馆平台应继续完善以资源查询、移动阅读为核心的功能，在细节上增强系统使用的可交互性、便利性和准确性，例如增加资源评价功能，根据用户兴趣优化资源显示形式等。重点突出移动图书馆功能优势，将最新的移动互联技术应用到移动图书馆中。例如，可以将 VR（virtual reality，虚拟现实）技术和人工智能等新技术引入移动图书馆领域，努力为用户提供良好的资源操作环境。在图书馆功能开发前要充分调研用户需求，对用户真实需求做深入调查和研究，结合高校优势学科和传统数字图书馆的特色资源，利用高校图书馆自身的优势资源设计合理的功能。根据用户需求完善移动图书馆各项功能，以用户获得更好的体验效果为目标。以高校移动图书馆 App 模式为例，可以利用图书馆数据库中已有的读者信息，开发多种登录方式，例如手机号码、短信验证码等方式，简化读者登录流程；充分利用已有技术优化服务，例如可以利用手机GPS定位功能，精确定位查找图书、预约附近座位等；可以利用手机照相功能，通过扫描图书条形码实现图书的自助借还服务。

移动图书馆服务模式呈现多样化特点，不同的服务模式之间存在资源和功能差异，会导致用户选择困难，降低用户使用感。移动图书馆不同服务模式之间应该形成协同效应，优势互补、优化功能，并扩大彼此的影响力。移动图书馆应成立协同服务团队，统一管理和运营各类移动服务模式下的平台，明确工作组成员的分工，制定完善的协同规范和相关制度，例如不同移动服务模式平台内容采集、审核校对、发布流程等。不同服务模式平台必须统筹移动服务内容，然后按照不同移动服务模式平台的定位，编辑并形成独有的发布内容。服务功能的开发、设置、用户咨询及互动的平台应尽量做到统一。

## （三）不断优化服务水平

在优化移动图书馆资源和完善功能的基础上，移动图书馆要培养用户的使用习惯。用户对移动图书馆的兴趣和有用感知都对用户情感与行为有着正向影响。移动图书馆与传统图书馆相比，有着其突出优势，但是用户传统使用习惯需要逐步培养和引导。因此，要想实现移动图书馆的可持续发展，减少用户流失，需要图书馆扬长避短，在充分发挥移动图书馆在时间和空间的优势基础上，培养用户移动使用习惯。重视移动图书馆的宣传推广，提升用户黏性。宣传推广是使用户了解并熟悉移动图书馆的有效措施，如果用户对移动图书馆不够了解，不知道移动图书馆能为自身带来何种便利的情况下，用户就不会开始或者继续使用，认知不足就会直接导致用户流失。移动图书馆可以通过线上线下活动让用户切身体验移动图书馆的优越性。图书馆必须转变观念，加强移动图书馆的宣传与推广力度，移动图书馆作为高校图书馆新兴的移动服务模式，用户不知情和产品普及度低等问题都会成为用户流失的原因。高校图书馆可以利用PC端网站宣传推广移动图书馆，例如在首页放置一级栏目直接标识、提供移动图书馆网页、App、微信公众号链接或二维码，都能让用户注意到移动图书馆，提高移动图书馆的曝光率和使用量。与此同时，高校图书馆可以利用学校官网、QQ、微信、微博等途径推广移动图书馆。不能忽略线下宣传，可以在食堂、宿舍、图书馆门口等师生较为密集的地方发放宣传单、指南，或者组织有奖竞答活动，扩大移动图书馆影响力。

以用户需求和体验为中心，开发个性化服务，可以有效提升用户体验。在此次用户访谈样本中，有32%的用户提到了微信图书馆平台个性化建设不足的问题，例如微信图书馆设置选项单一、信息推送质量欠缺。大部分受访者都表示如果平台使用效果与预期存在偏差，就将停止或放弃使用该平台。移动图书馆要留住用户，必须尊重用户个性化需求，提供个性化服务。例如完善个性化推荐服务，通过分析读者的使用日志（检索日志、借阅记录、续借、荐购、评论等数据），利用数据挖掘技术获得用户的兴趣偏好，从而提供个性化的推荐服务。完善移动咨询服务，利用图书馆微信公众号提供人机交互咨询服务的同时，对后台人工服务人员进行培训，以提高人工咨询的效率。适当增加个性服务方便用户使用，例如挂失服务、超期罚款、遗失赔偿、移动支付等服务。移动图书馆还可以与学校教学科研部门合作，提供教学科研服务，例如将公共课选课、课表、考试成绩的查询、论文查重等服务拓展到移动图书馆平台。

### （四）提高竞争力、积极寻求合作

借鉴同类型产品的优势，完善移动图书馆服务。互联网技术和移动终端的发展促进了移动阅读产品的发展和繁荣。替代品强大的吸引力将会对流失意愿产生直接影响，移动图书馆要时刻关注行业的发展趋势，完善自己的产品和服务。百度、搜狗、谷歌等搜索引擎发展迅速，掌阅书城、QQ阅读等移动阅读平台的发展都在一定程度上冲击着移动图书馆的发展，而选择权掌握在用户手中。高校图书馆必须在吸收同类型产品经验的基础上找准自己的定位，认真思考如何发挥自身的特色。以微信图书馆平台为例，可以利用微信平台的开放性，快速整合其他平台的文献资源，丰富平台的移动资源体系，提升内容资源质量。高校图书馆还可以借鉴主流移动阅读软件的设计思路，在客户端提供多样化的阅读模式，提供添加标记、笔记等功能，进一步优化移动图书馆服务。

图书馆首先要加强与其他院校和公共图书馆的合作，建立移动信息资源共享平台，将更多的资源纳入图书馆服务范围之内，增加图书馆信息资源的供给量；其次要创建更多具有自身特色的馆藏数字资源，并从师生的实际情况出发，定期调整图书馆信息资源内容，使读者能够获得更多的移动资源，实现图书馆的服务目标。

## 二、用户变化标签和行为启示

深入调研用户需求，针对个体负向的情绪变化，移动图书馆须实时优化用户体验。用户失望感会直接导致用户流失，用户在移动图书馆使用过程中会产生负向情感，负向情感如果不能及时缓解，就会造成用户流失。移动图书馆要树立危机意识，增强与用户之间的沟通。在移动图书馆运营和维护过程中，移动图书馆可以建立专门的调研团队，对用户需求进行反馈、监控和及时分析，积极与研发部门、技术部门配合，及时发现问题、优化用户体验。移动图书馆可以建立信息过滤机制，当用户对某信息和功能不满时，设置一个"不感兴趣"按钮，让用户意见能够更快地得到反馈。当用户对移动图书馆产生负面评价的时候，图书馆必须重视这些评价和产生评价的用户，可以安排具有交流经验和技巧的专员与这部分用户沟通，询问他们的需求和建议，从用户交流中提取有用信息，完善自身服务。移动图书馆用户在使用过程中产生的情感变化，从本质上而言是在刺激的作用下产生的，所以优化移动图书馆资源、系统、服务等环境是改善用户情绪、提升用户体验的主要途径之一。

移动图书馆可以利用流失用户画像实施个性化管理方案，通过数据分析实现用户细分，深入了解不同流失用户群的流失原因、流失心理、流失行为、使用动机和使用习惯，从而采取有针对性的行动。用户人格特征和使用特征等个人因素会对用户的流失行为起调节作用，因此可以对不同类型用户实施个性化管理方案。图书馆可以借用用户画像实现对用户的细分，深入了解不同性别、年龄、年级、角色用户的使用动机习惯，针对不同的用户设计不同的功能和系统风格。例如，针对老师可以提供简洁的商务界面，针对学生可以提供清新、活泼的界面风格。通过给予用户更多自主选择的权利，以满足不同用户的个性化需求。针对移动图书馆的流失用户，可以结合各类营销活动刺激其回归欲望，并制定"唤回"方案以减少用户流失。

在 S-O-R 理论的指导下，针对移动图书馆用户倦怠及流失现象，利用扎根理论提取了流失用户流失要素标签、用户变化标签和用户行为标签，通过对用户画像标签的分析整合论证，发现移动图书馆用户画像模型与 S-O-R 理论一致，是细分用户画像标签体系的合理方法。在 S-O-R 理论下构建标签的基础上，融入了人口统计属性和用户使用行为标签，进一步完善了用户画像标签体系。在用户流失行为形成过程中，移动图书馆自身缺陷和用户置身的环境因素刺激是用户产生负面体验与消极情绪的主要原因，进而导致用户产生不同类型的流失行为，由人口统计学因素和使用特征组成的个人基本属性因素起着调节作用。用户流失并非毫无征兆的"突发事件"，而是经历了"移动图书馆使用环境刺激—用户生理心理变化—用户流失"的嬗变过程。

# 第四章
## 移动图书馆服务质量的
## 影响因素分析

图书馆移动服务模式的出现，掀起了图书馆界对移动图书馆服务质量的研究热潮。移动图书馆服务质量的影响因素分析是移动图书馆服务质量测评模型构建的重要基础，也是移动图书馆服务质量优化控制的重要依托。

## 第一节　移动图书馆服务源起与服务质量

### 一、移动图书馆服务

移动图书馆的概念源于图书馆对流动服务的探索，"流动图书馆"也是"mobile library"的较早译称。19 世纪末 20 世纪初，英国、美国先后出现图书馆使用马和骡子驮着装在木箱子里的书，到农村地区去提供借阅服务。随着无线通信技术的发展，1993 年 11 月，美国南阿拉巴马大学图书馆（University of South Alabama Library）在 AT&T、BellSouth Cellular 和 Notable Technologies 的资助下推出"无屋顶图书馆计划"（The Library Without a Roof Project），这是图书馆第一次系统探索通过个人数字设备或掌上电脑访问联机公共查询目录（OPACs）、商业在线数据库。自此图书馆掀开了通过随身携带的移动设备使用图书馆资源和服务的新篇章。伴随着移动设备从早期的 PDA 向手机、智能手机、平板电脑的不断演化。

国内对移动图书馆服务的探索可追溯至朱海峰所提出的"无线图书馆（wireless

library)"概念，指"用户使用便携式终端设备，以微波、无线电等接入方式获取所需文献信息的数字化图书馆。"黄群庆[1]认为移动图书馆服务是指"移动用户通过移动终端设备（如手机、PDA）等，以无线接入方式接受图书馆提供的服务"。根据依托的移动终端设备，其他类似概念还有"掌上图书馆"和"手机图书馆"等术语。江波等[2]通过比较分析，认为掌上图书馆的外延最大，移动图书馆次之，手机图书馆最小。从2007年到2014年，国际移动图书馆会议（The International M-libraries Conference）已成功举办5届，"M-Libraries"这一术语得到了国际移动图书馆建设和研究相关人员的广泛认可。相比较于"掌上图书馆""手机图书馆"等明显强调具体移动终端设备的术语来看，"移动图书馆"不仅表明所依托的设备是便携的，还可以反映出用户在获取信息资源与服务时是可以移动的，较好地体现了"用户在哪里，图书馆的服务就在哪里"的服务目标。

在"移动图书馆"的概念内涵上，需要突破从移动设备的角度进行定义的局限。茆意宏[3]认为移动信息服务涉及服务者、用户、服务内容、服务系统、服务方法和服务策略等多个要素。而施国洪等[4]则将移动图书馆涉及的对象要素表述为移动设备、系统平台、移动馆员和移动用户。综合来看，移动图书馆的系统平台实现移动信息服务的核心要素。因此，本书认为移动图书馆实质上是一种利用不断发展的移动信息技术所构建出的新型图书馆信息服务系统平台，支持用户通过不同形态的移动设备随时随地获取该系统平台中相应的图书馆资源和服务，从而提高生活、学习、工作效率。

## 二、移动图书馆服务质量初步分析

作为服务质量研究先驱，克里斯琴·格罗路斯（C. Gronroos）从用户需求及用户利益满足角度，第一次采用"感知"来界定服务质量，即服务质量通过比较用户期望和实际感知来获得，与产品质量不同，感知服务质量是一种主观性概念。该开创性的概念得到了很多学者的认可。例如，路易斯和布姆斯（R. C. Lewis & B. H. Booms）将服务质量定义为"服务提供者所提供的服务与服务用户所期望的服务一致性的程度"。著名研究团队PZB（三位美国学者派拉索拉曼、泽丝曼尔、贝里名字的简称）组合将服务质量定义为用户对其所得到服务的感知与其期望的服务的差距。泽丝曼尔（V. A. Zeithaml）将用户对服务卓越性或优越性的评价界定为服务质量，由用户来评

① 黄群庆. 崭露头角的移动图书馆服务 [J]. 图书情报知识, 2004 (5): 48-49.
② 江波, 覃燕梅. 掌上图书馆、手机图书馆与移动图书馆比较分析 [J]. 图书馆论坛, 2012, 32 (1): 69-71.
③ 茆意宏. 移动信息服务的内涵与模式 [J]. 情报科学, 2012 (2): 210-215.
④ 施国洪, 夏前龙. 移动图书馆研究回顾与展望 [J]. 中国图书馆学报, 2014, 40 (2): 78-91.

估。而比特内和哈伯特（M. J. Bitner & A. R. Hubbert）认为服务质量是顾客对机构及其服务的总体印象。洛夫洛克（C. Lovelock）等人从用户体验的角度来界定服务质量。总体来说，工商管理学界的服务质量定义对图书馆学界产生了重要的影响，图书馆界著名的 LibQUAL 服务质量评价模型就是继承并适当改良了 PZB 组合所提出的服务质量差距理论思想及其 SERVQUAL 评价模型。图书馆对工商管理学界在服务质量的内涵界定上的继承在很多图书馆的新型态上得到了继承，如复合图书馆的服务质量、数字图书馆的服务质量等。

伴随 Web 技术和移动信息技术的发展，移动图书馆脱离了最初的"汽车图书馆"应用雏形，其概念逐渐清晰：移动图书馆是将移动信息技术引入图书馆服务中的新型图书馆服务形式。移动图书馆服务质量可借鉴格罗路斯的理解，即服务质量不仅包含用户从服务中实际得到的东西，也包含服务传递给用户的方式，基于用户的感知视角有助于衡量服务质量，同时，借用洛夫洛克等人的思路，移动图书馆服务质量描述的是移动信息服务传递时用户的某种体验。

因此，本书将从用户认知视角和用户体验视角进行移动图书馆服务调查，以分析移动图书馆服务质量的因素。

# 第二节 移动图书馆服务现状的用户认知调查

## 一、调研概况

本次调研采用问卷调查的方式，以高校图书馆用户为主要调研对象，来获取用户访问移动图书馆的主要目的、用户对移动图书馆提供的服务项目的认可程度、用户对移动图书馆平台的偏好以及存在不满的原因。其中，用户对移动图书馆服务项目的认可程度、用户对移动图书馆资源类型的偏好采用李克特 5 分量表，1 分表示很不重要或者很不喜欢，5 分表示很重要或者很喜欢。

从 2019 年 5 月到 7 月通过 Word 版问卷和在线问卷两种方式，共计发放问卷 600 份，实际收回 517 份，其中有效问卷 482 份。问卷的涉及地理范围涵盖了北京、上海、江苏、浙江、广东、湖北、山东、河南、河北、陕西、黑龙江、辽宁、吉林、重庆、四川、贵州 16 个省、直辖市和自治区的高校，保证我国东部、中部、西部高校都有调查数据，学校层次既有 211 以上重点高校，也有非 211 本科院校，同时也有少数高职院校。其中在北京、上海、广州、重庆等地的样本量约占总数的一半，其他地区约占另一半。本次调研使用 Excel 和 SPSS 20.0 统计软件进行统计分析。

482 位调查对象中，男性比例为 44.6%，女性比例为 55.4%。其中学生对象 441 人，占比 91%（研究生 182 人，本科生 259 人），其他调研对象为教师用户。

在使用移动设备每天访问互联网上平均花费的时间方面，多数集中在"1~2 小时""2~3 小时"和"3 小时以上"这三个部分，所占比例达到 84%。

## 二、数据调查结果

### （一）关于用户访问移动图书馆的主要目的

用户访问移动图书馆的主要目的（见图 4-1），排在前四位的是：查询或下载图书馆电子资源、查询借阅情况、办理借还服务、进行移动阅读。有 16 人表示是因为好奇，目的是了解一下移动图书馆能有什么作用。此外，还有 126 人表示没有访问过移动图书馆，占到总人数的 24%。根据该项调查结果，我们可以认为获取信息资源服务仍是移动图书馆最核心的期望。

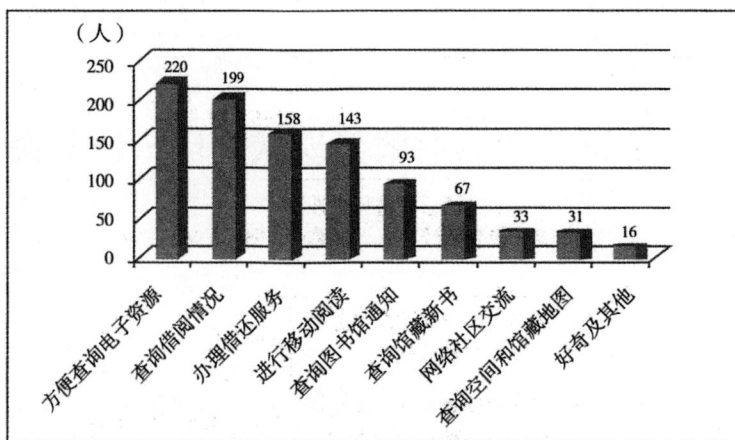

图4-1 访问移动图书馆的主要目的

### （二）用户对移动图书馆服务项目的认识

1. 移动图书馆服务项目重要性的总体分析

本次调研结合对国内外移动图书馆平台针对用户开展的服务项目分析，将移动图书馆提供的服务项目汇总为 23 个。各个服务项目的重要性依均值排序，调查结果如表 4-1 所示。

**表 4-1　依均值排序的服务项目重要性统计对比**

| 调查编号 | 依均值排序 | 服务项目 | 均值 | 标准差 | 卡方检验 | | |
|---|---|---|---|---|---|---|---|
| | | | | | 卡方 | df | 渐近显著性 |
| 服务项目1 | 1 | 获取图书馆消息通知（借阅到期、超期催还、讲座活动、新书通报等） | 4.38 | 0.754 | 309.203 | 3 | 0.000 |
| 服务项目2 | 2 | 个人借阅情况查询和续借 | 4.32 | 0.853 | 452.917 | 4 | 0.000 |
| 服务项目13 | 3 | 提供电子资源检索和全文阅读服务 | 4.31 | 0.815 | 444.017 | 4 | 0.000 |
| 服务项目12 | 4 | 提供馆藏书目查询 | 4.29 | 0.852 | 437.191 | 4 | 0.000 |
| 服务项目16 | 5 | 可获取高校相关教学信息（如选课、考试、课程教学信息） | 4.07 | 0.941 | 289.473 | 4 | 0.000 |
| 服务项目18 | 6 | 允许用户个性化定制、查询和收藏自己感兴趣的信息资源 | 3.98 | 0.949 | 270.552 | 4 | 0.000 |
| 服务项目19 | 7 | 用户可根据自己喜好进行个性化设置（设置阅读模式、屏幕显示大小等） | 3.95 | 0.962 | 246.257 | 4 | 0.000 |
| 服务项目6 | 8 | 获取图书馆的内部信息资源分布导航信息 | 3.94 | 0.943 | 264.577 | 4 | 0.000 |
| 服务项目15 | 9 | 移动全文阅读时，支持画线、标注等多种利用方式 | 3.92 | 1.001 | 231.382 | 4 | 0.000 |
| 服务项目7 | 10 | 查询图书馆座位空闲情况 | 3.91 | 1.032 | 211.133 | 4 | 0.000 |
| 服务项目14 | 11 | 提供信息资源全文收听、收看服务 | 3.99 | 0.965 | 225.490 | 4 | 0.000 |
| 服务项目10 | 12 | 获取与利用图书馆有关培训音频或视频资源 | 3.74 | 0.998 | 187.149 | 4 | 0.000 |
| 服务项目22 | 13 | 允许查询用户对图书馆资源搜索利用的排行榜信息 | 3.73 | 0.945 | 198.768 | 4 | 0.000 |
| 服务项目20 | 14 | 允许用户根据自己的爱好选择详简不同的检索结果显示界面 | 3.73 | 0.973 | 236.230 | 4 | 0.000 |
| 服务项目21 | 15 | 允许用户根据自己的水平层次选择详简不同的检索界面 | 3.72 | 0.957 | 217.564 | 4 | 0.000 |
| 服务项目17 | 16 | 移动阅读后支持发表阅读评论 | 3.71 | 0.953 | 244.826 | 4 | 0.000 |
| 服务项目24 | 17 | 针对检索结果允许用户根据自己移动设备的大小选择单页显示或多页显示方式 | 3.69 | 1.023 | 175.573 | 4 | 0.000 |
| 服务项目3 | 18 | 允许读者向图书馆荐购信息资源 | 3.66 | 1.04 | 182.544 | 4 | 0.000 |

续表

| 调查编号 | 依均值排序 | 服务项目 | 均值 | 标准差 | 卡方检验 | | |
|---|---|---|---|---|---|---|---|
| | | | | | 卡方 | df | 渐近显著性 |
| 服务项目11 | 19 | 通过特定平台或通信软件即时咨询图书馆员 | 3.65 | 1.037 | 171.589 | 4 | 0.000 |
| 服务项目4 | 20 | 查询图书馆的地理分布（位置、交通） | 3.62 | 1.079 | 150.137 | 4 | 0.000 |
| 服务项目9 | 21 | 获得移动图书馆使用帮助 | 3.53 | 1.044 | 160.946 | 4 | 0.000 |
| 服务项目8 | 22 | 访问图书馆设置的读者网络社区，与其他读者开展交流 | 3.34 | 1.016 | 188.000 | 4 | 0.000 |
| 服务项目5 | 23 | 查询图书馆周边服务信息 | 3.32 | 1.082 | 135.137 | 4 | 0.000 |

从表4-1中可以看出，23个题项的均值都高于3，说明用户对现有的23项移动图书馆服务项目整体上都是认可的，也认为是比较重要的。

从均值看，被用户认为最重要的服务项目都是功能实用的服务项目和重视个性化服务的项目。排在前五位的比较重要的服务项目依次是：获取图书馆消息通知（如借阅到期提醒、超期催还提醒、讲座活动、新书通报等）；提供个人借阅情况查询和续借；提供电子资源检索和全文阅读服务；提供馆藏书目查询；获取高校相关教学信息（如选课、考试、课程教学信息）。与图4-1结果对比，我们认为"获取图书馆消息通知"属于移动图书馆最早的服务项目，也是最成熟的项目，而且它与移动设备的使用特点较吻合，因此在现实中，该服务项目重要性位列榜首，而图4-1中"方便查询电子资源"将是读者的长远需求和根本需求。

相对来说，服务项目重要性稍低的项目有：在移动图书馆平台开设读者网络交流社区；允许查询图书馆周边服务信息等。

标准差的大小显示的是用户在服务项目看法上的差异。从标准差来看，用户对服务项目重要性认识差异较大的前三项分别是：查询图书馆周边服务信息；查询图书馆的地理分布（位置、交通）；读者向图书馆荐购信息资源。

卡方检验有助于分析用户对移动图书馆服务项目重要性的态度上是否有一定的偏好。从卡方检验结果看，23个服务项目的渐进显著性的p值都等于0.000，小于0.05，达到显著水平，表示用户对移动图书馆23个服务项目重要性的不同态度上有显著差异。从具体项目的观察数与期望数的对比上看，用户的态度偏向于"一般""喜欢"和"非常喜欢"这三种。

2. 用户分类对移动图书馆服务项目重要性认识的影响

不同用户群对移动图书馆的服务项目认知会存在差异，本书用独立样本t检验考察了不同性别、不同学历以及有无移动图书馆访问经历三种群体的用户对移动图书馆服务项目的重要性评价是否有显著不同。

第一，从性别上看：

针对表4-1中23个服务项目，女性打分普遍高于男性。女性打分最高的是"获取高校相关教学信息（如选课、考试、课程教学信息）"，而男性与女性认知差距最大的服务项目是"允许用户个性化定制、查询和收藏自己感兴趣的信息资源"这一服务项目。

独立样本t检验采用Levene检验法来检验两组的方差是否相等，若F统计量达到显著水平，采用"不假设方差相等"栏的t值，反之，则采用"假设方差相等"栏的t值，然后检验其显著性是否小于0.05，决定是否显著。根据独立样本t检验结果，在表4-1所涉及的服务项目2、6、7、10、12、13、14、15、16、18这十个服务项目上女性用户的重要性均值显著地高于男性。

第二，从学历上看：

本科生对表4-1中23个服务项目的重要性打分相对统一，而研究生对各个服务项目的重要性打分的差异则比较明显，在"提供馆藏书目查询"服务项目上，研究生打分的平均值高于本科生。而本科生与研究生打分差异最大的是"允许读者向图书馆荐购信息资源"这一服务项目，这可能与研究生的信息资源需求方向比较明确有关。根据独立样本t检验显示，研究生在表4-1中所涉及的服务项目2、12、13这三个服务项目上的重要性均值显著高于本科生，而本科生则在服务项目4、9、16、19、23这五个服务项目上显著高于研究生。

第三，从有无移动图书馆访问经历看：

没有移动图书馆访问经历的用户平均打分普遍低于有过移动图书馆访问经历的用户。没有移动图书馆访问经历的用户打分最低的是"查询图书馆周边服务信息"和"访问图书馆设置的读者网络社区与其他读者开展交流"。同时，没有移动图书馆访问经历的用户与有过移动图书馆访问经历的用户打分差异最大的服务项目是"允许用户根据自己的层次选择详简不同的检索界面"。根据独立性t检验可以看出，针对表4-1中所涉及的服务项目，访问过移动图书馆的用户在服务项目3、5、10、17、21、22、23等八个服务项目上的重要性均值显著高于没有访问经历的用户。

3. 用户访问移动图书馆方式的偏好

目前，用户访问移动图书馆主要是通过浏览器访问移动图书馆WAP站点、Web站点以及下载客户端这三种访问方式。除去126名没有移动图书馆访问经历的用户外，其他用户访问图书馆的方式偏好比例如图4-2所示（以有过移动图书馆访问经历的用户总数356为分母）。

从性别视角看，在没有移动图书馆访问经历的用户中，男性用户与女性用户在具体比例上基本相当。在有过移动图书馆访问经历的用户中，表现出明显差异的是在"客户端访问"差异上，41.57%比例的用户中，女性占比例25.84%，男性占比例15.73%，女性比例明显高于男性。从学历上看，本科生更加偏爱于通过浏览器访问移动图书馆Web站点，而研究生则偏爱于下载客户端来访问移动图书馆。

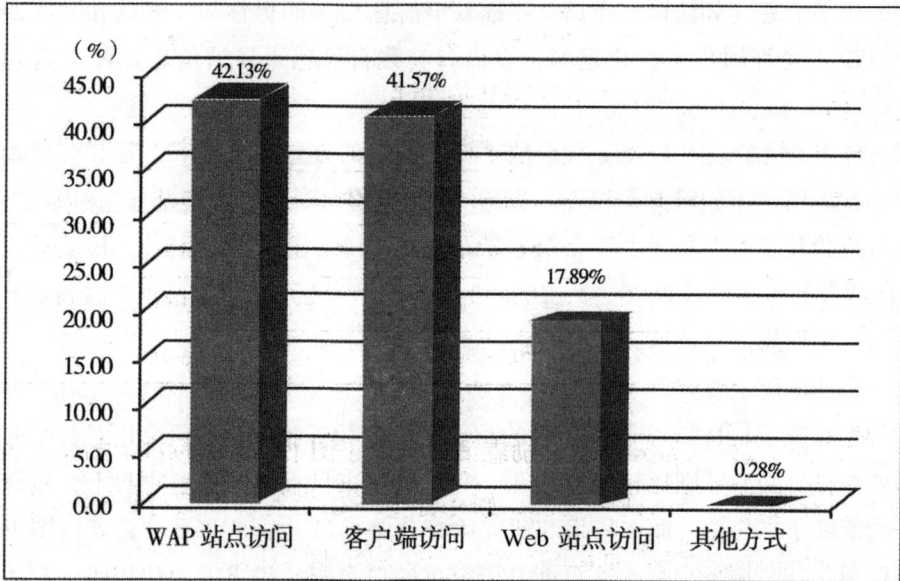

**图 4-2 用户访问移动图书馆方式的偏好**

4. 用户对移动图书馆资源类型的偏好

本次调研将移动图书馆资源类型划分为普通电子型资源和视听型电子资源，每一种资源又大体进行了学术性资源和非学术性资料（含娱乐性资源）的区分。表4-2列出了用户对移动图书馆不同类型资源的偏好排序（依均值排序）。

从表4-2看，最为用户偏爱的仍然是学术型电子期刊全文资源和学位论文资源。而用户对通过移动图书馆阅读娱乐性电子期刊全文的期望目前相对比较低。

**表 4-2 用户对移动图书馆信息资源偏好统计表**

| 调查编号 | 信息资源类型 | 均值 | 标准差 |
|---|---|---|---|
| 资源类型 3 | 学术电子期刊全文 | 4.01 | 0.993 |
| 资源类型 5 | 学位论文资源 | 4 | 0.965 |
| 资源类型 2 | 热门书刊目录信息 | 3.93 | 0.945 |
| 资源类型 1 | 国内外新闻资讯报道 | 3.89 | 0.997 |
| 资源类型 4 | 学术性电子图书 | 3.88 | 0.943 |
| 资源类型 8 | 励志、消遣性电子图书 | 3.8 | 1.01 |
| 资源类型 10 | 学术视听资源 | 3.79 | 0.972 |

续表

| 调查编号 | 信息资源类型 | 均值 | 标准差 |
|---|---|---|---|
| 资源类型 7 | 各类标准资源库（如国际标准、国家标准） | 3.58 | 1.085 |
| 资源类型 6 | 各种专利资源库 | 3.54 | 1.085 |
| 资源类型 11 | 娱乐视听资源 | 3.51 | 1.072 |
| 资源类型 9 | 娱乐性电子期刊全文 | 3.42 | 1.1 |

从用户偏好的差异性看，励志消遣类电子图书、各类标准资源库、各种专利资源库、娱乐视听资源、娱乐性电子期刊的用户偏好差异稍大一些，它虽然受用户的性别影响不大，但受用户的学历因素影响较大。研究生对学术电子期刊全文、学术性电子图书和学位论文资源平均偏好值高于本科生。

在信息资源的形式方面，摘要型资源（占比36%）、全文型资源（占比34%）、目录型资源（占比30%）成降序排列，综合全体用户来看，全文型资源（特别是学术型资源）并没有成为用户的首选。但如果从学历层次上分析，研究生更加偏爱于全文型信息资源。而本科生则比较偏爱短小的信息资源类型，如目录型和摘要型信息资源。

5. 用户对移动图书馆平台特征的偏好

在用户对移动图书馆平台风格的偏好上，简约是用户选择最多的风格，达到310人，所占比例达到64%。而文艺和古典也是用户选择较多的平台风格，两者加起来有113人，合计所占比例为23%。

在色彩搭配方面，有378位用户填写了他们心目中的色彩组配，有161人的色彩组配里包含蓝色，占到43%，其中蓝白组配的为79份，比例达21%。认为应该以绿色为主的有48位用户，比例达13%，黑白色组配、暖色系、冷色系、清新也是用户提及次数较多的描述。

在显示方式的个性化定制方面，"允许用户自己定制检索结果显示方式"获得了多数用户的偏爱。从性别上看，男性的偏好不明显，多数男性选择了"依系统自定"或"无所谓"，而女性用户则更偏爱"允许用户自己定制检索结果显示方式"。

6. 易引发用户不满的因素

本次调研总结了引起用户对移动图书馆不满意的12项因素，并设置了一道开放性问题，供用户自行填写。调查结果如图4-3所示。

从图4-3看，易引发用户不满的主要影响因素中，排在前三位的是：①信息资源不够新，比不上互联网上的信息；②移动设备有局限性，只能进行碎片化阅读，移动图书馆平台中的资源只是桌面电脑的简单转移，不够短小精悍；③现有服务平台的检索便利性远不如普通电脑。

其他涉及相对比较重要的影响因素有：数据流量问题、与用户需求相一致的信息资源建设问题、个人隐私保护问题等。

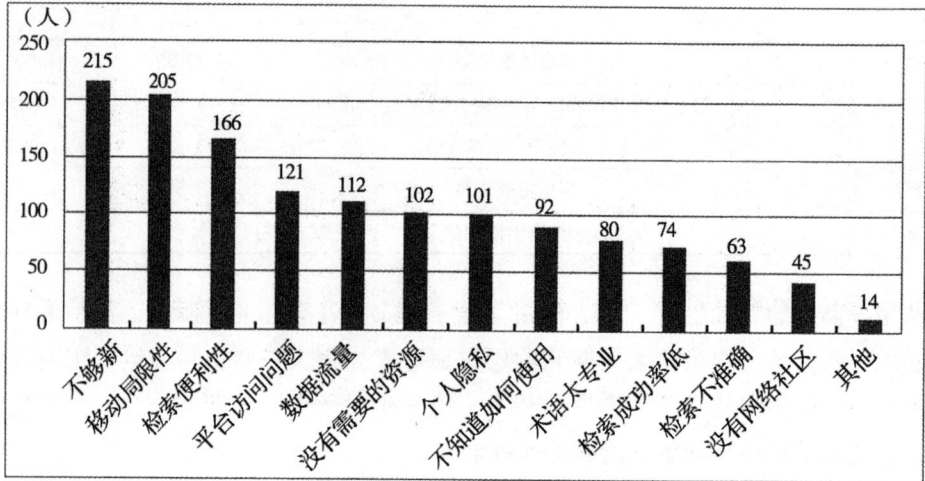

**图 4-3  易引发用户不满的主要影响因素**

由用户自行填写的不满问题是关于资源下载方面的问题。有用户反映：使用移动图书馆下载资源时，多次在资源下载到 99% 后就无法继续下载，这让用户感到很受伤。

不同性别、不同学历用户的不满意因素会有所差别，具体如表 4-3 所示。

**表 4-3  不同性别用户对引发不满因素的排序**

| 男性用户的排序 | 女性用户的排序 | 研究生的排序 | 本科生的排序 |
| --- | --- | --- | --- |
| 信息资源不够新 | 信息资源不够新 | 移动阅读局限性 | 信息资源不够新 |
| 移动阅读局限性 | 移动阅读局限性 | 信息资源不够新 | 移动阅读局限性 |
| 检索便利性比 PC 低 | 检索便利性比 PC 低 | 检索便利性比 PC 低 | 检索便利性比 PC 低 |
| 平台访问速度和稳定性 | 数据流量耗费大 | 没有需要的资源 | 个人隐私保护 |
| 没有需要的资源 | 平台访问速度和稳定性 | 数据流量耗费大 | 平台访问速度和稳定性 |
| 个人隐私保护 | 没有需要的资源 | 平台访问速度和稳定性 | 术语太专业 |
| 数据流量耗费大 | 个人隐私保护 | 个人隐私保护 | 不知道如何使用 |
| 术语太专业 | 不知道如何使用 | 不知道如何使用 | 数据流量耗费大 |
| 不知道如何使用 | 术语太专业 | 检索成功率低 | 检索成功率低 |
| 检索成功率低 | 检索成功率低 | 检索不准确 | 没有需要的资源 |
| 检索不准确 | 检索不准确 | 没有阅读交流社区 | 检索不准确 |
| 没有阅读交流社区 | 没有阅读交流社区 | 术语太专业 | 没有阅读交流社区 |

从性别上看，男女用户对易引发不满意的因素排序大体相同，但女性对数据流量的耗费比较敏感。从学历上看，研究生和本科生对引发移动图书馆不满意的因素排序差异较大，差异较大的因素主要有：①信息资源不够新，比不上互联网上的信息；②不知道如何使用，又不知如何获取帮助；③系统平台所用术语比较专业，不容易理解；④害怕个人隐私信息得不到保护。

# 第三节　移动图书馆服务质量的用户体验实验研究

## 一、用户体验实验与认知调查的差异

根据格罗路斯的界定，服务或多或少是一种主观体验过程。2002 年，格罗路斯又进一步解释到：顾客接受服务的方式及其在服务生产和服务消费过程中的体验，都会对顾客所感知的服务质量产生影响。因此"用户体验"成为用户感知服务质量的重要支撑点。阿尔本（L. Alben）认为用户体验涵盖用户与产品交互的各个方面，包括用户感受、对产品的理解、目标完成程度以及产品与使用环境的适应性。加瑞特也认为用户体验并不是指一件产品本身是如何工作的，而是指产品如何与外界发生联系并发挥作用的，也就是人们如何"接触"和"使用"它，以及在使用这个产品时的全部体验。

尽管用户体验具有主观性，但是对于一个界定明确的群体而言，其用户体验的共性是可以经过良好的设计实验来认识的。

## 二、用户体验的实验设计

### （一）实验目标

测试同一移动图书馆服务平台的用户体验差异。

### （二）测试任务

为达到测试的目的，测试任务的选取应该兼顾到移动图书馆平台服务的每一个部分，因此面向可以使用的统一的移动图书馆平台，选取以下任务让用户完成：

（1）查询特定主题的纸本图书数量、特定作者的纸本馆藏信息、个人的图书借阅信息；

（2）查询特定名称的电子图书，下载到电子书架，并使用移动终端阅读、标注、发表评论，并与微博等平台进行分享操作；

（3）检索特定学者的特定论文，在平台中对该期刊论文进行申请"文献传递"，阅读该文，并进行标注、撤销等操作；

（4）试听"有声读物"模块、查看"视频"模块，选择特定内容进行视听阅读。

## （三）测试时间和方式

2019 年 5 月，借助笔者所在高校图书馆读书月活动，笔者通过有奖方式，从已注册成为学校移动图书馆用户中有奖征集 30 位测试对象，既有本科生，又有研究生，还有 2 名教师。用户使用自带的智能手机，从本校图书馆主页下载并安装移动图书馆客户端（如果移动设备不支持客户端，则访问移动图书馆 WAP 版）后参加测试。每位用户执行测试任务，测试时间 1 小时左右。

完成测试任务后，用户共同讨论用户体验的关注重点，制作成问卷并由用户填写。问卷主要包括三个部分：一是个人信息及使用移动图书馆平台的基本情况；二是用户对本校图书馆移动图书馆平台的初始界面、查询借阅、多媒体资源、学术资源、阅读体验、总体感受的体验评价；三是观测用户体验的具体题项进行打分。用户打分采用李克特 7 级量表，1 分代表完全不同意，7 分代表完全同意。

## （四）测试对象分层依据

用户对移动图书馆平台使用时间的长短会影响用户的使用经验，涉及对平台的功能认知、操作熟练程度及问题感知。因此课题组通过统计移动图书馆平台的后台数据，根据用户注册之后使用移动图书馆平台服务是否超过 2 次，且注册后持续使用时间是否达到一个月作为分界标准，把测试用户分为新用户和深度用户两类，并对比分析这两种类别用户对移动图书馆平台体验的差异。

# 三、实验结果分析

## （一）用户体验关注点分析

测试任务完成之后，课题组组织了参加测试人员进行焦点小组讨论，形成了如下的用户体验分析重点：

（1）使用移动图书馆平台对用户的价值；

（2）移动图书馆服务平台对用户的吸引力和易用性：涉及移动图书馆平台在视觉层面的组织形式、移动图书馆平台界面的可理解程度、移动图书馆平台在性能和效率上的表现；

（3）移动图书馆服务平台的交互性表现及其对用户的心理愉悦或满意影响。

以上体验分析涵盖了感官、认知、技术、服务、价值、情感等体验维度，并总结得到了如下的用户体验观测题项，如表 4-4 所示。

表 4-4　移动图书馆用户体验观测题项

| | |
|---|---|
| 感官体验 | 平台色彩搭配合理性 |
| | 平台界面的设计风格 |
| | 平台页面框架布局合理 |
| 认知体验 | 平台操作便捷性 |
| | 平台图标信息通俗易懂程度 |
| | 用户学会使用移动图书馆平台的容易程度 |
| 技术体验 | 平台操作响应速度 |
| | 平台使用过程容易出错的程度 |
| | 平台对使用中出现的错误或意外反馈情况 |
| | 用户是否容易自行完成查询、阅读的相关操作 |
| 服务体验 | 平台资源对用户自身的吸引力 |
| | 平台功能对用户自身的吸引力 |
| | 用户能否快速完成所需的信息资源检索 |
| 情感体验 | 移动图书馆平台人机交互的友好程度 |
| | 平台使用对用户隐私的威胁程度 |
| | 使用移动图书馆感觉愉快程度 |
| | 是否感觉有价值，愿意向其他好友推荐使用 |
| 价值体验 | 用户使用时平台时可与其他读者交流便利程度 |
| | 移动图书馆平台提升学习生活的方便性 |
| | 对移动图书馆总体满意程度 |

## （二）用户体验关注点实验数据

1. 移动图书馆用户体验实验结果数据

移动图书馆用户体验实验结果数据如表 4-5 所示。

表 4-5　移动图书馆用户体验实验结果数据

| 用户体验观测项 | 均值 | 卡方检验 | | |
|---|---|---|---|---|
| | | 卡方 | df | 渐进显著性 |
| 平台色彩搭配合理 | 4.87 | 4.667 | 4 | 0.323 |
| 喜欢平台界面的设计风格 | 4.9 | 9.6 | 5 | 0.087 |
| 平台页面框架布局合理 | 5.43 | 1.733 | 3 | 0.63 |
| 平台操作便捷性 | 5.57 | 10.667 | 4 | **0.031** |
| 平台图标信息通俗易懂 | 5.8 | 15.667 | 4 | **0.004** |
| 用户容易学会使用移动图书馆平台 | 5.17 | 10.4 | 5 | 0.065 |
| 平台操作响应速度迅速 | 3.9 | 7.333 | 6 | 0.291 |
| 平台不容易出错 | 4.8 | 4 | 4 | 0.406 |

| 用户体验观测项 | 均值 | 卡方检验 | | |
|---|---|---|---|---|
| | | 卡方 | df | 渐进显著性 |
| 平台对使用中出现的错误或意外有提示 | 4.13 | 24 | 5 | **0.000** |
| 使用时能自行完成查询、阅读的相关操作 | 3.47 | 10.6 | 6 | 0.102 |
| 平台资源吸引力 | 5.57 | 1.733 | 3 | 0.63 |
| 平台功能吸引力 | 5.07 | 6.333 | 4 | 0.176 |
| 能快速完成所需的信息资源检索 | 2.93 | 9.667 | 6 | 0.139 |
| 移动图书馆平台是友好的 | 5.97 | 8.667 | 3 | **0.034** |
| 平台不会对隐私构成威胁 | 4.93 | 16.4 | 5 | **0.006** |
| 使用移动图书馆感觉很愉快 | 5.27 | 11 | 4 | **0.027** |
| 对移动图书馆总体满意 | 5.47 | 6.8 | 3 | 0.079 |
| 平台有助于与其他读者交流 | 4.23 | 24.4 | 5 | **0.000** |
| 平台提升学习生活的方便性 | 5.4 | 12.333 | 4 | **0.015** |
| 会向其他好友推荐使用 | 5.7 | 2.267 | 3 | 0.519 |

从表4-5来看,用户体验的观测指标均值存在差异。因为使用了7点打分判断,中位数是4,有11项观测值超过5分以上,有3项观测值低于4分。进一步使用卡方检验数值来分析用户在评价移动图书馆平台体验感受的具体测量题项时态度偏好差异。从表4-5卡方检验结果来看,有8个具体观测题项渐进显著性的 p 值小于0.05(表4-5中用黑色加粗标注),达到显著水平,表示用户在评价体验感受时态度有显著差异。

2. 用户类型对用户体验结果的影响

课题组从性别、学历以及不同使用时间三个方面,分别分析不同类型用户对本校移动图书馆平台的"初始界面""馆藏查询借阅""多媒体资源""学术资源""阅读效果""总体印象"的体验差异,具体结果如图4-4所示。

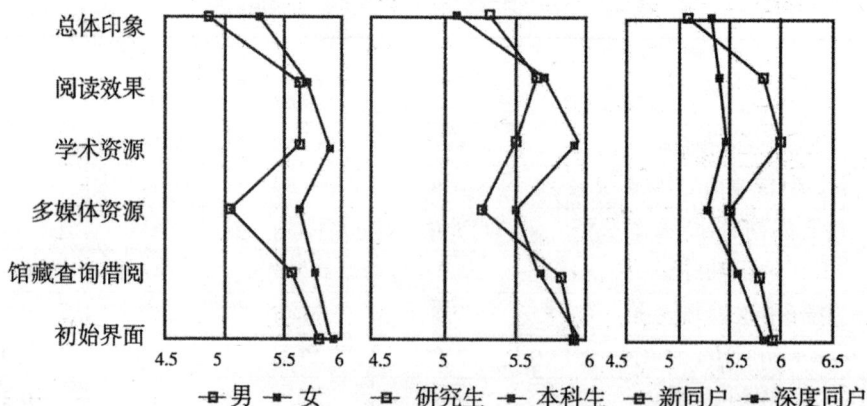

图4-4　不同类型用户对移动图书馆各个服务模块的体验评价对比

从图4-4结果来看，不同类型的同户体验评分存在差异，女性的总体评分均高于男性，本科生与研究生的评分差异与不同的体验模块有关联，而新用户的体验评分要高于深度用户，这也说明不同的使用经验会影响用户的体验判断。使用独立样本t检验进行两个比较群体平均数的差异检验。从t检验结果数据看，男性和女性、研究生和本科生对移动图书馆各个服务模块以及总体印象上并无显著差异，而深度用户的体验评价要显著低于新用户（平均数差异t检验显著性p值＝0.045＜0.05），为此将针对不同使用时长的用户做进一步分析。

3. 用户使用时长对体验评价的进一步分析

针对本校移动图书馆平台的"初始界面""馆藏查询借阅""多媒体资源""学术资源""阅读效果""总体印象"等总体模块的体验印象评分数据表明：用户使用移动图书馆平台的时间长短有可能会影响用户体验感受。图4-5的体验统计结果表明：新用户更容易对移动图书馆平台产生满意感，这种满意感来自于移动图书馆平台资源吸引力，对移动图书馆服务平台也容易产生满足感。对于深度用户来说，体验差异最明显的是来自移动图书馆服务平台，独立样本t检验结果表明，在"平台不容易出错上"的认知上，深度用户的评价显著低于新用户（平均数差异t检验显著性p值＝0.010＜0.05），而在"使用时能自行完成查询、阅读的相关操作"的认知上，深度用户的评价则显著高于新用户（平均数差异t检验显著性p值＝0.012＜0.05），这说明随着使用的深入，对于移动图书馆平台操作愈加熟练，也更能发现平台存在的问题。

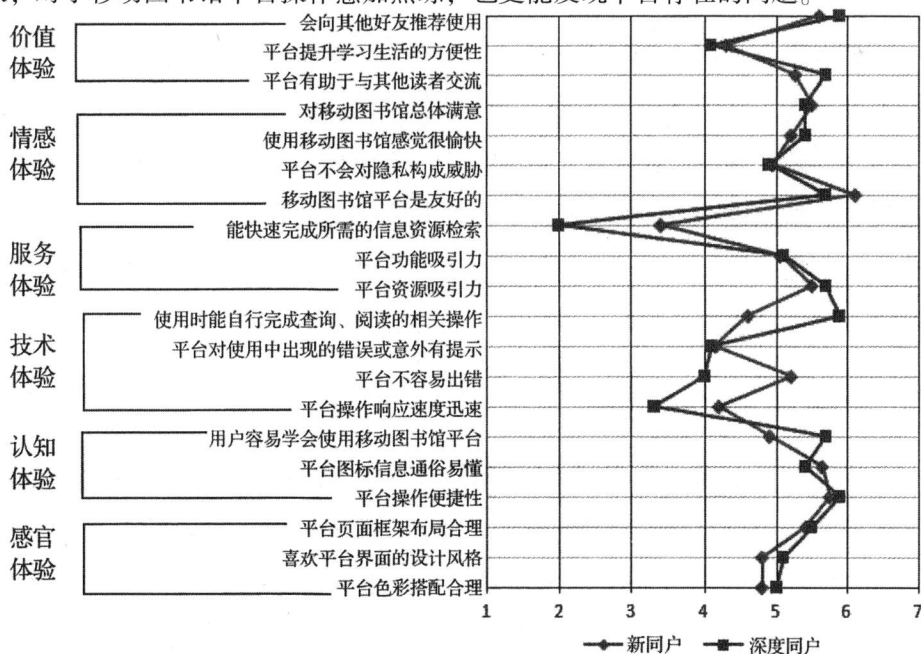

图4-5　不同使用时间用户对移动图书馆平台主观评价均值图

# 第四节　基于实验结果的影响因素分析

总结移动图书馆服务质量的用户体验实验数据，我们发现移动图书馆功能及其资源、服务平台、服务过程、用户自身等因素都在一定程度上影响着移动图书馆的服务质量。

## 一、功能或资源因素

对移动图书馆服务的基本认知调查结果表明，用户使用移动图书馆可以满足自己的任务需求，其中以信息（知识）资源为中心的检索与服务需求，是用户重点关注的方面。用户很关注资源的新颖性、资源满足自己需求的程度，没有自己需要的资源，就会引发用户不满。

## 二、服务平台因素

服务平台是用户获取服务的入口，是用户完成任务目标的依托。在用户对移动图书馆服务认知调查结果中，用户关注是否可以顺利访问平台、平台检索的便利性，移动设备的先进性、系统的可靠稳定性和检索结果的准确性，如果这些方面存在缺陷，就会招致不满。在用户体验的实验结果中，用户体验的关注重点与认知调查存在类似之处，引发用户体验评测差异较大的就是服务平台。

## 三、服务过程因素

有了资源、有了服务平台，还需要一个好的服务感受。根据泽丝曼尔的研究，用户对服务质量的感知是通过"服务接触"来完成的，而"服务接触"就是一个以互动为主要特征的接触过程，每一次"服务接触"都会给用户留下一个"真实瞬间"，一系列"真实瞬间"累积构成了服务质量总体印象。课题组的调查证实了服务过程对用户判断的影响。例如移动图书馆服务平台的视觉设计、移动图书馆服务平台的隐私保护、用户求助、与平台的交互、与相关用户的交互都成为用户认可的、值得关注的焦点。

## 四、用户因素

根据用户对移动图书馆服务的基本认知调查结果，用户在使用方式，使用态度、使用能力方面受用户的个人特征影响较大，不同的性别、不用的学历层次使得用户表现出不同的用户偏好和用户感受。根据格罗路斯的观点，用户个性的动机、需要、情绪、态度、素养等都会影响用户的期望，进而影响用户对服务质量的感知。用户对移动图书馆产品的理解、使用移动图书馆服务平台完成自己的任务目标、不同的使用时间和使用经验、对使用环境的适应性都会影响用户体验，这与阿尔本所总结的用户体验涵盖内容是相一致的。从用户体验的实验结果看，用户在评价体验感受时态度有差异性，特别是不同用户的使用经验会影响用户对移动图书馆服务质量的判定。邓李君和杨文建针对影响高校大学生持续使用移动图书馆因素分析的文章佐证了用户因素的重要性，用户因素的重要性仅次于信息质量，高于系统质量。

此外，除了以上所列的主要影响因素之外，移动设备和移动互联技术的进步、社会文化环境都会对移动图书馆服务质量的评测产生一定的影响，在构建移动图书馆服务质量评测时应根据具体的评价情境进行综合考虑。

# ▶ 第五章

# 用户感知的移动图书馆服务
# 质量评价模型

移动图书馆服务是以用户利用图书馆及其信息资源为主要目的，依托移动设备终端来完成的泛在的即时的服务形式，但服务提供者与用户的期望之间有时会存在不一致的情况，因此从用户感知视角来观测服务质量已成为服务提供者提升服务水平的重要数据来源。根据图书馆界既有的服务质量探索实践经验，用户感知的移动图书馆服务质量是一个综合观测的结果，可以从多维多层视角展开测量。

## 第一节　相近的服务质量评估研究回顾

### 一、工商管理界服务质量评估思路

作为一种复杂的结构变量，服务质量的界定较难，但其多维度属性得到学者们的一致认可，与服务质量界定情况相似，学者们对服务质量维度的内容仍存在分歧。格罗路斯将感知质量划分为结果质量和过程质量，其中，结果质量也称为技术质量，用于评价服务交付过程中顾客的收获；过程质量也称功能质量，用于表示顾客是"怎样"获得服务的。在此基础上，拉斯特和奥利弗（R. T. Rust & R. L. Oliver）引入了环境质量维度，将服务质量扩充到三维度结构，环境质量反映顾客实际感知服务质量受实体环境的影响程度。PZB 将服务质量影响因素归纳为有形性、保证性、可靠性、响应性及移情性。莱赫蒂宁（U. Lehtinen）采用三维度结构，并将互动质量单独作为一个重要的维度，其中，实体质量即服务实体环境（包括设备、物理建筑等）；互动质量指服务提供者与顾客之间、顾客与顾客之间的互动；形象质量指的是企业整体形象给顾客留下的印象。莱赫蒂宁曾于1982年将服务质量维度总结为过程质量和输出质量，过程质量的评价主体是正在接受服务的顾客，而输出质量则由接受过服务的顾客来评价。与莱赫蒂宁看法一致，哈维（Harvey）从广义上的服务结果和过程两方面来测评服务质量，服务结果主要考察可靠性，过程质量则从技术质量和感知质量来观测，技术质量用于评价服务是否按最优化程序执行，感知质量则采用PZB提出的五个质量维度来测评。爱德沃森（B. Edvardsson）等人采用了4个维度来测评服务质量，分别为反映服务者专业性和服务流程设计好坏的技术质量，衡量不同服务流程衔接是否流畅的互动质量，描述服务如何顺利传递给用户的功能质量，以及用于评价服务满足用户预期需求程度的结果质量。克罗宁和布雷迪（J. J. Cronin & M. K. Brady）认为服务内容、服务交付过程及实体环境影响用户对服务质量的评价。

另一些研究者探讨了电子服务质量的构成维度。电子环境下，主要基于电子网站的特点探索其服务质量维度。桑托斯（J. Santos）从网站的易用性、内容、外观、结构/布局、连接性等方面来测评电子服务质量；沃尔芬巴格和吉莉（M. Wolfinbarger & M. Gilly）通过群体访谈和在线调研，认为应该从可靠性、客户服务、界面设计、安全/隐私4个方面来评价电子服务质量；巴恩斯和维德根（S. Barnes & R. Vidgen）提出了类似SERVQUAL评价维度的电子服务质量的五个维度。纵观电子服务质量维度研究，各研究者所采用的研究视角或具体术语各异，但很多维度所表达的意思是互通的，文献中经常出现的维度术语如系统易用性及美学性（网站设计）、安全性、可靠性、隐私性、响应性和用户友好性（也称移情性）等。

## 二、图书馆服务质量评价回顾

图书馆界一直十分关注图书馆评估问题，早期的图书馆评估多以馆舍大小、馆藏数量、经费投入等为评估标准。例如，较早具有影响力的图书馆评估研究者奥尔（R. H. Orr）发表《测评图书馆服务的好坏：定量评价的探索》，认为图书馆服务的好坏应该从"质量"和"价值"两个方面来判断，质量是图书馆服务满足用户需求的程度，而价值则是从服务所带来的成效方面来评价服务的。巴克兰德（M. K. Bucland）沿用并丰富了奥尔的服务测评观点，但他认为资源是图书馆获得生存和长远发展的关键。图书馆界第一部服务评价论述著作作者兰卡斯特（F. W. Lancaster）认为：任何类型的服务都能从服务效果、成本、效益三方面来评价。20世纪90年代，"用户至上"的服务理念扩散到各服务业，图书馆界也开始关注用户满意度的研究，伴随服务营销理论研究的不断成熟，图书馆界开始从用户感知角度进行图书馆服务质量测评研究，并通过用户实际感知到的服务与预期需求的差距来衡量。

希伯特（F. Hebert）最先采用SERVQUAL的五个维度来测评图书馆服务质量，此后，尼特基（D. A. Nitecki）详细介绍了营销管理界的感知服务质量观点、差距测评方法及 SERVQUAL 模型，曾言 "图书馆服务的好坏来源于用户对服务质量的实际感知"。随后，图书馆领域研究者更加重视服务质量的研究和 SERVQUAL 的测评实践，出现 "图书馆服务质量测评研究被 SERVQUAL 所主导" 的局面。同时，学者们也开始探索运用 SERVQUAL 来评估图书馆服务质量的理论适用性和实践可行性。于是，一些研究人员修订 SERVQUAL 的测评维度以适用于新的研究主题，较有影响力的是 ARL 和 A&M 提出的 LibQUAL 模型。LibQUAL 是基于 SERVQUAL 的结构、结合图书馆的特点而形成的适合于图书馆服务质量测评的模型，经过四次大规模实验的修正，LibQUAL 最终的维度构成为服务效果、信息控制、图书馆环境及相应的 22 个测评题项。图书馆服务进入数字化模式后，ARL（Association of Research Libraries，美国研究图书馆协会）又根据 LibQUAL 模型，构建了专门用于数字图书馆服务质量测评的 DigiQUAL 模型，包含服务效果、信息控制及数字图书馆环境三个方面及 11 项具体测评题项。英国的 eVALUEd 则从用户体验、服务规划、服务管理和服务影响四个层面来评估数字图书馆服务质量。澳大利亚的图书馆用户满意度 Insync 调查集中在交流沟通、传递过程、实体环境、服务质量、馆员及虚拟服务 7 个维度的类别上。

# 第二节　移动图书馆服务质量测评维度分析

## 一、移动图书馆服务质量评价的特点

从移动服务的既有质量评价研究成果来看，卡尔（E. Kar）等人考虑了移动服务新特性，将可靠性、响应性、用户界面、安全性和定制化作为测评维度。蔡（M. Chae）等人针对移动商务的质量，从内容质量、连接质量、交互质量、环境质量维度进行评价；张龙等人借鉴拉斯特和奥利弗的观点，并结合移动服务的移动性、个性化、随时随地性的特征建立了包含交互质量、结果质量和环境质量的三维观测项目。

移动图书馆是以图书馆及其信息资源利用为目标，依托移动设备来完成的。根据既有研究成果的评价经验，作为传统服务在移动终端设备上的拓展服务，移动图书馆服务质量评价可以在适当继承既有服务质量共性评价指标的基础上，还要增设与移动服务新特性相对应的测评项目。

根据前文的调查及移动图书馆服务质量影响因素分析，用户因素是一个特别重要的因素，资源因素、服务平台、服务过程都是通过用户的感受来体现的。移动图书馆用户需求的满足程度是判别服务质量的重要依据。根据认知心理学分析，用户的需求结构可以分为：功能需求、品质需求和外延需求，功能需求主要指服务产品的主导功能、辅助功能和兼容功能。品质需求包括性能、适用性、可靠性、安全性、经济和美学外观等。

外延需求是指满足需求时用户的情绪状态。工商管理学界的布雷迪和克罗宁（M. K. Brady & J. J. Cronin）在格罗路斯等前人研究的基础上，将服务质量划分为服务产品质量（结果质量）、服务传递质量（互动质量）和物理环境质量（环境质量）。这种三分法大致契合了移动图书馆用户的需求结构。著名的 SERVQUAL、LibQUAL、DigiQUAL 的评价模型尽管与布雷迪和克罗宁的服务维度划分方法不相同，但如果进一步观察，这些评价模型中的主维度可以单独或合并归入布雷迪和克罗宁对服务质量属性的分类之中。布雷迪和克罗宁的划分方法在工商管理学界有关移动服务质量评价研究、移动商务质量评价中得到了延续，这同时也为移动图书馆服务质量测评维度建构提供了启示。

## 二、移动图书馆服务质量测评主维度选择

与桌面电脑为主导的数字图书馆服务相比，移动图书馆服务依靠移动设备提供服务，其独特属性为：小屏幕，不需要键盘和鼠标作为与系统平台的交互工具，而依赖触摸屏、内置感应器以及支持手势识别的交互界面让用户与系统平台直接交互。如果说桌面电脑属于 GUI（图形化用户界面：使用图形来表达信息对象）服务层次，而基于移动设备的移动图书馆服务则属于 NUI（自然化用户界面：把信息作为空间中的真实存在的物体进行描述）服务层次。从用户体验视角看，GUI 体验重点关注和追求用户任务的完成（即重视系统平台的功能和可用性），NUI 体验重点关注的是任务完成过程中的愉悦（在功能和可用性的基础上，重视系统平台对用户的情感关怀）。

结合前文对移动图书馆服务质量影响因素的初步分析，移动图书馆的服务质量属性也可以简要概括为三种类型：一是与服务内容有关的质量属性，二是与服务执行过程（技术系统完成方式）有关的质量属性，三是与服务传递过程中系统与用户交互操作有关的心理体验质量属性。移动图书馆的服务内容着力解决用户的功能需求匹配问题，可以优化用户对服务产品的有用性体验；移动图书馆的技术支持系统或平台着力解决服务执行效率问题，可以优化对服务产品的有用性体验；移动图书馆的服务传递（交互）方式着力解决移动图书馆对用户的持续吸引力问题，可以优化用户的情感体验。

因此，用户感知的移动图书馆服务质量评价维度可划分为三类：①有用性体验是基础，对应的是用户感知的服务内容质量；②可用性体验是支撑，对应于用户感知的技术支持平台质量；③情感性体验是持续吸引力，对应于用户感知的服务交互过程中的用户关怀质量。对此三个维度的服务质量属性，如果直接使用布雷迪和克罗宁对服务质量维度命名并不能反映移动图书馆服务质量内涵。

经过与国内代表性的超星移动图书馆服务平台的开发工程师的交流，本项目将用户感知的需求被满足与否的质量命名为"功能满足"质量（对用户是否有用）、将用

户感知的支撑服务传递的技术系统平台质量命名为"技术系统"质量（对用户是否可用）、将用户感知的服务传递（交互）方式的质量命名为"用户关怀"质量（用户使用时是否愉悦）。与 LibQUAL、DigiQUAL 在主维度设置上显著差异的是：用户感知的移动图书馆服务的使用情感与愉悦性可正式在"用户关怀质量"被观测。

## 三、移动图书馆服务质量的观测点分析

以 LibQUAL、DigiQUAL 等为代表的图书馆服务质量评价模型主要为二阶潜因子多维结构测评模型。移动互联环境下，张龙等[①]认为二阶多维结构测评模型不足以体现移动服务的复杂性，而三阶及以上的测评模型具有评价的合理性和有效性。巴洛格（A. Balog）、基兰（K. Kiran）等人已尝试过将多维多层的测评方法引入图书馆服务质量评价，国内赵杨也有过在数字图书馆移动服务开展多维多层评价的探索。考虑到移动图书馆服务质量的多层属性内涵，本书拟采用三阶多维结构建立移动图书馆服务质量测评模型，在主维度确立的基础上，分析各主维度可能的观测点，根据观测点建立可能的观测项，通过数据分析，凝练子维度及具体的测评题项。

### （一）"功能满足质量"的观测点分析

移动图书馆必须具有满足用户需求的特定功能，即必须具有一定的效用价值。效用价值是用户所寻找的产品与服务要能符合本身的条件，在移动服务环境下，效用价值体验依然是用户信息行为的最终目标。对比国外移动图书馆网站中所列举的移动图书馆服务，我们发现这些成功的移动图书馆在服务内容的广度、强度（独特性、时效性）、服务方式的新颖性、服务层次方面都表现优异。总结这些服务内容及发展趋势，本书初步认为"功能满足质量"可从完整性、实用性、移动适应性等方面进行观测。

其中"完整性"主要观测移动图书馆服务平台的服务范围、服务项目、信息资源内容。"实用性"主要观测移动图书馆服务平台中的信息准确性、可靠性、时效性。"移动适应性"主要观测服务内容与移动设备的自洽性（根据移动设备的特点，提供可供检索与阅读的移动信息资源）、服务内容是否提供时间追溯功能（根据移动信息服务易于被打扰的使用情境，在项目和功能设置方面允许用户随时终止或随时继续，以降低用户支出的时间成本、精力成本和经济成本）。

### （二）"技术系统质量"的观测点分析

从技术内涵看，移动图书馆是数字图书馆的发展，仍属于信息系统的范畴。可用性是信息系统的重要质量指标，是用户体验七大核心要素之一。根据尼斯伦

---

① 张龙，鲁耀斌，林家宝. 多维多层尺度下移动服务质量测度的实证研究［J］. 南开管理评论，2009，12（3）：35-44.

（J. Nislen）的定义，"可用性是评价用户界面使用的容易程度的质量属性，使用户能以清晰、透明、灵敏和有用的方式完成任务"。郑（J. Jeng）分析了数字图书馆系统的可用性评价指标，包括有效性、效率、界面美观、易学、纠错机制等方面。结合本书前文对移动图书馆服务需求的调研结果分析①，笔者认为移动图书馆技术系统的可用性涉及容易学习、容易操作、系统的有效性以及实际使用环境下的使用效率等，大约可以从易用性、稳定性、安全性等方面来观测。

从易用性视角看，主要观测系统或平台的信息结构的清晰度、界面易懂性、用户操作便利程度、可学习性等。从稳定性视角看，主要观测系统或平台的出错频率、容错性、一致性、响应性方面。从安全性看，主要观测用户的隐私信息是否受到保护。

### （三）"用户关怀质量"的观测点分析

移动图书馆服务的用户体验是用户与移动信息服务互动的客观反映，它要求以用户为中心进行组织设计和服务提供，遵循的是亨曼（R. Hinman）在移动互联系统的体验设计中所倡导的"过程美学"（满足用户在使用过程中的快乐情感）、"社交原则"（支持使用者与其他用户的交互）。现实中，信息服务提供者主要通过用户与系统（或服务）的交互机制来体现"过程美学"，这种交互机制的实现可由诺曼（D. A. Norman）所声称的信息系统开发的情感设计来完成。除交互机制外，吉纳里斯和季米特里亚季斯（S. Gounaris & S. Dimitriadis）还将客户化（个性化）、信息共享作为体现对用户关心的重要质量。参考上述研究成果，本书认为移动图书馆用户关怀质量可以从用户参与支持、社会化互动支持、个性化支持等方面来观测。

从用户参与视角看，主要观测用户与服务内容的互动、用户与技术系统的互动。从社会化互动视角看，主要观测移动用户之间的社会性交互有利于彼此共同分享使用经验与知识，用自身的体验来评价或推荐相关信息服务。从个性化视角看，主要观测是：移动图书馆系统或平台在检索、展示方面是否允许用户根据自己的理解进行自我偏好定制等。

# 第三节　移动图书馆服务质量测评题项的生成与净化

## 一、测评题项的生成

基于前文的分析，笔者得到了南京农业大学图书馆的帮助，在该校使用超星移动

---

① 郑德俊，沈军威，张正慧. 移动图书馆服务的用户需求调查及发展建议［J］. 图书情报工作，2014（7）：46-52.

图书馆频率较高的正式用户中，征集了 20 位用户开展用户访谈，尽量使用用户可理解的语言，从"功能满足质量""技术系统质量"和"用户关怀质量"三个主维度及不同方向的观测点初步设计了 34 个测评题项，具体如表 5-1 所示。

表 5-1　移动图书馆服务质量主维度测评题项初始构成表

| 功能满足质量 | 技术系统质量 | 用户关怀质量 |
| --- | --- | --- |
| Q10_1 可即时获知图书馆公告、培训讲座等通知信息 | Q11_1 平台界面或功能展示的文字、符号易懂 | Q12_1 重视用户荐购图书资源的意见，回应积极 |
| Q10_2 可即时查询图书馆藏资源 | Q11_2 平台界面显示风格一致，不会因杂乱而引起用户焦虑 | Q12_2 支持用户给平台中的资源添加标签、打分评价 |
| Q10_3 支持最新或热门的服务类、资源类信息推送 | Q11_3 结构清晰，很容易找到所需的服务 | Q12_3 长期征集用户需求意见，结合需求定期更新平台 |
| Q10_4 可即时查询借阅信息，办理续借、预约等相关手续 | Q11_4 操作简单，新用户也易于操作 | Q12_4 支持老用户参与自助问答内容建设，快捷有效回复新用户咨询 |
| Q10_5 支持在线阅读电子资源 | Q11_5 提供使用帮助，支持用户自我学习或提高使用水平 | Q12_5 平台提供入口，支持用户彼此交流、信息共享 |
| Q10_6 支持图书馆座位管理、研讨室预约等多种特色服务 | Q11_6 平台运行稳定，无崩溃现象 | Q12_6 支持用户与其他用户、其他社交平台交互分享信息 |
| Q10_7 支持语音、文字等即时交互的咨询服务 | Q11_7 友好提示用户输入错误或其他出错信息 | Q12_7 与教务系统等常用信息门户融合，减少用户登录麻烦 |
| Q10_8 能吸收其他平台经验和精华，拓展服务项目（如支持百科查询） | Q11_8 除网络原因外，平台响应迅速，节省时间 | Q12_8 及时反馈热门借阅、热门检索等用户使用热点 |
| Q10_9 发挥移动设备优势，提供地理位置查询或社交服务 | Q11_9 准确记录用户借阅、预约、检索、支付等信息 | Q12_9 支持自定义设置（如平台界面、信息显示方式等） |
| Q10_10 提供适合移动设备屏幕浏览的服务推广信息或书报刊阅读资源 | Q11_10 清楚告知用户关于平台中隐私保密政策 | Q12_10 支持定制自身感兴趣的信息服务或信息资源类型 |
| Q10_11 平台中信息资源类型丰富、内容可靠、具有特色 | Q11_11 及时提示用户隐私安全管理操作方式 | Q12_11 智能预测用户偏好，提供针对性个性化服务 |
| Q10_12 内容资源精干，便于用户在碎片时间阅读和标注 | | |

## 二、测评题项的优化

### (一) 定性筛选

笔者在北京、南京两地寻求了 5 位从事图书馆移动服务管理岗位的馆员和 10 位移动图书馆用户,邀请他们通过邮件和即时通信工具,对表 5-1 中的测评题项进行评议。受邀馆员和用户普遍认为,表 5-1 中 Q10_5 与 Q10_10 在部分内涵上重复,Q10_10 题项中所提及的书报刊阅读资源可以代替 Q10_5 中所述及的支持在线阅读电子资源,而且,随着移动图书馆服务平台的发展,支持在线阅读将成为移动图书馆平台的基础配置,无须单独设立 Q10_5 测评题项。Q11_7、Q12_7 均具有较强的桌面电脑思维,并不适合以手机为主体的移动设备服务,Q10_5、Q11_7、Q12_7 此三项可以删除。另外,Q11_4 与 Q11_5 之间、Q12_5 与 Q12_6 之间在内涵存在部分重复,建议删除 Q11_5、Q12_6,保留内涵更广泛一些的 Q11_4、Q12_5。这样我们得到了 29 个测评题项,作为进一步定量筛选的依据。

### (二) 定量筛选

设计如下:以南京地区的移动图书馆的正式注册使用用户为调研对象进行量表预试。以表 5-1 中去除 Q10_5,Q11_5,Q11_7,Q12_6,Q12_7 的测评题项为基础,制成调查问卷,每个题项采用李克特 5 点量表打分法采集用户意见,使用即时通信工具、电子邮件、在线答题等方式进行数据收集,问卷发放时间为 2019 年 12 月。共回收问卷 553 份,剔除单一打分的无效问卷后,得到有效问卷共 425 份,问卷的有效回收率为 76.9%。

南京地区的样本数据,将近一半来自东南大学、河海大学、南京大学、南京航空航天大学、南京理工大学、南京农业大学、南京师范大学、中国药科大学 8 所 211 高校,另外一半既有南京地区普通本科、专科学校用户,还有南京图书馆、苏宁等事业单位或公司的用户,调研对象的范围和构成较为科学合理。男性占 59.8%,女性占40.2%。91.3% 为高校学生用户。从专业角度看,理工专业占比 56.9%,文史哲占比11.8%,生命科学占比 10.8%,管理学占比 9.6%,经济学占比 5.2%,其他占比5.6%。使用 App 客户端访问移动图书馆用户占到了 76.1%,有 13.6% 的用户通过WAP 访问,有 8.7% 的用户通过微信公众平台访问。从使用频率上来看,有 37.4% 的用户每周使用 2 次以上,有 76.7% 的用户每周至少使用 1 次,有 73.2% 的用户持续使用用时间超过 1 个月以上,如表 5-2 所示。

**表 5-2　移动图书馆服务质量测评题项定量筛选的样本信息**

| | | 频数 | 百分比 | | | 频数 | 百分比 |
|---|---|---|---|---|---|---|---|
| 性别 | 男 | 254 | 59.8% | 移动图书馆类型 | 短彩信 | 9 | 1.7% |
| | 女 | 171 | 40.2% | | WAP 网页 | 72 | 13.6% |
| 身份 | 高校本科低年级 | 220 | 51.8% | | App 客户端 | 404 | 76.1% |
| | 高校本科高年级 | 106 | 24.9% | | 微信公众平台 | 46 | 8.7% |
| | 高校研究生 | 62 | 14.6% | 使用频率 | 没使用过 | 5 | 1.2% |
| | 教师 | 9 | 2.1% | | 偶尔使用 | 94 | 22.1% |
| | 企事业员工 | 13 | 3.1% | | 每周 1 次 | 53 | 12.5% |
| | 公务员 | 2 | 0.5% | | 每周 2 次以上 | 159 | 37.4% |
| | 离退休人员 | 1 | 0.2% | | 每天使用 | 114 | 26.8% |
| | 其他 | 12 | 2.8% | 使用持续时间 | 没使用过 | 5 | 1.2% |
| 专业 | 理工 | 242 | 56.9% | | 1 周以下 | 39 | 9.2% |
| | 生命科学 | 46 | 10.8% | | 1 个月以下 | 70 | 16.5% |
| | 文史哲 | 50 | 11.8% | | 1—3 个月 | 152 | 35.8% |
| | 经济学（含金融学） | 22 | 5.2% | | 3—6 个月 | 40 | 9.4% |
| | 管理学 | 41 | 9.6% | | 半年—1 年 | 63 | 14.8% |
| | 其他 | 24 | 5.6% | | 1 年以上 | 56 | 13.2% |

　　参考相关研究成果，定量筛选主要使用 5 类指标（共 6 个指标）：①判断测评题项鉴别力指标——"决断值（CR）"；②使用不同计算方法来判断测评题项与整体量表的同质量性的指标——"题总相关系数（CITC）""校正后题总相关系数"；③信度指标——Cronbach α 系数；④判定题项之间属性变异指标——共同性系数；⑤判断测评题项与测评因子（维度）之间密切关系的指标——因素负荷量。6 个指标值计算结果如表 5-3 所示。

　　根据表 5-3，29 个测评题项中有 26 项的所有指标数值均符合判断标准，有 1 个测评题项（Q10_11）多个筛选指标值中，仅有 CITC 小于判断标准，且如若删除该测评项后得到的 Cronbach's α 系数并有显著提高（0797＜0.805），分析其原因，可能是题项表述的歧义影响了用户的打分结果。结合专家咨询，拟将 Q10_11 题项表述"平台中信息资源类型丰富、内容可靠、具有特色"修改为"平台中具有文本视听等多类型丰富资源、内容可靠、具有特色"。另有 2 个测评题项（Q10_2、Q10_4）的多项指标值小于判断标准。笔者在南京地区与多个高校图书馆的移动注册用户交流，用户普遍认为移动图书馆是数字图书馆新的发展形式，通过移动图书馆平台查询馆藏资源和办理续借预约手续等应该属于移动图书馆平台最基本的功能配置，目前国内移动图书馆平台均已普遍实现，如果再将其单列为专门的服务质量测评题项似乎意义不太，可考虑删除 Q10_2、Q10_4。这样我们共得到了建立测评模型的 27 个测评题项。

**表 5-3　移动图书馆服务质量测评题项的定量筛选相关指标**

| | | 决断值 | 题总相关 | 校正题项与总分相关 | 题项删除后的 α 值 | 共同性 | 因素负荷量 | 未达标准指标数 | 处理方式 |
|---|---|---|---|---|---|---|---|---|---|
| | 判断标准 | ≥3.00 | ≥0.400 | ≥0.400 | 注释（1） | ≥0.2 | ≥0.45 | | |
| 功能满足质量 | Q10_1 | 10.482 | 0.534** | 0.406 | 0.795 | 0.263 | 0.513 | 0 | |
| | Q10_2 | 6.143 | 0.378** | 0.275 | 0.805 | 0.126 | 0.355 | 4 | 删除 |
| | Q10_3 | 14.274 | 0.667** | 0.557 | 0.779 | 0.454 | 0.673 | 0 | |
| | Q10_4 | 8.164 | 0.456** | 0.345 | 0.800 | 0.191 | 0.437 | 3 | 删除 |
| | Q10_6 | 15.367 | 0.651** | 0.526 | 0.783 | 0.414 | 0.643 | 0 | |
| 功能满足质量 | Q10_7 | 16.646 | 0.683** | 0.575 | 0.777 | 0.482 | 0.694 | 0 | |
| | Q10_8 | 14.403 | 0.676** | 0.571 | 0.778 | 0.478 | 0.691 | 0 | |
| | Q10_9 | 18.255 | 0.687** | 0.562 | 0.779 | 0.473 | 0.688 | 0 | |
| | Q10_10 | 11.038 | 0.575** | 0.457 | 0.790 | 0.341 | 0.584 | 0 | |
| | Q10_11 | 7.756 | 0.490** | 0.379 | 0.797 | 0.246 | 0.496 | 1 | 修改 |
| | Q10_12 | 8.335 | 0.520** | 0.412 | 0.794 | 0.278 | 0.528 | 0 | |
| 技术系统质量 | Q11_1 | 12.923 | 0.621** | 0.504 | 0.811 | 0.394 | 0.627 | 0 | |
| | Q11_2 | 14.803 | 0.613** | 0.492 | 0.812 | 0.382 | 0.618 | 0 | |
| | Q11_3 | 16.235 | 0.690** | 0.600 | 0.802 | 0.511 | 0.715 | 0 | |
| | Q11_4 | 13.926 | 0.582** | 0.457 | 0.816 | 0.341 | 0.584 | 0 | |
| | Q11_6 | 13.345 | 0.655** | 0.534 | 0.807 | 0.422 | 0.650 | 0 | |
| | Q11_8 | 15.188 | 0.671** | 0.556 | 0.805 | 0.454 | 0.674 | 0 | |
| | Q11_9 | 12.129 | 0.630** | 0.499 | 0.812 | 0.380 | 0.617 | 0 | |
| | Q11_10 | 15.167 | 0.664** | 0.541 | 0.807 | 0.425 | 0.652 | 0 | |
| | Q11_11 | 15.518 | 0.699** | 0.585 | 0.801 | 0.477 | 0.691 | 0 | |
| 用户关怀质量 | Q12_1 | 11.804 | 0.607** | 0.495 | 0.847 | 0.365 | 0.604 | 0 | |
| | Q12_2 | 13.495 | 0.674** | 0.572 | 0.840 | 0.458 | 0.677 | 0 | |
| | Q12_3 | 13.592 | 0.653** | 0.555 | 0.842 | 0.437 | 0.661 | 0 | |
| | Q12_4 | 14.631 | 0.691** | 0.594 | 0.838 | 0.489 | 0.699 | 0 | |
| | Q12_5 | 16.180 | 0.702** | 0.600 | 0.837 | 0.493 | 0.702 | 0 | |
| | Q12_8 | 15.472 | 0.708** | 0.605 | 0.836 | 0.499 | 0.707 | 0 | |
| | Q12_9 | 15.366 | 0.700** | 0.588 | 0.838 | 0.477 | 0.690 | 0 | |
| | Q12_10 | 12.985 | 0.719** | 0.626 | 0.834 | 0.520 | 0.721 | 0 | |
| | Q12_11 | 13.708 | 0.668** | 0.557 | 0.841 | 0.436 | 0.661 | 0 | |
| 注释 | (1) 删除后信度标准在功能满足质量、技术系统质量、用户关怀质量上依次为≤0.805、0.826、0.855，<br>(2) "＊＊"表示相关系数在 0.01 的显著性水平上显著相关。 | | | | | | | | |

# 第四节　移动图书馆服务质量测评模型的建立

## 一、数据来源

为了提高测评量表的应用价值，本书调研对象考虑了不同平台的用户类型（如超星移动图书馆用户、书生移动图书馆用户、乐致安移动图书馆用户和图书馆自建服务平台用户），与超星公司共同联合开展超星移动图书馆用户有奖调研，其他类型的用户调研由本项目课题组在北京、上海、南京、深圳等地联合部分985高校和有代表性的公共图书馆开展有奖调研。问卷调查从准备到完成调查历时两个月，共获得高级用户（使用移动图书馆服务不少于3个月，且每周使用频率2次以上）数据8000多份，去除无效问卷后，得到有效问卷6285份。将这些问卷分为两部分，一半（3142份样本）用于探索性分析，一半（3143份样本）用于验证性分析。

## 二、测评量表的探索性分析

探索性问卷样本3142份，使用SPSS 20.0工具进行探索性分析。数据来源主要集中在北京、广东、安徽、四川、湖南、山东、河北、湖北、浙江、江苏、上海、江西、陕西、甘肃等地，其中男性比例为58%，女性比例为42%，如表5-4所示。

表5-4　移动图书馆服务质量测评量表探索性分析的样本信息

| | | 频数 | 百分比 | | | 频数 | 百分比 |
|---|---|---|---|---|---|---|---|
| 性别 | 男 | 1822 | 58% | 专业 | 理学 | 820 | 26.1% |
| | 女 | 1320 | 42% | | 工学 | 640 | 20.4% |
| 身份 | 高校本科低年级 | 1333 | 42.4% | | 生命科学 | 230 | 7.3% |
| | 高校本科高年级 | 1109 | 35.3% | | 文史哲 | 573 | 18.2% |
| | 高校研究生 | 306 | 9.7% | | 法学/教育学/社会学 | 149 | 4.7% |
| | 教师 | 97 | 3.1% | | 经济学（含金融学） | 228 | 7.3% |
| | 企事业员工 | 180 | 5.7% | | 管理学 | 310 | 9.9% |
| 身份 | 公务员 | 20 | 0.6% | 专业 | 艺术学 | 35 | 1.1% |
| | 离退休人员 | 1 | 0.0% | | 其他 | 157 | 5% |
| | 中学生 | 13 | 0.4% | 使用频率 | 每周两次以上 | 1757 | 55.9% |
| | 其他 | 83 | 2.6% | | 每天使用 | 1385 | 44.1% |

| | | 频数 | 百分比 | | | 频数 | 百分比 |
|---|---|---|---|---|---|---|---|
| 移动图书馆类型 | 短彩信 | 165 | 3.5% | 使用持续时间 | 3—6 个月 | 956 | 30.4% |
| | WAP 网页 | 978 | 20.9% | | 半年—1 年 | 1160 | 36.9% |
| | App 客户端 | 2901 | 62% | | 1 年以上 | 1026 | 32.7% |
| | 微信公众平台 | 632 | 13.5% | | | | |

　　高校学生是问卷数据的主要来源，占比达到 87.5%。从专业角度看，理学占比 26.1%，工学占比 20.4%，文史哲占比 18.2%，管理学占比 9.9%，生命科学、经济学各占比 7.3%，法学、教育学、社会学等总占比 4.7%，艺术学和其他占比 6.1%。使用 App 客户端访问移动图书馆用户占到了 62%，有 20.9% 的用户通过 WAP 访问，有 13.5% 的用户通过微信公众平台访问。在这些使用移动图书馆服务不少于 3 个月的 3142 个用户中，有 36.9% 的用户的使用时间在半年到 1 年之间，有 32.7% 的用户的使用在 1 年以上，如表 5-5 所示。

表 5-5　移动图书馆服务质量测评量表探索性分析的定量筛选指标

| | | 决断值 | 题总相关 | 校正题项与总分相关 | 题项删除后的 α 值 | 共同性 | 因素负荷量 | 未达标准指标数 | 处理方式 |
|---|---|---|---|---|---|---|---|---|---|
| | 判断标准 | ≥3.00 | ≥0.400 | ≥0.400 | 注释（1） | ≥0.2 | ≥0.45 | | |
| 功能满足质量 | Q10_1 | 32.000 | 0.572** | 0.433 | 0.791 | 0.306 | 0.553 | 0 | |
| | Q10_3 | 34.862 | 0.600** | 0.471 | 0.786 | 0.357 | 0.597 | 0 | |
| | Q10_6 | 43.198 | 0.657** | 0.519 | 0.780 | 0.415 | 0.645 | 0 | |
| | Q10_7 | 46.494 | 0.693** | 0.572 | 0.772 | 0.479 | 0.645 | 0 | |
| | Q10_8 | 41.383 | 0.698** | 0.588 | 0.771 | 0.511 | 0.715 | 0 | |
| | Q10_9 | 42.127 | 0.655** | 0.514 | 0.781 | 0.416 | 0.645 | 0 | |
| | Q10_10 | 33.786 | 0.610** | 0.486 | 0.784 | 0.383 | 0.619 | 0 | |
| | Q10_11 | 27.273 | 0.556** | 0.434 | 0.790 | 0.322 | 0.567 | 0 | |
| | Q10_12 | 27.097 | 0.554** | 0.430 | 0.791 | 0.315 | 0.561 | 0 | |
| 技术系统质量 | Q11_1 | 29.929 | 0.572** | 0.451 | 0.778 | 0.354 | 0.595 | 0 | |
| | Q11_2 | 33.301 | 0.594** | 0.467 | 0.776 | 0.381 | 0.617 | 0 | |
| | Q11_3 | 37.113 | 0.651** | 0.538 | 0.767 | 0.463 | 0.681 | 0 | |
| | Q11_4 | 31.200 | 0.576** | 0.452 | 0.778 | 0.357 | 0.598 | 0 | |
| | Q11_6 | 31.510 | 0.602** | 0.450 | 0.779 | 0.335 | 0.579 | 0 | |
| | Q11_8 | 37.221 | 0.654** | 0.522 | 0.768 | 0.414 | 0.643 | 0 | |
| | Q11_9 | 32.553 | 0.585** | 0.437 | 0.780 | 0.316 | 0.562 | 0 | |
| | Q11_10 | 42.307 | 0.654** | 0.519 | 0.768 | 0.406 | 0.637 | 0 | |
| | Q11_11 | 40.992 | 0.646** | 0.511 | 0.770 | 0.397 | 0.630 | 0 | |

| | | 决断值 | 题总相关 | 校正题项与总分相关 | 题项删除后的α值 | 共同性 | 因素负荷量 | 未达标准指标数 | 处理方式 |
|---|---|---|---|---|---|---|---|---|---|
| 用户关怀质量 | Q12_1 | 35.608 | 0.631** | 0.521 | 0.834 | 0.407 | 0.638 | 0 | |
| | Q12_2 | 40.234 | 0.679** | 0.578 | 0.828 | 0.474 | 0.689 | 0 | |
| | Q12_3 | 40.051 | 0.690** | 0.590 | 0.827 | 0.492 | 0.701 | 0 | |
| | Q12_4 | 42.513 | 0.685** | 0.582 | 0.827 | 0.481 | 0.694 | 0 | |
| | Q12_5 | 44.332 | 0.700** | 0.594 | 0.826 | 0.494 | 0.703 | 0 | |
| | Q12_8 | 40.995 | 0.683** | 0.576 | 0.828 | 0.464 | 0.681 | 0 | |
| | Q12_9 | 36.557 | 0.615** | 0.490 | 0.837 | 0.354 | 0.595 | 0 | |
| | Q12_10 | 38.982 | 0.673** | 0.566 | 0.829 | 0.443 | 0.666 | 0 | |
| | Q12_11 | 41.181 | 0.667** | 0.552 | 0.831 | 0.431 | 0.656 | 0 | |
| 注释 | (1) 删除后信度标准在功能满足质量、技术系统质量、用户关怀质量上依次为≤0.802、0.794、0.846 <br> (2) "**"表示相关系数在0.01的显著性水平上显著相关。 | | | | | | | | |

对 3142 份问卷仍然进行"决断值""题总相关系数（CITC）""校正题总相关系数"、Cronbach α 系数、共同性、因素负荷量等 6 项指标值的计算，所有题项的 6 项指标值均符合判断标准。

前文已对移动图书馆服务质量的主维度做出了界定，并通过定性与定量筛选后得到若干测评题项，本次着重对各主维度所包含的子维度作探索性因子分析，共进行了两次探索性分析，两次探索性分析的结果如表 5-6、表 5-7 所示。

**表 5-6 移动图书馆服务质量测评量表的第一次探索性分析结果**

| 功能满足质量 | | | 技术系统质量 | | | 用户关怀质量 | | |
|---|---|---|---|---|---|---|---|---|
| 测评题项 | Component | | 测评题项 | Component | | 测评题项 | Component | |
| | 1 | 2 | | 1 | 2 | | 1 | 2 |
| Q10_6 | 0.798 | 0.053 | Q11_10 | 0.837 | 0.050 | Q12_1 | 0.778 | 0.079 |
| Q10_7 | 0.782 | 0.146 | Q11_11 | 0.822 | 0.056 | Q12_3 | 0.742 | 0.216 |
| Q10_1 | 0.663 | 0.071 | Q11_9 | 0.603 | 0.185 | Q12_2 | 0.712 | 0.232 |
| Q10_9 | 0.558 | 0.338 | Q11_8 | 0.575 | 0.330 | Q12_4 | 0.711 | 0.240 |
| Q10_3 | 0.490 | 0.345 | Q11_6 | 0.505 | 0.310 | Q12_5 | 0.601 | 0.380 |
| Q10_11 | 0.074 | 0.793 | Q11_2 | 0.114 | 0.769 | Q12_10 | 0.197 | 0.786 |
| Q10_12 | 0.091 | 0.764 | Q11_1 | 0.120 | 0.732 | Q12_9 | 0.104 | 0.785 |
| Q10_10 | 0.244 | 0.672 | Q11_3 | 0.240 | 0.731 | Q12_11 | 0.252 | 0.709 |
| Q10_8 | 0.507 | 0.507 | Q11_4 | 0.171 | 0.683 | Q12_8 | 0.384 | 0.596 |
| KMO | 0.847 | | | 0.794 | | | 0.891 | |
| 方差累积贡献率 | 52.827% | | | 53.503% | | | 57.693% | |

　　第一次探索性分析主要针对经过定性定量净化后的 27 个测评题项进行，相关信度和效度指标均符合要求，且各主维度均可提取出 2 个共同特征因子作为子维度，但由于"功能满足质量"分量表中的 Q10_8 测评题项在两个共同特征因子上的载荷量均大于 0.5，存在交叉载荷，需要被删除。通过与用户的交流，Q10_8 不是移动图书馆平台的核心功能，如果删除此题项也是可以接受的。

　　第二次的探索性分析是针对删除 Q10_8 后的 26 个测评题项进行的，无论是数据信度还是量表的结构效度都满足要求。3 个分量表和整体量表的 Cronbach α 系数都高于 0.7，说明具有很好的内部一致性。3 个分量表的 KMO 值接近或大于 0.8，Bartlett 的球形度检验的显著性概率 P 值均为 0.000，全部通过检验，说明各分量表测度项之间有共同因素存在，适合做因子分析。两次探索分析过程中所计算的 Cronbach α 值、KMO 值如表 5-8 所示。

**表 5-7　移动图书馆服务质量测评量表的第二次探索性分析结果**

| 功能满足质量 | | | 技术系统质量 | | | 用户关怀质量 | | |
|---|---|---|---|---|---|---|---|---|
| 测评题项 | Component | | 测评题项 | Component | | 测评题项 | Component | |
| | 1 | 2 | | 1 | 2 | | 1 | 2 |
| Q10_6 | 0.804 | 0.055 | Q11_10 | 0.837 | 0.050 | Q12_1 | 0.778 | 0.079 |
| Q10_7 | 0.784 | 0.138 | Q11_11 | 0.822 | 0.056 | Q12_3 | 0.742 | 0.216 |
| Q10_1 | 0.672 | 0.083 | Q11_9 | 0.603 | 0.185 | Q12_2 | 0.712 | 0.232 |
| Q10_9 | 0.561 | 0.331 | Q11_8 | 0.575 | 0.330 | Q12_4 | 0.711 | 0.240 |
| Q10_3 | 0.502 | 0.357 | Q11_6 | 0.505 | 0.310 | Q12_5 | 0.601 | 0.380 |
| Q10_11 | 0.084 | 0.800 | Q11_2 | 0.114 | 0.769 | Q12_10 | 0.197 | 0.786 |
| Q10_12 | 0.105 | 0.776 | Q11_1 | 0.120 | 0.732 | Q12_9 | 0.104 | 0.785 |
| Q10_10 | 0.254 | 0.674 | Q11_3 | 0.240 | 0.731 | Q12_11 | 0.252 | 0.709 |
| | | | Q11_4 | 0.171 | 0.683 | Q12_8 | 0.384 | 0.596 |
| KMO | 0.805 | | | 0.794 | | | 0.891 | |
| 方差累积贡献率 | 54.060% | | | 53.503% | | | 57.693% | |

**表 5-8　移动图书馆服务质量两次探索性分析的信度检验**

| | 未删除 Q10_8 题项之前 | | | 删除 Q10_8 题项之后 | | |
|---|---|---|---|---|---|---|
| | Cronbach α 值 | KMO | P | Cronbach α 值 | KMO | P |
| 功能满足质量 | 0.802 | | 0.8478 | 0.000 | 0.771 | | 0.805 | 0.000 |
| 技术系统质量 | 0.794 | 0.910 | 0.794 | 0.000 | 0.794 | 0.906 | 0.794 | 0.000 |
| 用户关怀质量 | 0.837 | | 0.891 | 0.000 | 0.837 | | 0.891 | 0.000 |

根据第一次探索性分析的结果对 Q10_8 题项进行删除，因此第二次探索性分析主要是"功能满足质量"维度的结果有所变化，而"技术系统质量""用户关怀质量"2个维度并未有题项的删减，对这两个维度进行第二次探索性分析的结果和第一次的分析结果一致，因此只列出第二次探索性分析"功能满足质量"的因子分析结果。

根据第二次探索分析结果，"功能满足质量""技术系统质量""用户关怀质量"均可提取出两个共同特征因子作为子维度，方差累积贡献率分别为 54.06%、53.50%、57.69%，根据吴明隆的观点，行为及社会科学领域的测量不如自然科学领域精确，数据萃取后保留的因子联合解释变异量达 50% 以上，则萃取的因子是可以接受的。因此，本书的探索结果有效。

根据表 5-7 的结果，结合第二节的分析，本书对通过探索性分析得到的各个子维度进行了重新解释与命名，并对各测评维度（共有 3 个主维度和 6 个子维度）及其包含的 26 个测评题项重新进行了编号，汇总后如表 5-9 所示。根据专家建议，"功能满足质量"简称"功能质量"，"技术系统质量"简称"技术质量"。

**表 5-9　移动图书馆服务质量测评量表的探索性分析结果**

| 目标 | 主维度 | 子维度 | 原题代号 | 新标代号 | 测评题项 |
|---|---|---|---|---|---|
| 移动图书馆服务质量 MLQ | 功能质量（FQ） | 功能丰富性（FAQ） | Q10_1 | FAQ1 | 可即日获知图书馆公告、培训讲座等通知信息 |
| | | | Q10_3 | FAQ2 | 支持最新或热门的服务类、资源类信息推送 |
| | | | Q10_6 | FAQ3 | 支持图书馆座位管理、研讨室预约等多种特色服务 |
| | | | Q10_7 | FAQ4 | 支持语音、文字等即时交互的咨询服务 |
| | | | Q10_9 | FAQ5 | 能发挥移动设备优势，提供地理位置查询或社交服务 |
| | 技术质量（TQ） | 功能适用性（FSQ） | Q10_10 | FSQ1 | 提供适合移动设备屏幕浏览的服务推广信息或书报刊资源 |
| | | | Q10_11 | FSQ2 | 平台中具有文本视听等多类型丰富资源、内容可靠、具有特色 |
| | | | Q10_12 | FSQ3 | 内容资源精干，便于用户在碎片时间阅读和标注 |
| | | 易学易用性（TAQ） | Q11_1 | TAQ1 | 平台界面或功能展示的文字、符号易懂 |
| | | | Q11_2 | TAQ2 | 平台界面显示风格一致，不会因杂乱而引起用户焦虑 |
| | | | Q11_3 | TAQ3 | 结构清晰，很容易找到所需的服务 |
| | | | Q11_4 | TAQ4 | 操作简单，新用户也易于操作 |

| 目标 | 主维度 | 子维度 | 原题代号 | 新标代号 | 测评题项 |
|---|---|---|---|---|---|
| 移动图书馆服务质量MLQ | 技术质量（TQ） | 安全稳定性（TSQ） | Q11_6 | TSQ1 | 平台运行稳定，无崩溃现象 |
| | | | Q11_8 | TSQ2 | 除网络原因外，平台响应迅速，节省时间 |
| | | | Q11_9 | TSQ3 | 准确记录用户借阅、预约、检索、支付等信息 |
| | | | Q11_10 | TSQ4 | 清楚告知用户关于平台中隐私保密政策 |
| | | | Q11_11 | TSQ5 | 及时提示用户隐私安全管理操作方式 |
| | 用户关怀质量（CQ） | 支持用户参与（CPQ） | Q12_1 | CPQ1 | 重视用户荐购图书资源的意见，回应积极 |
| | | | Q12_2 | CPQ2 | 支持用户给平台中的资源添加标签、打分评价 |
| | | | Q12_3 | CPQ3 | 长期征集用户需求意见，结合需求定期更新平台 |
| | | | Q12_4 | CPQ4 | 支持老用户参与自助问答内容建设，快捷有效回复新用户咨询 |
| | | | Q12_5 | CPQ5 | 平台提供入口，支持用户彼此交流、信息共享 |
| | | 支持个性化（CIQ） | Q12_8 | CIQ1 | 及时反馈热门借阅、热门检索等用户使用热点 |
| | | | Q12_9 | CIQ2 | 支持自定义设置（如平台界面、信息显示方式等） |
| | | | Q12_10 | CIQ3 | 支持定制自身感兴趣的信息服务或信息资源类型 |
| | | | Q12_11 | CIQ4 | 智能预测用户偏好，提供针对性个性化服务 |

## 三、移动图书馆服务质量测评模型的验证性分析

根据表5-9的探索结果，移动图书馆服务质量的测评模型是一个呈三层多维的结构模型，主维度之间彼此影响，共同影响用户对移动图书馆服务质量的感知，该测评模型尚需通过实证分析来验证。布雷迪和克罗宁认为目前还没有特别有效的方法同时分析验证三层的因子模型，三层以上的模型需要分阶段分层验证。因此本书参考张龙对多维多层模型验证中所采用的方法——应用"部分分散技术"分阶段分层验证表5-9中所构建的移动图书馆服务质量多维多层测评模型。

结构方程模型是用来检验外部潜变量和内部潜变量之间假设关系的一种全包式统计方法。在结构方程模型使用过程中，测度项的不同组合方式将会影响结构方程模型的结果。巴戈齐和爱德华兹（R. P. Bagozzi & J. R. Edwards）指出，在心理学中使用测度项组合通常有四种不同的组合方式：完全分散（total disaggregation）、部分分散（partial disaggregation）、部分聚合（partial aggregation）和完全聚合（total aggregation）。完全分散即指我们通常传统结构方程模型所使用的方法，每个结构变量的外显指标为单个测度项。部分分散，是用测度项组合作为潜变量的外显指标。尽管传统结构模型（完全分散）在检验模型过程中能够提供最详细的分析信息，但当模型中的结构变量及结构变量的测度指标较多时，由于待估计的参数增加，总体的误差水平也会提高。而

潜变量测度项组合方法则比潜变量的多个单一测度指标方法有众多优势，部分分散技术属于测度项组合方法中的一种，可以把它看作为传统结构方程模型完全分散技术与多元回归分析方法的综合，它使用组合测度项代替多个单一指标，可以降低模型随机误差水平，同时仍保持传统结构方程的优点。

部分分散技术在一定程度上能够避免与详细的单一指标有关的问题，同时，通过组合测度项度量潜变量可以获得更好的内在一致性信度和结构效度。在实际操作方面，当使用部分分散技术时，由于每个子维度通过多个测度项进行度量，此时，对每个子维度下的测度项进行随机加总，最终实现多个测度项加总成两个或三个复合测度项。那么每个子维度通过两个或三个加总的测度项进行度量。需要说明的是，随机组合测度项的原则必须满足所有组合的测度项必须同属于相同的子维度，而不是把所有子维度下的测度项进行随机组合，这样，组合后的测度项能够提高总体模型的拟合水平。

验证性样本3143份，使用 AMOS 20.0 工具进行验证。数据来源仍主要集中在北京、广东、安徽、四川、湖南、山东、河北、湖北、浙江、江苏、上海、江西、陕西等地，其中男性比例为58.7%，女性比例为41.3%，高校学生占比达到90%，另有7.4%群体为教师和企事业人员（公共图书馆的移动图书馆用户）。从专业角度看，理学占比28.1%，工学占比22%，文史哲占比16.1%、管理学占比10.5%，生命科学占比7.3%，经济学占比6.1%，法学、教育学、社会学等总占比3.8%，其他占比6.1%。使用 App 客户端访问移动图书馆的用户占到了60.3%，有21.9%的用户通过 WAP 访问，有13.4%的用户通过微信公众平台访问。在这些使用移动图书馆服务不少于3个月的3143个用户中，有37.7%的用户的使用时间在半年到1年之间，有31.9%的用户使用时间超过1年，如表5-10所示。总体来看，验证性样本数据规模具有较好的代表性，且和探索性样本数据在地域分布、学科构成、学历构成、使用移动图书馆的类型和频率等方面呈现出基本一致的比例分布。

表5-10 移动图书馆服务质量测评模型的验证性分析样本描述

| | | 频数 | 百分比 | | | 频数 | 百分比 |
|---|---|---|---|---|---|---|---|
| 性别 | 男 | 1845 | 58.7% | | 理学 | 884 | 28.1% |
| | 女 | 1298 | 41.3% | | 工学 | 691 | 22.0% |
| 身份 | 高校本科低年级 | 1440 | 45.8% | | 生命科学 | 229 | 7.3% |
| | 高校本科高年级 | 1082 | 34.4% | | 文史哲 | 505 | 16.1% |
| | 高校研究生 | 308 | 9.8% | 专业 | 法学/教育学/社会学 | 121 | 3.8% |
| | 教师 | 91 | 2.9% | | 经济学（含金融学） | 193 | 6.1% |
| | 企事业员工 | 140 | 4.5% | | 管理学 | 329 | 10.5% |
| | 公务员 | 13 | 0.4% | | 艺术学 | 44 | 1.4% |
| | 离退休人员 | 1 | 0.0% | | 其他 | 147 | 4.7% |

| | | 频数 | 百分比 | | | 频数 | 百分比 |
|---|---|---|---|---|---|---|---|
| 身份 | 中学生 | 11 | 0.3% | 使用 | 每周两次以上 | 1901 | 60.5% |
| | 其他 | 57 | 1.8% | 频率 | 每天使用 | 1242 | 39.5% |
| 移动 | 短彩信 | 210 | 4.4% | 使用 | 3—6 个月 | 954 | 30.4% |
| 图书 | WAP 网页 | 1046 | 21.9% | 持续 | 半年—1 年 | 1186 | 37.7% |
| 馆类 | App 客户端 | 2878 | 60.3% | 时间 | 1 年以上 | 1003 | 31.9% |
| 型 | 微信公众平台 | 639 | 13.4% | | | | |

本书将模型验证分为三个阶段，第一阶段检验主维度，即检验功能满足质量、技术系统质量和用户关怀质量是否可以作为移动图书馆服务质量的合适标识。第二阶段是检验三个主维度所包含的 6 个子维度能否作为合适的标识。第三阶段检验服务质量能否作为三个主维度（功能质量、技术质量和用户关怀质量）更高层次的因子。

在使用"部分分散方法"时，"功能质量""技术质量"和"用户关怀质量"三个主维度被看成同等的维度，遵循测度项组合原理将每个主维度的测评题项进行随机组合。为了清楚解释部分分散技术的具体使用，我们以功能满足质量的复合测度项作为例子。功能质量包含 2 个子维度，由 8 个具体题项测度。部分分散技术原理说明，属于相同维度的所有题项可以组合成两个或三个复合测度项。因此本文通过随机方式把与功能质量有关的 8 个具体题项分成两组以组合成两个复合测度项。第一组指标由 FAQ1、FAQ2、FAQ5 和 FSQ1 组成，这些指标之和即为 FQ1。第二组指标由 FAQ3、FAQ4、FSQ2 和 FSQ3 组成，这些指标之和即为 FQ2。对于其他两个主维度使用相同方法形成组合测度项，最后得到的各分层模型验证结果如图 5-1 所示。

图 5-1 中，1a 为第一阶段，1b 为第二阶段模型，1c 为第三阶段模型，观测变量与子维度之间的标准负荷值在 0.52—0.92 之间，说明各测量项具有较好的收敛效度。主维度之间、主维度与服务质量之间的路径系数也均小于 1，说明各维度之间具有较好的区别效度。分阶段验证的各层模型的拟合指数也达到了模型推荐值的水平（见表 5-11），其中主维度验证模型（1a）与总体验证模型（1c）两个模型需要估计的参数和自由度都是一样的，因此模型的拟合指数呈现一致性。

**表 5-11　移动图书馆服务质量各分层验证模型修正前的拟合指标**

| 模型（n = 3143） | $X^2$ | df | $X^2/df$ | RMSEA | GFI | AGFI | NFI | CFI | IFI | RFI |
|---|---|---|---|---|---|---|---|---|---|---|
| 1a 主维度验证模型 | 23.394 | 6 | 3.899 | 0.030 | 0.997 | 0.991 | 0.998 | 0.998 | 0.998 | 0.994 |
| 1b 子维度验证模型 | 307.762 | 45 | 6.839 | 0.043 | 0.983 | 0.971 | 0.979 | 0.982 | 0.982 | 0.969 |
| 1c 总体模型验证 | 23.394 | 6 | 3.899 | 0.030 | 0.997 | 0.991 | 0.998 | 0.998 | 0.998 | 0.994 |
| 拟合推荐值 | | | <3 | <0.08 | >0.9 | >0.8 | >0.9 | >0.9 | >0.9 | >0.9 |

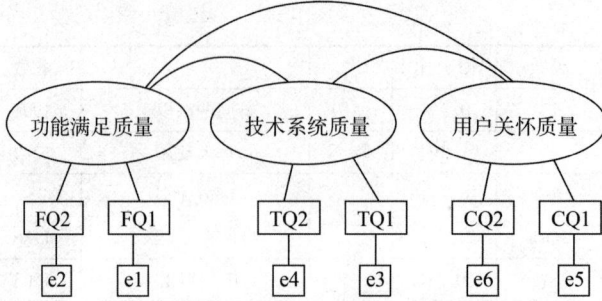

（1a）主维度作为第一层因子验证模型

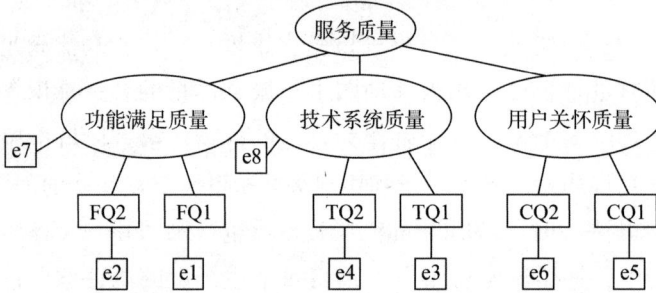

模型包含：功能满足质量（FQ2—e2，FQ1—e1）、技术系统质量（TQ2—e4，TQ1—e3）、用户关怀质量（CQ2—e6，CQ1—e5）

（1b）子维度作为第二层因子的验证模型

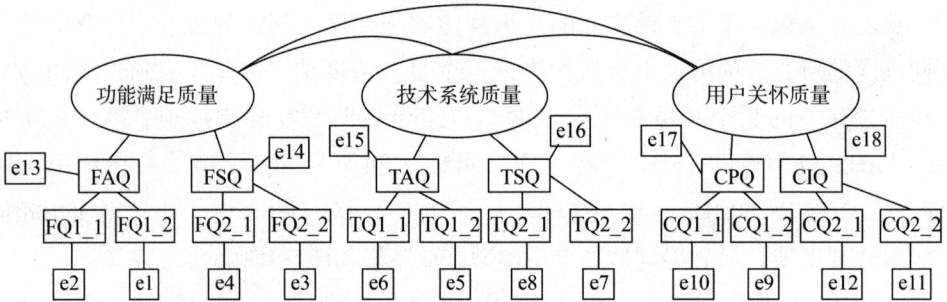

模型包含：服务质量 → 功能满足质量（e7）、技术系统质量（e8）、用户关怀质量；功能满足质量（FQ2—e2，FQ1—e1），技术系统质量（TQ2—e4，TQ1—e3），用户关怀质量（CQ2—e6，CQ1—e5）

（1c）服务质量作为更高层次因子的验证模型

模型包含：功能满足质量（FAQ—e13，FSQ—e14），技术系统质量（TAQ—e15，TSQ—e16），用户关怀质量（CPQ—e17，CIQ—e18）；FQ1_1—e2，FQ1_2—e1，FQ2_1—e4，FQ2_2—e3，TQ1_1—e6，TQ1_2—e5，TQ2_1—e8，TQ2_2—e7，CQ1_1—e10，CQ1_2—e9，CQ2_1—e12，CQ2_2—e11

| 说明 | | |
|---|---|---|
| FQ1=FAQ1+FAQ2+FAQ5+FSQ1 | FQ1_1=FAQ2+FAQ3+FSQ4 | TQ2_1=TSQ1+TSQ2 |
| FQ2=FAQ3+FAQ4+FSQ2+FSQ3 | FQ1_2=FAQ1+FAQ5 | TQ2_2=TSQ3+TSQ4+TSQ5 |
| TQ1=TAQ1+TAQ3+TAQ4+TSQ3+TSQ5 | FQ2_1=FSQ2 | CQ1_1=CPQ1+CPQ2+CPQ4 |
| TQ2=TAQ2+TSQ1+TSQ2+TSQ4 | FQ2_2=FSQ1+FSQ3 | CQ1_2=CPQ3+CPQ5 |
| CQ1=CPQ2+CPQ4+CIQ1+CIQ3 | TQ1_1=TAQ1+TAQ4 | CQ2_1=CIQ1+CIQ4 |
| CQ2=CPQ1+CPQ3+CPQ5+CIQ2+CIQ4 | TQ1_2=TAQ2+TAQ3 | CQ2_1=CIQ2+CIQ3 |

**图5-1　移动图书馆服务质量多维多维多层评价模型分层验证结果**

邱皓政认为修正指标值高于 5 时才具有修正必要，而且研究者应先根据最大的修正指标值来修正模型，同时最好每修正一个参数即进行模型检验，而不要将数个固定参数同时改为自由参数。因此 1a 主维度验证模型修正时，首先增列误差变量 e1 和误差变量 e4 间有共变关系，此时修正模型后的修正指标都小于 5。

同理，根据修正指标，依次对 1h、1c 两个阶段的模型进行修正，对比修正前和修正后的模型拟合指数，修正后的模型更符合各项拟合指标，如表 5-12 所示。

**表 5-12　移动图书馆服务质量各分层验证模型修正后的拟合指标**

| 模型（n=3143） | $X^2$ | df | $X^2/df$ | RMSEA | GFI | AGFI | NFI | CFI | IFI | RFI |
|---|---|---|---|---|---|---|---|---|---|---|
| 1a 主维度验证模型 | 9.578 | 5 | 1.916 | 0.017 | 0.997 | 0.996 | 0.999 | 1.0 | 1.0 | 0.997 |
| 1b 子维度验证模型 | 72.29 | 31 | 2.332 | 0.021 | 0.996 | 0.990 | 0.995 | 0.997 | 0.997 | 0.989 |
| 1c 总体模型验证 | 9.578 | 5 | 1.916 | 0.017 | 0.999 | 0.996 | 0.999 | 1.0 | 1.0 | 0.997 |
| 拟合推荐值 | | | <3 | <0.08 | >0.9 | >0.8 | >0.9 | >0.9 | >0.9 | >0.9 |

根据模型拟合结果，本书认为移动图书馆服务质量的三层多维测评模型得到了实证数据的有力支持。移动图书馆服务质量由"功能质量""技术质量"和"用户关怀质量"三个主维度组成，其中"功能质量"由"功能丰富性"和"功能适用性"两个子维度组成；"技术质量"由"易学易用性"和"安全稳定性"两个子维度组成；"用户关怀质量"由"支持用户参与"和"支持个性化"两个子维度组成。用户会在"功能质量""技术质量"和"用户关怀质量"三个主维度的基础上对总的移动图书馆服务质量做出判断，移动图书馆服务质量可作为三个主维度的共享方差。

# ▶ 第六章

# 移动图书馆服务质量感知
# 差异性实证

由于不同特征的用户在需求的表现上有所不同，且受到使用目的、使用环境、使用能力等多因素影响，用户对移动图书馆的服务质量感知是存在差异的，不同用户群体的感知差异性是导致用户满意度不同的根源。对用户进行感知调查，发现不同特征的用户对服务评价的差异，有助于根据差异程度提出更精细的、更具有针对性的、更合理客观的、更全面的服务改善建议。从用户感知差异的角度去探讨服务质量有助于深化理解用户与移动图书馆服务质量的关系，从而得出客观而全面的服务建议，对于及时改进和完善移动图书馆服务，满足用户多样化的需求，提升用户对服务质量的感知，增强用户使用移动图书馆的意愿，提高用户满意度有着重要的意义。

## 第一节　差异性分析方法选择

目前，移动图书馆服务质量研究领域的用户感知差异分析研究成果比较鲜见，近似的研究成果主要集中于图书馆整体服务质量感知领域，且差异性分析方法单一，对于不同类型用户的服务质量感知差异识别能力稍弱。基于这样的认识，本书尝试使用多种分析方法来全面识别用户感知的移动图书馆服务质量差异，以期为移动图书馆服务质量改进及分类推广提供翔实的数据支持。

在用户感知的差异性分析方面，研究者们使用了多种方法进行探索，如象限分析法、卡方检验和独立样本 T 检验法、聚类分析法等。但由于单一分析法会受到研究对象和数据样本来源的影响，有时可能不能全面分析用户的差异性特征。综合学者们的研究，并向从事统计分析研究的专家咨询，本书最终拟定组合使用多种方法来分析移动图书馆服务质量的用户感知差异。

（1）使用一般统计检验方法进行数据的初步分析。具体有：使用卡方检验分析方法，比较用户的个体的差异。使用描述性统计方法，以揭示数据分布特性，使用推断性统计方法，通过样本观察值的统计分析，推断该组样本数据所代表的总体特征，通过 T 检验和方差分析。

进行差异检验，找出对该移动图书馆服务质量有显著影响的因素，各因素之间的交互作用，以及显著影响因素的最佳水平等。对于分组变量的水平数值在三个以上的数据，若方差分析呈现的 F 值达到显著（$p < 0.05$），使用 Tamhane's T2 方法进行事后比较，若 F 值未达到显著，则采用 LSD（least significant difference，最小显著差异法）方法进行事后比。

（2）使用象限分析法弥补方差分析在差异性分析法的不足。依托统计检验分析判定是否存在差异的基础上，进一步得出各观测维度的感知差异。从重要性和满意度两个属性视角，对用户感知的移动图书馆服务质量进行关联分析，从而直观地将用户的感知差异表现出来。对于重要性的计算，可以运用 SPSS 统计软件中的因子分析，然后运用主成分分析方法得出各指标相对于整体的权重，再根据权重大小分别赋值。根据用户的感知计算出表 5-9 中移动图书馆服务质量 6 个子维度的得分，再根据得分由小到大分别给各个指标赋值，根据得到的每个维度权重和得分的值，以权重为纵轴，得分为横轴做象限图。

（3）使用聚类分析法，总结用户的类型。根据研究对象之间的相似性测度结果，对研究对象进行分类。它把性质相近的个体归为一类，使得同一类中的个体具有高度的同质性，不同类之间的个体具有高度的异质性。

# 第二节　数据来源及可靠性分析

2019 年，笔者使用移动图书馆服务质量测评量表对国内的移动图书馆用户进行了用户调查。本次采用有奖调研的方式，联合了国内主要移动图书馆服务平台服务商、北京、上海、南京、广州、成都等地多所重点高校图书馆，部分一线和二级城市公共图书馆进行用户调研，涉及超星移动图书馆用户、书生移动图书馆用户、乐致安移动图书馆用户、自建移动图书馆平台的用户等。问卷采用李克特 5 级量表，使用了 Word 版问卷和在线问卷（支持移动设备）调研，共收集到问卷 47 864 份，剔除数据缺项和同一评分的无效的问卷之后，最终获得 40 149 份作为分析样本。样本涵盖了北京、上海、江苏、浙江、广东、湖北、山东、河南、河北、陕西、黑龙江、辽宁、吉林、重庆、四川、贵州 16 个直辖市和省份，囊括了常见的哲学、历史、社会学、心理学、新闻学、英语、工商管理、行政管理、信息管理与信息系统、计算机、医学、数学、土木工程、生物学、图书馆学、情报学、影视学、戏剧管理、珠宝鉴定等专业，问卷样本的基本情况如表 6-1 所示，具有一定的代表性。

表 6-1　移动图书馆服务质量感知差异调查的样本描述

| 男 | 理工 | 文史 | 生命/医学 | 金融/经济 | 管理 | 其他 |
|---|---|---|---|---|---|---|
| 50.97% | 33.54% | 30.65% | 8.48% | 7.69% | 9.96% | 9.68% |
| 女 | 每周1次以下 | 每周2次以上 | 每天使用 | 1个月以下 | 1—6个月 | 半年以上 |
| 49.02% | 55.55% | 24.29% | 20.15% | 55.59% | 28.80% | 15.62% |
| 低年级本科生 | 高年级本科生 | 高校研究生 | 高校教职工 | 企事业员工 | 公务员 | 其他 |
| 49.88% | 32.91% | 9.76% | 1.95% | 2.54% | 0.38% | 2.56% |

对 40 149 份数据做卡方检验和基本的均值和方差分析，如表 6-2 所示，我们发现，从均值来看，用户对于移动图书馆六个子维度的感知，均值在 3.9～4.4 之间，其中对于 TAQ、TSQ 的评价最高，满意度较好，卡方检验得出移动图书馆服务质量的六个子维度属性得到的 P 值都小于 0.05，可以认为用户整体对服务质量各观测项感知存在差异，表示用户对于这六个子维度的样本满意度选择次数存在不同，数据具有一定的合理性。从方差和标准差来看，用户调查数据波动均处在合理的区间。

表 6-2　移动图书馆服务质量感知差异调查样本的基本统计检验

| | 均值 | 标准差 | 方差 | 卡方检验 | | |
|---|---|---|---|---|---|---|
| | | | | 卡方 | ID | 渐近显著性 |
| 功能丰富（FAQ） | 4.04 | 0.723 | 0.524 | 33950.306[a] | 16 | 0.000 |
| 功能适用性（FSQ） | 3.92 | 0.822 | 0.676 | 25188.867[b] | 12 | 0.000 |
| 易学易用（TAQ） | 4.32 | 0.688 | 0.474 | 66765.384[a] | 16 | 0.000 |
| 安全稳定性（TSQ） | 4.22 | 0.750 | 0.563 | 53683.502[c] | 20 | 0.000 |
| 支持用户参（CPQ） | 4.05 | 0.791 | 0.625 | 37304.519[c] | 20 | 0.000 |
| 支持个性化（CIQ） | 4.05 | 0.828 | 0.687 | 37666.880[a] | 16 | 0.000 |

# 第三节　用户服务质量感知的差异性分析

## 一、性别差异分析

### （一）推断性统计分析

在所调查的所有样本中，男性有 20 466 人，女性有 19 863 人，对样本数据的统计描述、独立样本 t 检验的结果如表 6-3 所示。

表 6-3　性别对移动图书馆服务质量感知差异影响分析

| 检验变量 | 方差方程的 Levene 检验 | | 统计描述 | | | | t 检验 | |
|---|---|---|---|---|---|---|---|---|
| | F 值 | P 值 | 性别 | 样本数 | 均值 | 标准差 | t 值 | p 值 |
| 功能丰富性（FAQ） | 4.823 | 0.028 | 男 | 20 466 | 4.040 | 0.719 | −1.293 | 0.196 |
| | | | 女 | 19 683 | 4.049 | 0.728 | | |
| 功能适用性（FSQ） | 0.392 | 0.531 | 男 | 20 466 | 3.903 | 0.818 | −4.871 | 0.000 |
| | | | 女 | 19 683 | 3.943 | 0.826 | | |
| 易学易用性（TAQ） | 0.284 | 0.594 | 男 | 20 466 | 4.281 | 0.687 | −12.957 | 0.000 |
| | | | 女 | 19 683 | 4.369 | 0.687 | | |
| 安全稳定性（TSQ） | 7.838 | 0.005 | 男 | 20 466 | 4.183 | 0.741 | −10.109 | 0.000 |
| | | | 女 | 19 683 | 4.258 | 0.758 | | |
| 支持用户参与（CPQ） | 46.832 | 0.000 | 男 | 20 466 | 4.030 | 0.816 | −4.841 | 0.000 |
| | | | 女 | 19 683 | 4.071 | 0.842 | | |
| 支持个性化（CIQ） | 34.639 | 0.000 | 男 | 20 466 | 4.030 | 0.816 | −4.941 | 0.000 |
| | | | 女 | 19 683 | 4.071 | 0.842 | | |

观察表 6-3，从方差的齐性检验（Levene 检验）结果来看，除了"功能适用性""易学易用性"这两个子维度外，其余维度的双尾概率 p 值小于 0.05，达 0.05 显著水平，说明"功能丰富性""安全稳定性""支持用户参与""支持个性化"这四个维度拒绝接受方差齐性假设，选择不假设方差相等的 t 值，"功能适用性""易学易用性"这两个维度具有方差齐性，选择假设方差相等的 t 值。

分析 t 检验结果，"功能适用性""易学易用性""安全稳定性""支持用户参与""支持个性化"这五个维度的双尾概率 p 值都小于 0.05，达 0.05 显著水平，这说明男女用户对这五个维度的感知存在显著差异，性别是影响感知的重要因素。从 t 值均为负值这一点来看，女性感知的质量数值要高于男性，其中 t 值越大表明差异越大，从表中得出男女感知差异最大的为易学易用性（TAQ）和安全稳定性（TSQ）。

## （二）象限分析结果

运用 SPSS 工具，根据主成分分析法，我们用户对服务质量各观测维度的重要性判断，并根据用户的感知评分得到满意度，作象限分析图，如图 6-1 所示。

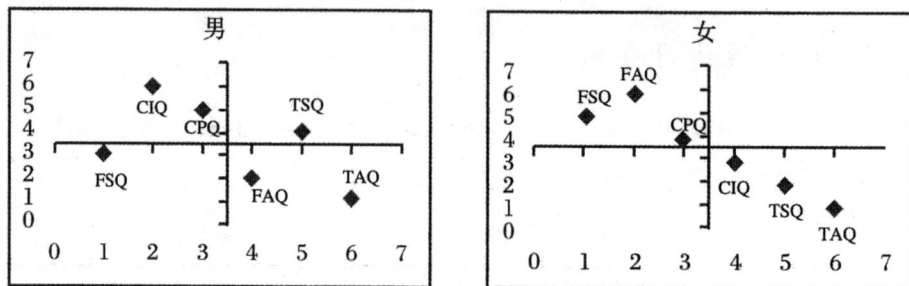

图6-1　用户性别对移动图书馆服务质量的感知差异

从图 6-1 可以看出，除推断性统计所认可的 5 个子维度存在差异外，象限分析结果认为"功能丰富性（FAQ）"也是存在差异的。综合对比来看，男女用户对于 TAQ（易学易用性）的感知差异较小，且都整体满意度较高，对 FSQ（功能适用性）感知有差异，但都不太满意。男性用户群体对移动图书馆服务质量的整体满意度相对于女性用户群体低。男性用户更关注移动图书馆平台中"支持用户参与（CPQ）"和"支持个性化（CIQ）"，对移动图书馆服务平台中支持个性化（CIQ）质量感到不满。而女性用户则更加重视移动图书馆服务平台中功能，与此相关的 FAQ（功能丰富性）、FSQ（功能适用性）被女性用户认为比较重要，并认为现有移动图书馆服务平台在此方面不能令女性用户满意。

# 二、用户的所属学科差异性

## （一）推断性统计

为增强差异性分析结果的可用性，将表 6-1 中所涉及的用户所在学科按照理工类、文史类和其他综合类进行归并，并重点选择理工类（包括计算机、数学、土木工程、生命/医学等学科用户）（20 759）、文史类（包括哲学、历史、社会学、心理学、金融/经济、管理等学科）用户（19 390）进行差异性分析，结果如表 6-4 所示。

表6-4 用户所属学科对移动图书馆服务质量感知差异影响分析

| 检验变量 | 方差方程的 Levene 检验 | | 统计描述 | | | | t 检验 | |
|---|---|---|---|---|---|---|---|---|
| | F 值 | P 值 | 使用频率 | 样本数 | 均值 | 标准差 | t 值 | p 值 |
| 功能丰富性 （FAQ） | 9.744 | 0.002 | 理工 | 20 759 | 4.047 | 0.716 | 0.858 | 0.390 |
| | | | 文史 | 19 390 | 4.041 | 0.731 | | |
| 功能适用性 （FSQ） | 0.317 | 0.572 | 理工 | 20 759 | 3.906 | 0.824 | -4.025 | 0.000 |
| | | | 文史 | 19 390 | 3.939 | 0.821 | | |
| 易学易用性 （TAQ） | 0.190 | 0.663 | 理工 | 20 759 | 4.313 | 0.691 | -3.427 | 0.001 |
| | | | 文史 | 19 390 | 4.336 | 0.686 | | |
| 安全稳定性 （TSQ） | 4.964 | 0.026 | 理工 | 20 759 | 4.225 | 0.745 | 1.424 | 0.154 |
| | | | 文史 | 19 390 | 4.214 | 0.756 | | |
| 支持用户参 与（CPQ） | 5.188 | 0.023 | 理工 | 20 759 | 4.042 | 0.783 | -0.888 | 0.374 |
| | | | 文史 | 19 390 | 4.049 | 0.837 | | |
| 支持个性化 （CIQ） | 3.404 | 0.065 | 理工 | 20 759 | 4.031 | 0.837 | -4.916 | 0.000 |
| | | | 文史 | 19 390 | 4.071 | 0.820 | | |

　　观察表6-4，从表中的齐次性检验结果看，FAQ（功能丰富性）、TSQ（安全稳定性）、CPQ（支持用户参与）三个维度的显著性概率小于0.05，达到0.05显著水平，拒绝接受方差齐次性的假设。进一步分析t检验结果，FSQ（功能适用性）和TAQ（易学易用性）、CIQ（支持个性化）这三个维度的p值均小于0.05，达0.05显著水平，且t值小于0，表明文史类用户的感知高于理工类用户，且差异最大的是支持个性化和功能适用性这两个维度。总体来看，学科背景不同的用户对于移动图书馆服务质量的感知存在一定的差异。

## （二）象限分析

　　运用SPSS工具，根据主成分分析法，我们得到了理工类、文史类用户对服务质量各观测维度的重要性判断，并根据用户的感知评分，以服务质量得分为横轴，指标权重为纵轴做象限分析图，如图6-2所示。

　　从图6-2可以看出，通过象限分析法，我们可以看出不同学科用户对测评子维度普遍存在感知差异，但不同学科用户对TAQ（易学易用性）感知差异较小，且都整体比较满意。对于FSQ（功能适用性）有差异，但比较不满意。文史科的用户以及其他学科的用户比理工科的用户的整体满意度高。理工科用户比较重视移动图书馆服务平台中与功能有关的属性FAQ（功能丰富性）、FSQ（功能适用性），但这两个比较重要的观测子维度中，对FSQ（功能适用性）质量感知是不能令人满意的。而文史类用户则更加重视CIQ（支持个性化）和CPQ（支持用户参与）这两个维度，但这两者表现尚在可接受范围之内。

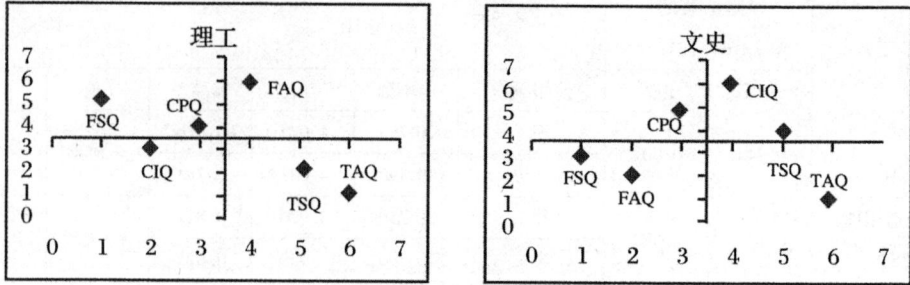

图6-2　用户所属学科对移动图书馆服务质量的感知差异

# 三、使用频率对用户感知差异的影响

## （一）推断性统计

使用经验与用户的使用频率密切关联。以被调查用户使用移动图书馆的频率为依据，将样本分为三个组，即经验少的用户（每周使用1次及以下）、经验一般的用户（每周2次以上）、经验丰富的用户（每天都使用），观察不同使用经验对服务质量感知的差异，对感知的6个子维度做简单因素方差分析，分析结果见表6-5。

观察表6-5，从表中的齐次性检验结果看，移动图书馆服务质量的六个维度中除了TAQ（易学易用性）外，其他子维度的显著性概率均小于0.05，未达到0.05显著水平，拒绝接受方差齐次性的假设，表明三类用户群体的感知存在差异。方差分析结果表明，六个维度的p值均小于0.05，说明使用频率不同的用户对于移动图书馆服务质量的感知存在显著差异。

表6-5　用户使用频率对移动图书馆服务质量感知差异影响分析

| 检验变量 | 方差方程的Levene检验 | | 统计描述 | | | | ANOVA | |
|---|---|---|---|---|---|---|---|---|
| | F值 | P值 | 使用频率 | 样本数 | 均值 | 标准差 | t值 | p值 |
| 功能丰富性（FAQ） | 35.447 | 0.000 | 每周1次及以下 | 22 304 | 4.018 | 0.742 | 35.590 | 0.000 |
| | | | 每周2次以上 | 9754 | 4.069 | 0.090 | | |
| | | | 每天使用 | 8091 | 4.088 | 0.708 | | |
| 功能适用性（FSQ） | 9.825 | 0.000 | 每周1次及以下 | 22 304 | 3.930 | 0.831 | 26.161 | 0.000 |
| | | | 每周2次以上 | 9754 | 3.884 | 0.807 | | |
| | | | 每天使用 | 8091 | 3.974 | 0.815 | | |

| 检验变量 | 方差方程的Levene 检验 | | 统计描述 | | | | ANOVA | |
|---|---|---|---|---|---|---|---|---|
| | F 值 | P 值 | 使用频率 | 样本数 | 均值 | 标准差 | t 值 | p 值 |
| 易学易用性（TAQ） | 0.602 | 0.548 | 每周 1 次及以下 | 22 304 | 4.313 | 0.687 | 14.376 | 0.000 |
| | | | 每周 2 次以上 | 9754 | 4.320 | 0.689 | | |
| | | | 每天使用 | 8091 | 4.360 | 0.691 | | |
| 安全稳定性（TSQ） | 6.348 | 0.002 | 每周 1 次及以下 | 22 304 | 4.180 | 0.754 | 70.954 | 0.000 |
| | | | 每周 2 次以上 | 9754 | 4.259 | 0.738 | | |
| | | | 每天使用 | 8091 | 4.280 | 0.749 | | |
| 支持用户参与（CPQ） | 3.142 | 0.043 | 每周 1 次及以下 | 22 304 | 4.045 | 0.792 | 5.636 | 0.004 |
| | | | 每周 2 次以上 | 9754 | 4.028 | 0.779 | | |
| | | | 每天使用 | 8091 | 4.067 | 0.800 | | |

考虑到对比的用户群体分组为三组，为了进一步对比三组用户群体彼此之间的差异，所以做进一步的分析，又因 TAQ（易学易用性）该维度接受方差齐次性的假设，因此进一步做多重比较，采用 LSD 方法检验，而其他五个维度拒绝接受方差齐次性检验，则采用 Tamhane's T2 方法，检验各组均值是否存在显著差异，结果见表6-6。

表6-6　用户使用频率对服务质量感知多重比较结果

| 变量 | 检验方法 | 原始组 | 对比组 | 差异值 |
|---|---|---|---|---|
| 功能丰富性（FAQ） | Tamhane's T2 | 每周 2 次以上 | 每周 1 次及以下 | 0.051* |
| | | 每天使用 | 每周 1 次及以下 | 0.071* |
| 功能适用性（FSQ） | Tanhane's T2 | 每周 1 次及以下 | 每周 2 次以上 | 0.036* |
| | | 每天使用 | 每周 1 次及以下 | 0.053* |
| | | | 每周 2 次以上 | 0.089* |
| 易学易用性（TAQ） | LSD | 每天使用 | 每周 1 次及以下 | 0.047* |
| | | | 每周 2 次以上 | 0.041* |
| 安全稳定性（TSQ） | Tamhane's T2 | 每周 2 次以上 | 每周 1 次及以下 | 0.079* |
| | | 每天使用 | 每周 1 次及以下 | 0.010* |
| 支持用户参与（CPQ） | Tamhane's T2 | 每天使用 | 每周 2 次以上 | 0.040* |
| 支持个性化（CIQ） | Tamhane's T2 | 每周 1 次及以下 | 每周 2 次以上 | 0.086* |
| | | | 每天使用 | 0.040* |
| | | 每天使用 | 每周 2 次以上 | 0.047* |

注：多重比较仅列出在0.05 水平下存在显著差异的对比组结果

观察表6-6，使用经验的不同对于用户感知移动图书馆服务质量是存在差异的。根据差异值的大小可以判定三个群体之间差异的大小，表 6-6 中，对于 FSQ（功能适应性）、TAQ（易学易用性）两个属性的感知，经验丰富（每天都使用）的用户高于另外两组群体的用户。对于 FAQ（功能丰富性）、TSQ（安全稳定性）这两个属性的感知，经验少（每周使用 1 次及以下）的用户低于另外两组群体。对于 CPQ（支持用户参与）、CIQ（支持个性化）这两个属性的感知经验多的用户（每天使用）高于经验一般的用户（每周两次以上）。

综合方差分析和多重比较结果，笔者认为用户的使用频率对移动图书馆平台服务质量相关的变量存在显著差异影响，6 个观测子维度因用户使用频率的不同在服务质量的感知方面存在差异，用户的使用频率是影响感知的重要因素。

## （二）象限分析

运用 SPSS 工具，根据主成分分析法，我们得到了使用频率不同的用户对服务质量各观测维度的重要性判断，并根据用户的感知评分，作象限分析图，如图 6-3 所示。

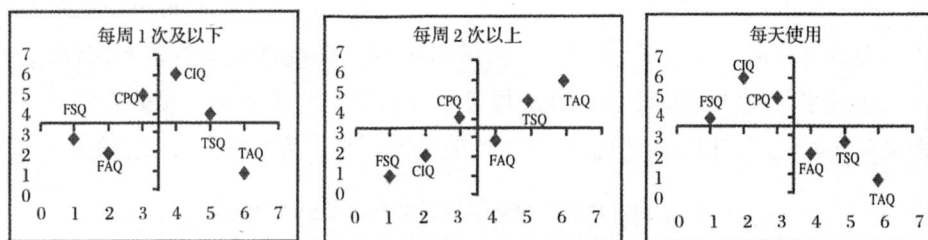

**图 6-3　用户使用频率对移动图书馆服务质量的感知差异图**

综合图 6-3 象限分析图来看，用户感知差异是普遍存在的。使用频率不同的用户对 TAQ（易学易用性）、TSQ（功能适用性）的满意度都较好。经验少（每周使用 1 次及以下）的用户和经验丰富（每天都使用）的用户对移动图书馆服务质量感知相对接近。而经验一般（每周使用 2 次以上）的用户与前两组在质量感知上差异较大。对于 TAQ（易学易用性），经验少的用户和经验丰富用户感知差异较小。从对服务质量的整体满意度来看，经验少用户和经验丰富用户满意度都高于经验一般的用户。从重要性视角看，经验少用户和经验丰富用户更重视 CIQ（支持个性化）、CPQ（支持用户参与）这两个属性的服务，而经验一般的用户认为 TAQ（易学易用性）、TSQ（安全稳定性）更为重要。

## 四、不同地区或机构用户的差异性

对于地区用户的感知差异性分析，主要选择了北京、上海、广州、南京、武汉、重庆、成都、西安等城市进行统计检验分析，但统计检验分析和象限分析均无明显差异，所以本项主要从用户所属机构视角进行差异性分析。

## （一）推断性统计

将被调查者按照所在的机构可以分为高校图书馆用户和公共图书馆用户，其中高校图书馆用户又可以进一步分为 211 大学用户、985 大学用户、普通大学用户。将被调查者分为四组，然后对移动图书馆服务质量的六个维度得分做简单因素方差分析，分析结果见表 6-7。

表 6-7　不同机构的用户对移动图书馆服务质量感知差异影响分析

| 检验变量 | 方差方程的 Levene 检验 | | 统计描述 | | | | ANOVA | |
|---|---|---|---|---|---|---|---|---|
| | F 值 | P 值 | 使用频率 | 样本数 | 均值 | 标准差 | t 值 | p 值 |
| 功能丰富性（FAQ） | 0.455 | 0.714 | 211 大学 | 5254 | 4.051 | 0.699 | 7.259 | 0.000 |
| | | | 985 大学 | 3906 | 4.070 | 0.708 | | |
| | | | 普通大学 | 3943 | 4.037 | 0.723 | | |
| | | | 公共图书馆 | 361 | 3.895 | 0.686 | | |
| 功能适用性（FSQ） | 6.065 | 0.000 | 211 大学 | 5254 | 3.883 | 0.811 | 17.971 | 0.000 |
| | | | 985 大学 | 3906 | 3.861 | 0.815 | | |
| | | | 普通大学 | 3943 | 3.919 | 0.816 | | |
| | | | 公共图书馆 | 361 | 3.598 | 0.943 | | |
| 易学易用性（TAQ） | 3.601 | 0.013 | 211 大学 | 5254 | 4.339 | 0.672 | 8.852 | 0.000 |
| | | | 985 大学 | 3906 | 4.354 | 0.650 | | |
| | | | 普通大学 | 3943 | 4.319 | 0.685 | | |
| | | | 公共图书馆 | 361 | 4.172 | 0.729 | | |
| 安全稳定性（TSQ） | 3.921 | 0.008 | 211 大学 | 5254 | 4.225 | 0.730 | 11.638 | 0.000 |
| | | | 985 大学 | 3906 | 4.243 | 0.717 | | |
| | | | 普通大学 | 3943 | 4.209 | 0.759 | | |
| | | | 公共图书馆 | 361 | 4.008 | 0.762 | | |
| 支持用户参与（CPQ） | 3.251 | 0.021 | 211 大学 | 5254 | 4.035 | 0.775 | 15.512 | 0.000 |
| | | | 985 大学 | 3906 | 4.014 | 0.763 | | |
| | | | 普通大学 | 3943 | 4.026 | 0.794 | | |
| | | | 公共图书馆 | 361 | 3.747 | 0.819 | | |
| 支持个性化（CIQ） | 6.882 | 0.000 | 211 大学 | 5254 | 4.043 | 0.806 | 25.854 | 0.000 |
| | | | 985 大学 | 3906 | 4.028 | 0.812 | | |
| | | | 普通大学 | 3943 | 4.033 | 0.837 | | |
| | | | 公共图书馆 | 361 | 3.652 | 0.931 | | |

观察表6-7，从齐次性检验的结果看，除了 FAQ（功能丰富性），移动图书馆服务质量的五个维度 p 值均小于 0.05，达显著性水平，拒绝接受方差齐次性的假设。从方差分析结果看移动图书馆服务质量六个子维度的 p 值都小于 0.05，说明不同机构的用户对于移动图书馆服务质量的感知存在显著差异。

由于此项用户分类超过 3 组，探知用户群体彼此之间的差异还需做进一步的分析，因 FAQ（功能丰富性）该维度接受方差齐次性的假设，因此进一步做多重比较，采用 LSD 方法检验，而其他五个维度拒绝接受方差齐次性检验，则采用 Tamhane's T2 方法，检验各组均值是否存在显著差异，结果见表6-8。

表6-8 不同机构的用户对服务质量感知多重比较结果

| 检验变量 | 检验方法 | 原始组 | 对比组 | 差异值 |
|---|---|---|---|---|
| 功能丰富性（FAQ） | LSD | 211 大学 | 公共图书馆 | 0.157* |
| | | 普通本科 | 公共图书馆 | 0.033* |
| | | 985 大学 | | 0.175* |
| | | 普通本科 | 公共图书馆 | 0.142* |
| 功能适用性（FSQ） | Tamhane's T2 | 211 大学 | 公共图书馆 | 0.285* |
| | | 985 大学 | | 0.262* |
| | | 985 大学 | 公共图书馆 | 0.058* |
| | | 普通本科 | | 0.320* |
| 易学易用性（TAQ） | Tamhane's T2 | 211 大学 | 公共图书馆 | 0.166* |
| | | 985 大学 | | 0.182* |
| | | 普通本科 | | 0.147* |
| 安全稳定性（TSQ） | Tamhane's T2 | 211 大学 | 公共图书馆 | 0.217* |
| | | 985 大学 | | 0.235* |
| | | 普通本科 | | 0.202* |
| 支持用户参与（CPQ） | Tamhane's T2 | 211 大学 | 公共图书馆 | 0.287* |
| | | 985 大学 | | 0.267* |
| | | 普通本科 | | 0.279* |
| 支持个性化（CIQ） | Tamhane's T2 | 211 大学 | 公共图书馆 | 0.391* |
| | | 985 大学 | | 0.376* |
| | | 普通本科 | | 0.382* |

注：多重比较仅列出在 0.05 水平下存在显著差异的对比组结果

多重比较结果来看，对于 TAQ（易学易用性）、TSQ（安全稳定性）、CPQ（支持用户参与）、CIQ（支持个性化）这四个属性的感知公共图书馆用户的满意度低于其他三组群体（211 大学、985 大学、普通本科）。对于 FAQ（功能丰富性）、FSQ（功能适应性）这两个属性的感知从整体上来看，高校图书馆用户的满意度高于公共图书馆用户，但不同类型的高校图书馆之间也存在差异，对于 FAQ（功能丰富性）985 大学的用户高于普通本科的用户，而 FSQ（功能适用性）的感知普通本科大学的用户高于 985 大学的用户。

综合方差分析和多重比较结果，笔者认为用户的所属机构对移动图书馆平台服务质量相关的变量存在显著差异影响，6 个观测子维度因用户机构的不同在服务质量的感知方面存在差异，用户的所属机构是影响感知的重要因素，整体上高校图书馆的用户满意度高于公共图书馆用户。

## （二）象限分析

运用 SPSS 工具，根据主成分分析法，我们得到了不同机构用户对服务质量各观测维度的重要性判断，并根据用户的感知评分，作象限分析图，如图 6-4 所示。

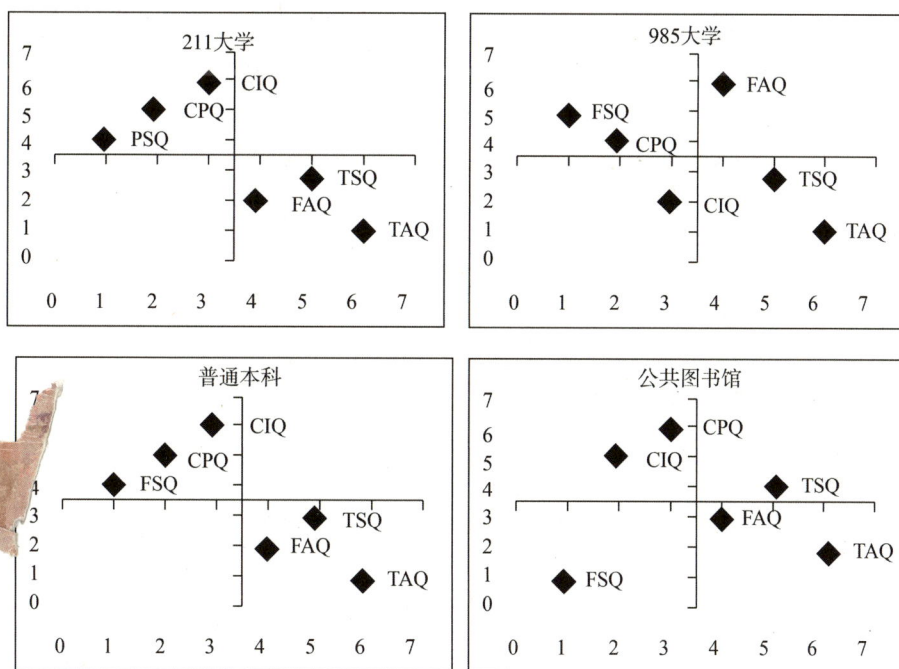

**图 6-4　不同机构的用户对移动图书馆服务质量的感知差异图**

从图 6-4 综合分析可知，不同机构的用户对移动图书馆服务质量的感知存在差异，985 大学的用户与另外三种群体的用户之间存在显著差异，四种用户群体对于 TAQ（易学易用性）、TSQ（安全稳定性）两个属性的感知不存在差异，对于 FAQ（功能丰富性）、FSQ（功能适用性），985 大学的用户给予的权重更高，而其他三类用户则更为重视 CIQ（支持个性化）CPQ（支持用户参与），但高校图书馆用户对于 FSQ（功能适用性）和 CPQ（支持用户参与）的满意度最低，公共图书馆用户对于 FSQ（功能适用性）、CIQ（支持个性化）的满意度最低，高校图书馆馆的用户对于支持用户参与的需求较大，学生希望通过与系统平台以及用户间的互动来得到更好的服务，而公共图书馆用户相对高校图书馆用户来说，个性化服务的需求较大，希望移动图书馆系统或平台在检索、展示方面允许用户根据自己的理解进行自我偏好定制。

# 第四节　用户聚类分析

将 6 个观测维度的因素变量作为聚类变量，进行用户聚类分析。运用 SPSS 20.0 统计软件工具，根据分类数确定准则以及聚类中心之间的差异显著性检验，经过多次尝试，将分类数定为 3，其中 1 类涉及样本 16 127 人，2 类涉及样本 5112 人，3 类涉及样本 18 910 人。K – Means Cluster 采用欧氏距离计算法对研究对象进行相似性测度；最后结合问卷中用户对服务质量维度的满意程度进行打分的差异性来命名并解释三类用户群体的特征。由各类之间的差异显著性检验可知：所选的变量能很好地反映和区分各类的差异性，因为显著性检验值均小于 0.001。

最后以调查价值维度重要程度评分数据为基础，得出三类用户群体在各个维度上的期望均值及其差异表现（见图 6-5），并把三类用户群命名为：奢望型用户（最上端）、期待型用户（中间）、易满足型用户（最下端）。

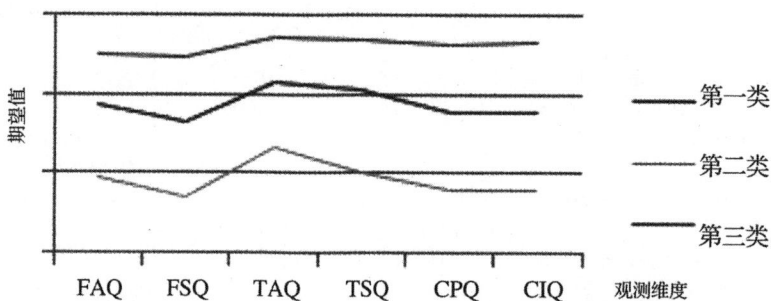

图 6-5　三类用户群体的移动图书馆期望重要性差异图

奢望型用户的主要特征为：此类用户的自我感知意识很强，满意度的评价基准水平高，他们希望移动图书馆提供更多的资源服务、支持用户参与以及支持用户个性化服务，尤其是功能的适用性服务，以便他们提出的需求可以得到及时准确的满足，他们更注重的是功能服务是否满足自己的需求和功能适用的程度。

期待型用户的主要特征：此类用户也有着自己的满意度基准，服务质量的感知值在 3.7 ~ 4.1 之间，在移动图书馆基础功能服务良好的情况下，对于功能适应性和支持用户参与具有更高的要求（如图均值较低的点），注重自身的体验以及自己参与平台的程度。

易满足型用户特征：此类用户对于服务质量较为宽容，该类用户需求较其他两类用户偏低一些，他们对于移动图书馆目前提供的服务较为满意，他们比较关注的是服务质量的结果是否满足要求，而对于服务的过程和及时性的要求较低，移动图书馆在该类用户满意度相对低的价值维度（即功能服务：功能丰富性和适用性）上稍做努力和投入就会很容易提高用户的感知价值，从而大大增强用户的整体满意度。

# 第五节　结果讨论

## 一、移动图书馆服务质量的感知差异普遍存在

前文的分析表明，用户的性别、使用经验和机构属性普遍影响着用户的感知差异，而学科类型在一定程度上也会影响用户的感知差异。为了进一步理清这种差异性，本书将不同用户对移动图书馆各观测维度的服务质量感知差异汇总为表6-9。

表6-9　不同用户对移动图书馆服务质量感知差异聚类汇总表

| 分类特征 | 具体属性 | 差异性 | 聚类特征 |
|---|---|---|---|
| 性别 | 男 | 1. 感知的移动图书馆服务质量整体满意度相对低一些<br>2. 认为 CIQ（支持个性化）、CPQ（支持用户参与）更为重要<br>3. 对 FSQ（功能适用性）、CIQ（支持个性化）不满 | 期望型 |
| | 女 | 1. 感知的移动图书馆服务质量整体满意度相对高一些<br>2. 更重视 FAQ（功能丰富性）、FSQ（功能适用性）的服务<br>3. 对 FAQ（功能丰富性）、FSQ（功能适用性）不满 | |
| 使用经验 | 初级用户 | 1. 感知的移动图书馆服务质量的整体满意度相对较高一些<br>2. 更重视 CIQ（支持个性化）CPQ（支持用户参与）这两个属性的服务<br>3. 比较不满的是 FSQ（功能适用性）、FAQ（功能丰富性） | 易满足型 |
| | 中级用户 | 1. 感知的移动图书馆服务质量的整体满意度相对较低一些<br>2. 认为 TAQ（易学易用性）、TSQ（安全稳定性）更为重要<br>3. 比较不满的是：FSQ（功能适用性）、CIQ（支持个性化） | 期望型 |
| | 高级用户 | 1. 感知的移动图书馆服务质量的整体满意度相对较高一些<br>2. 更重视 CIQ（支持个性化）、CPQ（支持用户参与）这两个属性的服务<br>3. 比较不满的是 FSQ（功能适用性）、CIQ（支持个性化） | |

| 分类特征 | 具体属性 | 差异性 | 聚类特征 |
|---|---|---|---|
| 所属学科 | 理工类 | 1. 感知的移动图书馆服务质量整体满意度低<br>2. 重视 FAQ（功能丰富性）、FSQ（功能适用性）<br>3. 比较不满的是 FSQ（功能适用性）、CIQ（支持个性化） | 期望型 |
| | 文史类 | 1. 感知的移动图书馆服务质量整体满意度高<br>2. 认为 CIQ（支持个性化）、CPQ（支持用户参与）更加重要<br>3. 比较不满的是 FSQ（功能适用性）、FAQ（功能丰富性） | |
| 所属机构 | 211大学 | 1. 感知的移动图书馆服务质量整体满意度高<br>2. 重视 CIQ（支持个性化）、CPQ（支持用户参与）服务<br>3. 比较不满的是 FSQ（功能适用性）、CPQ（支持用户参与） | 期望型 |
| | 985大学 | 1. 感知的移动图书馆服务质量整体满意度高<br>2. 重视 FAQ（功能丰富性）、FSQ（功能适用性）服务更为重要<br>3. 比较不满的是 FSQ（功能适用性）、CPQ（支持用户参与） | |
| | 普通本科 | 1. 感知的移动图书馆服务质量整体满意度最高<br>2. 重视 CIQ（支持个性化）、CPQ（支持用户参与）<br>3. 比较不满的是 FSQ（功能适用性）、CPQ（支持用户参与） | 易满足型 |
| | 公共图书馆 | 1. 感知的移动图书馆服务质量整体满意度低<br>2. 重视 CIQ（支持个性化）、CPQ（支持用户参与）服务<br>3. 比较不满的是 FSQ（功能适用性）、CIQ（支持个性化） | 奢望型 |
| 所属地区 | | 基本无差异 | |

分析表6-9，用户对移动图书馆服务质量的感知既存在重要性上的差异，又存在满意度上的差异。从表6-9中可以看出，不同的用户群体具有不同的感知特征，从机构视角看，普通本科的用户对于移动图书馆的需求主要集中在基础资源上，符合易满足型用户的特征。而211、985大学的用户需求则更深入，属于期望型用户。在本次研究中，我们发现，公共图书馆用户类型可列入奢望型，究其原因，这可能与公共图书馆用户的复杂群体有关。公共图书馆用户来源多样化，学历、职业、认知程度也存在较大不同，导致其对资源的需求多元化，且更注重使用资源的效率，满意度的心理评价基准水平高。用户的感知差异分析有助于细分移动图书馆服务市场，开展有针对性的服务是趋势，更是必须。

## 二、重视以服务推广为核心的移动图书馆服务宣传

用户培训和服务推广是提升服务质量感知水平的重要支撑。从本书的分析来看，

不同分类视角下的用户划分对于 TAQ（易学易用性）、TSQ（安全稳定性）感知差异均不大，且普遍都觉得满意，这说明移动图书馆平台在可用性方面赢得了用户的认可，因此移动图书馆宣传的着力点是服务推广上，即鼓励更多的用户认知并使用移动图书馆平台。本次差异性分析表明，男性群体、理工类群体、中级用户（每周使用 2 次左右）群体、公共图书馆用户群体对移动图书馆服务质量的满意度相对低一些，而相对应的其他用户群体则相对高一些，这说明，服务推广应考虑用户对象，以便采用不同的推广方式。对于低满意度用户，可以多方位展示移动图书馆平台的资源特性，减少用户自我摸索时间，对于满意度相对高一些的用户群体，以活动激励为主，鼓励这些用户群体带动身边的同伴使用移动图书馆。

## 三、移动图书馆服务平台的交互体验改进是服务质量的改进重点

综合用户的性别、学科、机构、使用经验所体现出感知差异，我们发现，在各种类型的差异性分析中，CIQ（支持个性化）、CPQ（支持用户参与）属于最受到重视的两类属性，差异性分析结果有 7 次被排在首位，对于现有的移动图书馆服务质量，用户的不满主要聚集于功能观测维度和互动观测维度。具体来说，互动观测维度中的 CIQ（支持个性化）、CPQ（支持用户参与）是仅次于功能观测维度中 FSQ（功能适用性 11）的最主要两类属性。因此，除提升信息资源以使其适用于移动阅读之外，图书馆还可以联合移动图书馆服务商在用户交互方面多多着力，诸如结合用户的查询偏好，有针对性地进行个性化信息推荐、信息提醒和信息搜索服务。允许用户进行定制，创新阅读手段，丰富阅读功能。打通移动图书馆服务平台中资源的关联性，通过引入交互性、多媒体、超链接等一系列功能变被动阅读为主动阅读。

# ▶第七章

# 移动图书馆服务质量优化体系建构

〜〜〜〜〜〜〜〜〜〜〜〜〜〜〜〜〜〜〜〜〜〜〜〜〜〜

　　服务优化作为服务管理领域的重要议题，脱胎于 20 世纪制造业产品质量优化改进的管理实践，成形于服务业中用户满意度的提升方法研究。前文的研究已经证实，用户感知的移动图书馆服务质量可以从功能、技术、用户关怀的视角进行观测，而用户的质量认知会影响持续使用意愿，也会影响用户满意度。移动图书馆服务质量优化体系建设对于推进未来移动图书馆的发展具有重要的意义。

## 第一节　移动图书馆的感知质量的优化模式

　　移动图书馆虽然在国内普及较快，但很多图书馆在推行移动信息服务方面，重建设、轻管理，导致移动信息服务系统并没有发挥出应有的效益。随着移动互联技术及移动设备的进步，目前的移动图书馆服务的主要形式是以 App 方式提供服务的，但移动图书馆 App 的用户休眠和用户流失问题已引起图书馆界的警觉，无论是本项目数据调查还是相近研究项目的用户调查都证实了这种现象的存在。依托移动图书馆服务质量的感知优化是解决此项问题的重要思路，但移动图书馆感知质量的优化需要运用系统化思维进行思考。围绕移动图书馆服务质量这个主体（内核），还需关注需求引领、宣传推广和用户培训等外围的作用。

### 一、以需求为引领，系统强化服务质量的各个维度

　　图书馆界重视服务质量的提升已成为一种必然。自 SERVQUAL 模型所包含的评价

维度（有形性、可靠性、响应性、保证性、同理心）被引入图书馆界之后，图书馆界服务质量评价的理念发生了重大变化。美国 A&M 大学图书馆馆长库克（C. Cook）认为：用户是评价图书馆服务质量的唯一标准。LibQUAL 在 SERVQUAL 模型的基础上，历经多个图书馆的试用和修正，已成为全球性的图书馆服务质量评价标准。LibQUAL 测评的最终目标是发现图书馆服务质量与用户期待的差距，为图书馆服务质量改进提供决策支持依据，阿塞米（A. Asemi）等人使用 LibQUAL$^{+TM}$对图书馆服务质量的感知和期望之间的差距进行分析进而提出优化建议，陈和周（Y. T. Chen 和 T. Y. Chou）二人基于 LibQUAL 及 SERVQUAL 模型构建学术图书馆的用户需求项，并识别出 5 个亟须改进的用户需求和相应的技术途径。根据 LibQUAL 的启示，以用户为中心，以需求为引领也是移动图书馆服务质量提升的必然方式。

## （一）聚焦于功能需求的拓展

随着移动图书馆服务的普及及用户访问频率的增加，用户新的需求不断被激发。为提升用户满意度，促进用户的持续使用行为，移动图书馆服务提供者不仅要对用户直接提出的需求进行满足，也应引导用户尝试潜意识中可能需要的服务功能。因此，要继续不断完善移动图书馆平台的基本服务功能，以信息服务为中心，不断提供创新优质资源。要拓展移动图书馆服务项目，如支持语音查询与咨询服务、提供定位服务和地点查询，将空间资源的利用与信息资源的利用都融入移动图书馆平台，进一步支持图书馆座位和教研室等空间资源的预约服务等。移动图书馆服务平台也可吸收其他移动端服务平台的经验与精华，将用户的日常生活需求、知识需求与信息资源需求的服务做一些结合和适当延伸，以提升用户的感知功能体验。

## （二）聚焦于系统易用性需求的优化

页面是用户进入系统的入口，其中便于识别和易于使用是用户的关心重点。以页面色彩设计为例，红、黄、橙更具活力和积极性，而蓝色较为冷静和沉默，绿色代表通畅，倒角与渐变的阴影更容易提升用户感知，不同饱和度、对比度的色彩对于用户具有不同程度的唤醒与激发作用，界面的设计应重视美感，通过对色彩、形状、线条、布局、对比度等的控制，增强系统或服务平台的吸引力。移动图书馆服务平台也可以通过改变图标的尺寸、形状、颜色、形式、反馈和语言，呈现给用户直观的导航、有意义的标签、有效的查找方式、明确的信息线索等。考虑大多数人的使用习惯，应有效利用"默认状态"或明确的建议选项以减轻用户负担。移动图书馆服务平台的易用性还需考虑：当用户遇到输入、检索或跳转等信息错误时，平台应向其提供友好提示或容错机制及安全隐私提示等；注重细节设计，提升用户体验，针对新用户与有经验用户的不同熟练水平，应提供机会让用户自行调整，让其围绕自身信息交流的优先次序，重新安排页面布局，降低页面复杂性；注重用户的自我表现，允许用户查阅个人数据报告，并由用户决定是否进行分享或公开。

### （三）增强对交互性需求的关注

用户与信息的交互、用户与系统平台的交互、用户与用户的交互已成为移动图书馆服务质量提升必须系统化考虑的问题，其实质是鼓励用户参与，增强用户的使用情感和使用黏性。移动图书馆服务是传统图书馆服务的延伸，除了便于泛在获取信息资源外，还需要提供及时的咨询服务。移动图书馆服务平台要留有与用户交互的入口，要即时、有效地处理和回复用户的问题和意见、建议。移动图书馆服务平台可以进一步建立与其他社会化网络服务平台的融合关联，以方便用户间的沟通和交流。

## 二、以推广为第一助力，增强用户认知及持续使用的可能性

移动图书馆作为一种新兴的服务模式，虽然具有便携性、不受时空限制、可以泛在访问的优点，但与以桌面电脑为依托的数字化服务方式相比，其用户使用数量及访问频率还有待提升。除了受制于移动设备的局限和有待不断改进的移动图书馆服务平台之外，用户观念和使用习惯也是一个重要影响因素。根据本书对影响用户持续使用意愿的影响机制分析，用户的使用行为受认知影响，也受外部的社会环境影响，因此移动图书馆服务项目的推广活动具有重要的现实意义。

移动图书馆服务能成为图书馆新兴的服务方式，是因为其便捷性、个性化、泛在性的优势迅速赢得了很多年轻用户群体的青睐。与传统图书馆信息服务相比，移动图书馆服务突破了时空的局限，可以随时随地开展服务，其前所未有的"移动性"让用户摆脱了使用位置的限制，便于用户更好地利用碎片化的时间。但移动图书馆服务有优势，也有局限，与既有的数字化信息服务方式相比，移动图书馆服务受到环境、屏幕和输入条件等的限制，特别是移动终端屏幕显示局限及移动设备系统处理能力不强，操作不够方便，在一定程度上影响了用户的使用感受，这种缺陷或不足阻碍了移动图书馆用户数量的增长。

为了改变这种现象，图书馆及其相关服务提供者应该加强宣传推广。宣传推广的定位应是在不断改进移动图书馆的功能质量、技术系统质量和用户关怀质量的基础上，不断总结和凝练移动图书馆的优势，增强移动图书馆对用户的吸引力。移动图书馆服务产品的吸引力先于用户的意识和思维水平，能对用户形成第一印象，进

而影响用户对产品的喜爱程度、信任程度，以及使用的意愿。要通过宣传增强用户对移动图书馆服务优势的认知和服务质量的认知，要对用户群体进行分类，接受不同用户群体对服务质量感知存在差异的现实，采用不同的宣传推广策略。通过加强宣传的频率，创新宣传的方式，强化用户对移动图书馆服务优势及其可能给用户带来的价值的认知。

在宣传推广过程中，还需考虑用户选择的多样性和服务平台的可代替性，主动为用户降低转换成本。对于愿意长期使用移动图书馆的用户，应当提供适当的物质或精神奖励，促进其自身愉悦性的感知。要注重观察目标用户群所在的群体特征，每一个个体用户都会考虑自己所处群体环境的协调性与一致性，"社会影响"在持续使用意愿中的作用机制证明了通过群体去影响个人的必要性。

加强宣传推广与提升移动图书馆服务平台质量还存在一种良性互动关系，更多的用户持续使用移动图书馆服务平台将会促进移动图书馆服务平台的迭代与更新，移动图书馆服务质量将会越来越高。

## 三、以培训为第二助力，重视用户使用情感和满意度的提升

培训是一种学习经历，有助于提升个体素质和自我效能，但也形成了对移动图书馆服务的体验。按照皮亚杰等学者的研究，人的素质形成与内化有关。内化是将外在的新的认知观点与自己原有的观点、信念结合在一起构成一个统一的态度体系的过程。在内化和发展中，体验起着最为重要的作用。从心理学的视角来看，体验涵盖了感受、理解、联想、情感、领悟等多方面的心理要素。培训中的用户主体以自己的全部"自我"去感受、理解移动图书馆服务平台，发现移动图书馆服务平台与自我的关联而生成情感反应，并由此产生丰富的联想和深刻的领悟。经由培训或相近方式获得的移动图书馆体验将表现两个方面的特征：一是体验的情感性，即用户会对移动图书馆服务平台产生距离感、亲近感等情感反应；二是体验的意义性，即用户会对移动图书馆服务平台在自己心中的地位、意义、价值及其与自我的同一性产生客观的认知。

体验与认知不同，认知侧重于移动图书馆服务平台的客观性方面，认知的结果就是人对移动图书馆的质量、存在价值的客观把握，在认知活动中虽然也能产生体验，但这种体验并不是对移动图书馆服务平台与用户主体关系的体验，而是认知活动本身与用户主体的需求发生了关联而产生的体验。

借鉴舒米特（B. H. Schumitt）顾客体验理论，经由培训而形成的用户体验也将经历意识—理解—形成态度—促进使用的过程，涉及感官体验、情感体验、思考体验、

行动体验和关联体验。对移动图书馆的感官体验、情感体验、思考体验属于个体用户的体验，关联体验则属于一种群体体验，而行动体验则属于用户个体体验与群体体验的混合体。

鼓励开展群体性培训。培训的过程就是学习的过程，而学习的根本特征是情境性的。情境学习理论认为：个体与环境的相互作用是形成能力以及社会的必经途径，个体与环境相互作用，共同构成动态的整体或系统。学习者通过与所处情境的相互作用，达到对情境的适应。每个个体都是在特定的共同体中学习、成长的。在群体性培训过程中，个体会与他人讨论、寻求帮助、协调与所在团体之间的关系。

用户培训的过程也需要适时地赞美与鼓励，不仅偏重于完成任务与效率，还要传达快乐与开心，因为人类总是倾向于迎接快乐，避免痛苦。移动图书馆在培训活动中，要重视用户的引导，简化任务，引导用户行为，关注群体差异，设计一些明确的操作规程，并给予用户物质奖励，不仅要使用户获得切实的愉悦性和成就感，还要激发其继续使用的好奇心。

## 四、"一体两翼"的移动图书馆服务质量优化模式建构

移动图书馆服务质量优化方式设计和实施的优劣，直接决定了移动图书馆服务质量优化的成败，因而构建一个合适的优化模式，能够起到指导作用。

随着"以用户为中心"服务理念的不断深入，分析用户需求已经成为一个平台建设发展的前提，而且正如前文对移动图书馆服务质量优化框架进行分析时指出的，了解用户期望的变化，即准确识别用户的优化需求，是推动移动图书馆服务质量不断优化的动力来源，也是验证移动图书馆服务质量优化成效的参照依据。因而"需求引领"下的"服务质量"是移动图书馆服务平台优化的"主体"。

而前文对移动图书馆用户持续使用行为和用户满意的形成机制的分析结果，说明从服务质量到感知价值再到用户持续使用意愿、用户满意是一个自然递进的整体过程，因而在良好服务质量的基础上形成的用户满意、用户持续使用意愿在移动图书馆服务平台优化中发挥着"两翼"作用。

而在移动图书馆建设和发展中，开展培训推广既是平台建设初期快速增加用户群体的举措，也是将用户从早期简单了解、使用移动图书馆平台的阶段，提升到发掘移动图书馆平台深层次功能和增强使用信念的阶段的有效方法。培训活动，对应于提高用户使用移动图书馆的能力，即增强用户的自我效能；而推广活动，则能够让用户感受到使用移动图书馆正逐渐成为一种潮流，即增强平台的社会影响。因而自我效能和社会影响分别对应于用户内部和外部使用信念，可以看作是移动图书馆服务平台优化的"助推

器"。

在分析出移动图书馆服务平台优化的"两翼""主体"和"助推器"的基础上。本书提出如图 7-1 所示的移动图书馆服务平台"一体两翼"的服务质量优化方式，根据所涉及的 6 个方面，本书将其命名为 D-Squat 模式，每个字母所代表的含义分别是 D（demand）需求、S（satisfaction）满意度、Q（quality）服务质量、U（usage）持续使用意愿、A（advertising）宣传、T（training）培训。

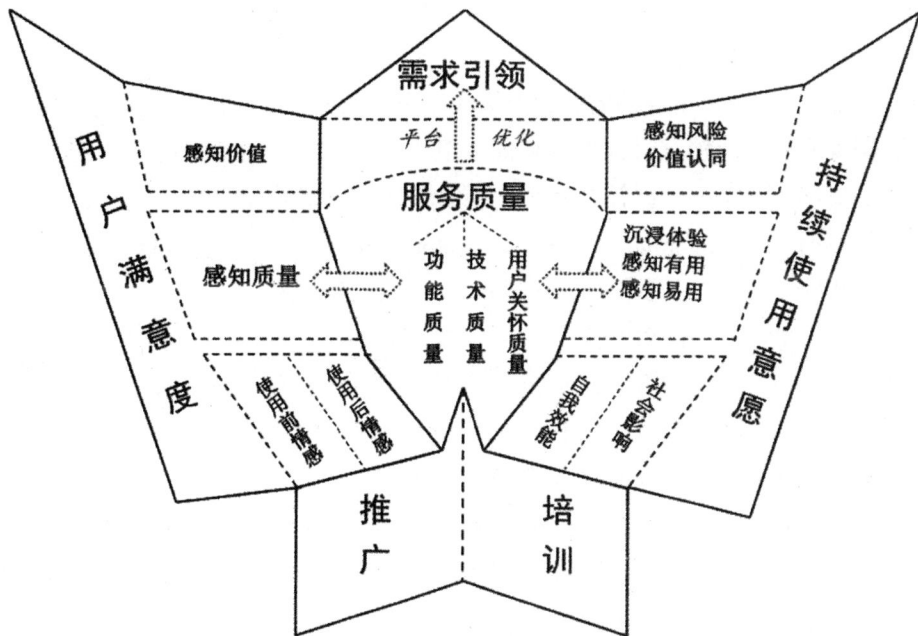

图 7-1　移动图书馆"一体两翼"服务质量优化方式（D-Squat 模式）

# 第二节　移动图书馆服务质量优化的主体实现框架

D-Squat 模式为移动图书馆服务质量优化提供了一个相对全面的理论思维。其中移动图书馆服务的功能质量、技术质量和用户关怀质量要依托移动图书馆服务平台才能实现。考虑到移动图书馆服务平台在 D-Squat 模式中的主体核心地位，本章以下研究内容将重点针对移动图书馆服务平台分析服务质量优化方案，并关注服务质量优化方案的可操作性。

# 一、ITIL 及其应用于移动图书馆服务质量优化的适用性

PDCA 是全面质量管理的基本方法。PDCA，又叫质量环，即计划（Plan）、实施（Do）、检查（Check）、行动（Action）的首字母组合，PDCA 循环就是按照此顺序进行质量管理，被广泛应用于质量管理体系的持续改进问题。

一般说来，PDCA 管理框架要遵循以下几个步骤：分析现状，找出问题；分析产生问题的原因；区分主因和次因，并进行重要原因确认；拟定措施、制定计划；执行措施、执行计划；检查验证、评估效果。

PDCA 管理框架可以使我们的思想方法和工作步骤更加条理化、系统化、图像化和科学化，服务质量管理领域得到普遍认同，但目前 PDCA 应用存在的主要问题是缺乏解决问题的机制。现实中，依托 PDCA 核心的管理框架优化受到普遍重视，以持续服务改进为核心的 ITIL（information technology infrastructure library，信息技术基础架构库）就是这种优化的典型代表，在信息系统服务领域被普遍采用。

作为信息技术进步和移动设备普及的产物，移动图书馆从早期的 SMS、WAP 网页发展到占据主流的 App 客户端、微信公众号等形式，都表明移动图书馆是依托于一定的系统平台实现服务的，即移动图书馆实质上是一种利用移动信息技术构建出的信息系统。因而在国际上被广泛认可的 IT 服务管理标准体系——IT 基础架构库，为探索分析移动图书馆服务优化框架提供了很好的视角。

ITIL 是在越来越多的组织依赖 IT 实现组织目标和业务需求的背景下，由英国政府商务办公室（Office of Government Commerce，OGC）从 20 世纪 80 年代末开始推动建设的，是有关 IT 服务管理的一个最佳实践框架，目前已发展到第三版。同时，2005 年 ISO 基于 ITIL 框架制定了 ISO/IEC 20000 信息技术服务管理标准，这标志着 ITIL 从 IT 服务管理领域的事实标准提升至国际标准。

ITIL 整体的框架思路是，IT 服务是由人员、业务和技术组成的，并结合这些元素来满足用户需求，同时需要对用户的需求和期望进行持续的评估，然后对实现服务的一系列流程进行改进，进而提升服务质量和用户满意度。ITIL 由"服务战略""服务设计""服务转换""服务运营"和"持续服务改进"5 个部分组成，这些流程形成了一个链条，彼此相互关联，每个流程都提供反馈和控制点，而持续服务改进则贯穿于整个生命周期，即持续服务改进是流程所要实现的终极目标。

由于 ITIL 是基于流程的控制来实现持续服务改进的，这一思路符合管理控制中的 PDCA（Plan—Do—Check—Action）思路。简洁和容易理解的 PDCA 循环强调的正是不断发现问题、解决问题的过程，常常被广泛应用于实现产品和服务质量的持续改进。与 PDCA 循环这一流程控制工具不同的是，ITIL 框架主要目的不在于明确组织实现质量管理的控制流程，而是一个帮助组织通过流程不断实现改进的学习工具。即 ITIL 不

仅利用反馈进行自我强化和自我纠正行动，而且反馈存在于每个流程中，无须等到一个循环结束之后再纠正不足，如在服务设计到服务转换时，发现服务设计存在问题，ITIL 能够尽快确定改进机会。

通过分析可以发现，ITIL 的理念和实施框架与移动图书馆服务质量优化过程和目标是极为一致的。首先，移动图书馆服务平台通过移动设备为用户随时随地地提供图书馆资源和服务，体现了以用户为中心的理念。其次，移动图书馆服务质量优化也是一个整体的动态的过程，需要对用户需求、系统平台可用性以及服务成本进行更好的整体管理。

## 二、基于 ITIL 的移动图书馆服务质量主体优化框架

ITIL 框架依托于持续服务改进理论，其核心思想是将服务改进划分为服务战略、服务设计、服务转换、服务运营四个阶段，构成服务优化的生命周期。各个阶段之间均存在输出与反馈，持续服务改进可以从任何一个阶段切入，而不需要每次都从服务战略阶段开始，如图 7-2 所示。

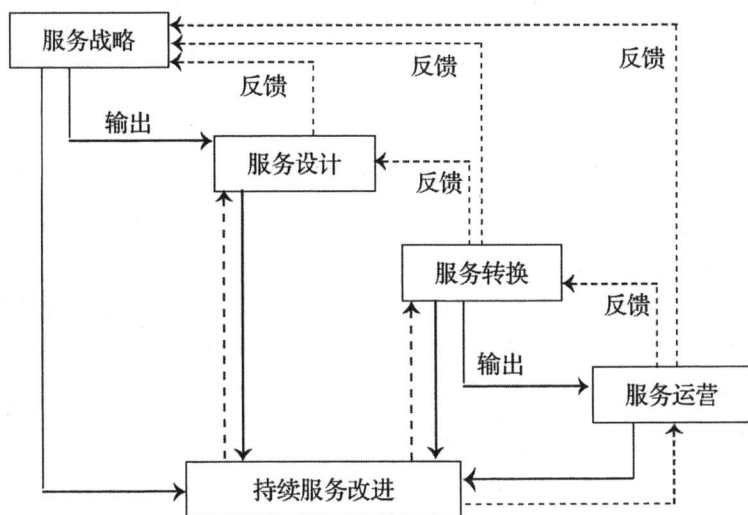

**图 7-2　ITIL 服务生命周期各流程之间的交互**

ITIL 的初衷是解决组织机构中出现的 IT 管理问题，以流程为核心提供客观、严谨、可量化的标准和规范，不仅提高解决意外事件和问题的效率，还分析引起意外事件或问题发生的潜在原因，识别服务中可能存在的故障，增进内部各级人员和外部用户之间的沟通，实现对业务功能及流程的重新设计，通过配置管理将各个流程的职责落实到人，并注重持续分析和改进，实现从服务补救到主动预防的转变。

由于移动图书馆服务质量优化中的用户优化需求和用户感觉不满的技术特征，体现了 ITIL 以问题为切入点，同时在服务质量优化时也要对内外部因素进行综合分析，

基于 ITIL 框架，本书构建出如图 7-3 所示的移动图书馆服务质量优化的 STOC 框架。

遵循"建设—使用—优化—持续使用"的平台生命周期视角，忠实于用户使用这一大的目标，移动图书馆服务质量优化可围绕用户、技术平台、服务资源三个核心要素展开，涉及优化目标选择、优化项目确立、优化策略运营、优化效果评估四个环节，其中"优化目标选择"对应于"根据服务环境进行需求定位"，"优化项目确立"对应于"根据约束条件分析细化优化着力点"，"优化策略运营"对应于"根据可行性条件实施优化策略"，"优化效果评估"对应于"根据实施效果确定新一轮优化的必要性"。

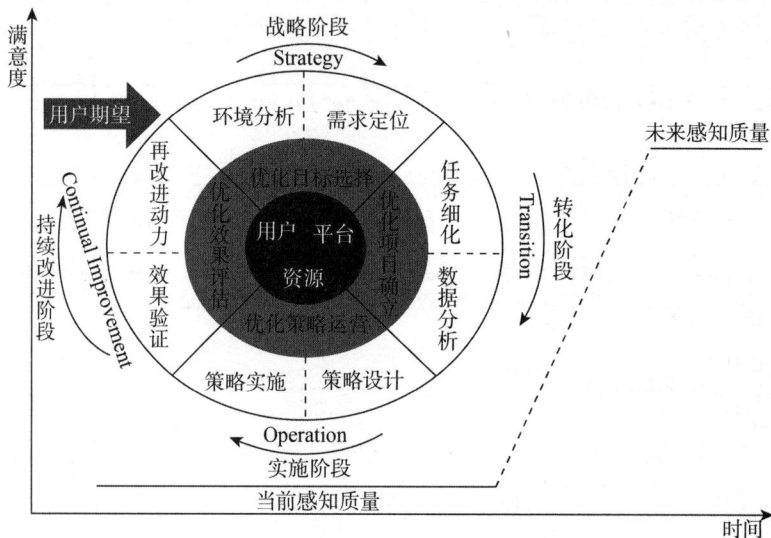

**图 7-3　移动图书馆服务质量优化的 STOC 框架**

参考 ITIL 的总体理念，本书将移动图书馆服务质量优化框架表述为四个阶段：

（1）战略阶段（S 阶段）：即评估内外部环境，选择优化目标。内部环境主要是评估不断变化的用户期望，外部环境则主要是评估新技术与新环境下不断衍生出来的新兴服务途径和内容。通过内外部环境的分析，发现用户的优化需求，识别出技术平台的优化方向。

（2）转化阶段（T 阶段）：在对用户优化需求和平台优化方向进行恰当描述的基础上，这个阶段需要分析用户的优化需求与平台可以实现的技术特征之间的相关程度，同时需要考虑用户优化需求的重要性、技术特征的实现难度和优化成本这些约束条件，将上个阶段的战略分解为可操作的优化着力点。并通过收集这些环节相应的判断数据，进行综合分析，从而为形成确定具体的优化项目提供依据。这是移动图书馆服务质量优化的关键环节。

（3）实施阶段（O 阶段）：即根据转化的优化项目及可行性分析，确定优化策略，并配备相应的资源进行落实。

（4）进一步地持续优化阶段（C 阶段）：通过评估优化效果，总结经验和不足，为下一步新的优化过程提供支持。

　　围绕用户、技术平台、服务资源三个核心要素，移动图书馆服务质量优化是一个层层递进的循环往复过程，在 STOC 框架应用下，移动图书馆服务平台通过实施一系列的优化策略，会将平台的发展建设，从当前的用户感知质量水平提升到一个新的高度，增强用户使用黏性，而随着用户使用的深入，移动图书馆服务平台出现新的需求和问题，需要进一步的优化。随着移动图书馆服务平台优化的不断推移，用户对平台的感知质量呈现出阶梯状的提高，最终实现用户满意度的不断提升。现实中，由于服务资源与技术平台密切关联，所以本书在相关表述中，会将此两者统一简称为移动图书馆服务平台（含资源）。

# 第三节　移动图书馆服务质量优化的实现方法

　　根据图 7-3 中的框架，移动图书馆服务质量优化主要包括以下几个环节：目标选择、项目确立、策略设计与实施、效果评估。其中"目标选择""项目确立"这两个环节优劣关系到后续环节的有效性。本小节着重讨论"目标选择"环节中的用户优化需求识别方法和对应的不满意的技术特征的识别方法，以及"项目确立"环节优化项目的优先度计算方法。

## 一、移动图书馆优化需求的识别方法

　　发现、识别移动图书馆用户认为需要优化改进的服务需求，是成功实施移动图书馆服务质量优化的前提。

### （一）优化需求识别方法选择思路

　　优化需求识别方法可以分为两类：一类是定性研究方法，定性研究也被称为质性研究，可以通过参与式观察、开放式访谈、文本分析等方式来收集资料；另一类是定量研究方法，研究者主要通过通过调查、实验等客观计量方法收集资料，诸如结构化问卷调查、封闭式访谈、数学统计等。

　　定性研究方法与定量研究方法各有特点和优劣，都有其存在的价值。在具体的研究过程中，要根据研究目的与对象选择需要的方式，如有必要，定量研究可与定性研究结合起来，相互补充，融合使用，以便于全面分析判断并得出准确的结论。表 7-1 列出了定性研究与定量研究的差异与不同。

表 7-1　定性研究与定量分析对比表

| | 定性研究 | 定量研究 |
|---|---|---|
| 研究性质 | 描述性质化研究 | 揭示性量化研究 |
| 研究目的 | 探究事物质的规律性 | 依据统计数据揭示事物间的关系 |
| 理论基础 | 现象学、解释学、构建主义理论等 | 实证主义 |
| 学科基础 | 逻辑学、历史学 | 概率论、社会统计学 |
| 特征 | 专门性、初步性 | 敏感性、客观性、精确性 |
| 数据 | 笔记、访谈、问卷开放性问题、论文、社会媒体和网页内容 | 量化数据 |
| 数据特征 | 无结构，历史事实和经验材料 | 结构化，现实资料数据 |
| 表达方式 | 语言文字描述 | 数据、图形、模型 |
| 数据分析 | 逻辑推理、比较、归纳 | 数理统计方法 |
| 研究结论 | 获得对事物的理解 | 提供行动建议 |
| 缺点 | 主观性强、结果抽象 | 操作困难 |

回顾国内外对移动图书馆服务需求的研究，其需求识别方法均属于上述两种类型。目前由于移动图书馆普及较广，由服务提供者调研和归纳的用户兴趣点及基本需求在国内外移动图书馆平台已被实现，新形势下的用户需求研究应着力找准用户对移动图书馆服务平台的优化需求，即找到用户在基本需求期待之外的新增需求，或者与基本需求类别相似但在需求深度有明显提高的需求。

用户开放式问答有利于找到用户的新增需求，针对用户开放式问卷文本的定性分析方法具有较大的适用性。扎根理论是针对用户开放式问答文本进行定性分析的重要理论基础。依托扎根理论，可对通过访谈和开放式问卷获取的数据进行三个层次的编码过程：①开放式编码，从开放式问答文本中发现概念类属，对类属加以命名，确定类属的属性和维度；②轴心式编码，发现和建立概念类属之间的各种联系，以表现文本资料各个部分之间的有机关联；③选择式编码，在所有已发现的概念类属中经过系统的分析以后选择一个"核心类属"。倘若用户的开放性表述，与预先归纳的用户需求无法很好对应的，则结合专家意见增设为新的优化需求。

## （二）需求识别的定性分析工具选择

目前，可用于访谈或开放式问答文本分析的定性分析软件有 Nvivo、Atlas.ti、Qualrus 等多种工具。黄晓斌等[1]、胡萍[2]通过对比研究，发现 Nvivo、Xsight、MAXqda、Atlas.ti 四款软件是最具代表性的定性分析工具软件。

---

① 黄晓斌，梁辰. 质性分析工具在情报学中的应用 [J]. 图书情报知识，2014（5）：4－16.
② 胡萍. 质性分析工具的比较与应用研究 [D]. 长沙：湖南师范大学，2012：36－38.

表 7-2 列出了 Nvivo、Atlas. ti、MAXqda 三种工具软件的对比差异。

**表 7-2　质性文本分析工具 Nvivo、Atlas. ti、MAXqda 对比**

| | Nvivo | Atlas. ti | MAXqda |
|---|---|---|---|
| 网址 | http：//www. qsrinternational. com/ | http：//atiasti. com/ | http：//www. maxqda. com/ products |
| 文本格式 | iDoc、pdf、xls 等 | txt、doc、pdf、html 等 | txt、PDF、doc、xls 等 |
| 资料存储 | 内部资料库，所有相关资料都存储在项目中 | 外部资料库，原始资料存储外部路径 | 内部资料库 |
| 资料管理 | 群组分类个案管理多个文档 | 每个文档独立存在 | 群组分类 |
| 编码类型 | 自由节点、树状节点、关系节点、案例节点 | 引用节点、家庭节点 | 常规节点 |
| 编码特色 | 多文件交互操作编码；多文件合并统一编码 | 多个文档同时编码；编码操作速度快 | 颜色、符号、情感编码，自动编码 |
| 编码整理 | 树状节点 | 点对点匹配 | 分层结构 |
| 查询功能 | 模糊查询，查询编码，词频统计 | 利用编码节点进行查询进行编码 | 查询功能较弱 |
| 注释（笔记） | 单一片段（字、词、句、段落、案例、文件）可建立注释；注释内容可进行编码 | 多对多注释；注释内容不可以编码 | 所有数据片段都可以建立注释；注释内容可以编码；注释可以连接任何数据片段 |
| 连接 | 除段落外，任意事件间可以建立参考连接 | 事件间可任意连接 | 编码之间不可以连接 |
| 可视化 | 结构图、矩阵、交叉表 | 云视图、网络视图 | 共词图、频率图 |
| 中文版 | 有 | 无 | 有 |
| 协作 | 支持 | 支持 | 支持 |
| 侧重 | 研究分析功能 | 软体功能友善（操作简单灵活，界面友好） | 编码操作简单、人性化 |
| 优势 | 编码功能强大 | 查询功能优越输出结果多元化 | 后续质性数据处理、分析 |

　　由表 7-2 可知，三款软件各有优劣，但总体来看，Nvivo 软件在图书情报学界的应用基础较好，被认可程度高，本书拟采用 Nvivo 工具软件进行移动图书馆开放式问答文本的用户优化需求识别，数据编码思路如下：

　　（1）收集数据；

　　（2）选择数据测试集，导入 Nvivo 工具软件，对原始资料进行段落化整理；

　　（3）自底向上，先浏览和阅读文本数据的词语、句子、段落这些片段信息，逐段逐行进行浏览编码，建立节点；并对其命名形成自由节点原始体系，之后在归纳总结的基础上建立树状节点对自由节点进行归类、整合、综合和组织，形成完整的节点体系；

（4）组织学术团队对节点具体特征描述及节点归类的合理性和可靠性分析；

（5）自顶向下，使用所建立的节点体系对样本数据进行节点统计与分析，从而找出用户对移动图书馆服务平台的优化需求。

## 二、移动图书馆技术特征的不满识别方法

移动图书馆优化目标不仅包含用户优化需求的识别，而且包含对实现用户优化需求的技术特征的确立。因为用户对需求的表达常常模糊或不够精确，明确需求的技术特征其实质就是对需求的内涵做进一步的挖掘，以提高移动图书馆服务质量优化的针对性。

技术特征是对用户优化需求的进一步解读，其中引发用户不满的技术特征对于移动图书馆服务质量优化有现实意义。移动图书馆服务质量对应着这些技术特征的实现程度。

目前关于不满的识别方法有关键事件调查法、Shapley 值法等。关键事件调查法所获取的数据仍属非结构化文本，需辅之以定性分析方法，而 Shapley 值法则可以针对结构化数据进行定量化分析。考虑到在用户优化需求识别的基础上，用户针对需求的技术特征调查可以采用结构化问卷获取数据，因此本书拟采用 Shapley 值法进行不满的技术特征识别。

### （一）应用 Shapley 值法识别移动图书馆不满因素的适用性分析

Shapley 值，中文翻译为沙普利值、夏普利值或夏普里值，是诺贝尔经济学奖获得者劳埃德·S. 沙普利（L. S. Shapley）基于合作博弈所提出的以个人贡献度为基础的整体价值分配计算方法。康克林和利波维茨基（M. Conklin & S. Lipovetsky）认为 Shapley 值法不仅具有应用于市场决策分析的优势，而且可用于识别影响零售商店顾客满意的关键不满意因素和关键改进因素。焦建玲[①]等运用 Shapley 值法分析了高校职称评定各指标的影响力问题。杜亚灵等[②]使用 shapley 值方法分析了我国第三方物流企业顾客不满意的关键因素和能够使顾客愉悦的关键因素，王元华等[③]也分析了 Shapley 值适用于

---

① 焦建玲，张九天，韩智勇，等. Shapley 值及其在职称评审中的应用 [J]. 运筹与管理，2005 (1)：119 – 122.

② 杜亚灵，朱秀文. 鉴定顾客满意的关键因素 [J]. 北京科技大学学报（社会科学版），2005 (2)：87 – 93.

③ 王元华，唐伟. 夏普里值在顾客满意度测评中的应用研究 [J]. 数学的实践与认识，2008，38 (21)：44 – 49.

识别导致顾客不满意的质量属性。以上探索为本书的研究提供了很好的借鉴。

Shapley 值的出发点是，在 $n$ 人合作博弈中，根据每个参与人员对联盟的边际贡献分配联盟的总收益，同时组成联盟的成员不再关心自己的特殊利益，而是为整个联盟的最大利益而努力。作为合作博弈的一个重要的解，Shapley 值法兼顾了个体理性和集体理性，满足了"纳什均衡"的一般要求。

Shapley 值的求解公式如下：

$$\varphi_i(v) = \sum_{S \subseteq N} \frac{(s-1)!(n-s)!}{n!} v(S-i) \tag{7-1}$$

其中 $N$ 是合作博弈参与成员的集合，即 $N = \{1, 2, 3 \cdots, n)$，$n$ 是合作博弈的参与成员总数。$S$ 表示为 $N$ 的任意子集，也称为合作博弈的一个联盟。$s$ 表示联盟 $S$ 中所含成员的个数，而 $(S-i)$ 集合则表示 $S$ 中除了 $i$ 之外的其他成员组成的联盟。$v(S)$ 是评估每个联盟 $S$ 效用水平的特征函数，即联盟 $S$ 的收益。根据 $v(S) - v(S-i)$，就可以得出成员 $i$ 对联盟 $S$ 的边际贡献。因而 $\varphi_i(v)$ 就表示第 $i$ 位成员的应得分配，即 Shapley 值。

如果我们将共同影响移动图书馆服务质量的多个技术特征因素视为合作博弈，而各因素即为参与成员，联盟的共同目标就是移动图书馆服务质量的提升。运用 Shapley 值法可以衡量各个因素在移动图书馆服务质量控制中的贡献程度，即其重要性程度，从而合理充分地配置有限资源，实现最大限度地提升移动图书馆服务质量的目的。

根据对用户的调查，获取有效可靠的数据，对质量维度的标记顺序并不影响结果计算，基于有效数据中的全体用户看法来识别移动图书馆服务质量的关键不满因素满足 Shapley 值求解的基本前提，即有效性公理、对称性公理和可加性公理。因此将 Shapley 值方法应用于与移动图书馆用户优化需求相对应的不满技术特征的识别，在理论上是适用的。

## （二）Shapley 值法应用的具体步骤

### 1. Shapley 值的计算

根据 Shapley 的计算式（7-1），要确定联盟成员应得分配的 Shapley 值，首先要确定表示联盟收益的特征函数 $v$，而特征函数的确定是 Shapley 值研究的难点。计算 Shapley 值可由专家打分法获取数据计算特征函数，也可直接使用用户的调研数据计算特征函数。本书拟采用康克林和利波维茨基提及的方法，通过广泛的用户调研来获取数据，以计算特征函数 $v$。

计算特征函数的具体思路如下：

以使用李克特 5 级量表进行用户调研（1 分代表"非常不满意"、5 分表示"非常满意"）为例，调研时请用户对各个技术特征因素进行打分，同时也对整体服务质量进行打分。用 D 指代用户对移动图书馆整体服务质量不满意（打分小于3），则 D′表示用户对整体服务质量满意（打分大于等于3）。用 F 表示用户对服务质量众多因素中的某个子因素不满意（打分小于3），则 F′表示对该子因素满意。我们可以用各种样本数据的比值关系来估计各种概率，计算方法为：

$$P(F \mid D) = \frac{既对维度\ i\ 不满意又对整体服务质量不满意的样本数}{对整体服务质量不满意的样本数} \qquad (7\text{-}2)$$

$$P(F \mid D') = \frac{对维度\ i\ 不满意但对整体服务质量表示满意的样本数}{对整体服务质量表示满意的样本数} \qquad (7\text{-}3)$$

合作博弈特征函数为

$$v(M) = P(\sum M > 0 \mid D) - P(\sum M > 0 \mid D') \qquad (7\text{-}4)$$

在式（7-4）中，$M$ 是服务质量子因素集合的子集，$M > 0$ 则表示的是对这个子集中的任一子维度都不满意的样本数。

在计算出特征函数的基础上，再根据式（7-1），计算影响移动图书馆服务质量的各个子因素的 Shapley 值。

2. 计算 succeess 值，以识别不满意因素

在识别关键因素时，康克林和利波维茨基在计算出 Shapley 值的基础上，又根据公式（7-2）、（7-3）构造出 success 函数，具体计算方法如下：

$$success = reach - noise = P(F \mid D) - P(F \mid D') \qquad (7\text{-}5)$$

式（7-5）中 reach 表示的是在对整体服务质量不满意的前提下用户对子因素的不满意率，noise 则表示在对整体服务质量满意的前提下用户对子因素的不满意率。研究目的是为了准确识别技术特征中用户的关键不满意因素，因而为了提高成功率，以整体服务质量不满意为前提的 reach 值越大越好，而以整体服务质量满意为前提的 noise 值越小越好，即 success 函数越大越好。success 值越大的维度，引发用户不满意的作用就越大。

先对计算出来各个子维度的 Shapley 值进行重要性排序。根据降序排列结果，采用累积的方式计算出各因素联盟的 success 值，使 success 值递增的前 $x$ 个因素即为识别出的使用户对移动图书馆服务质量不满意的关键技术特征。

3. Shapley 值法结果验证

当用 Shapley 值法分析识别出用户不满意的关键因素后，为了对照和验证识别结果的正确性，可运用归因危险度分析理论作为补充验证工具，计算归因危险度（attributable risk，AR）和相对危险度（relative risk，RR）的值，如果按照这些数值识别的结果与 Shapley 值法的识别结果一致，就可以表明识别结果的正确。

归因危险度（AR）主要使用上文中相对应于用户对移动图书馆服务质量及其各个子因素满意或不满意的代码（用 N 表示样本总数），可以表示为：

$$AR = \frac{NP(D) - NP(D \mid F')}{NP(D)} = 1 - \frac{P(D \mid F')}{P(D)} \qquad (7\text{-}6)$$

相对危险度（RR）是与归因危险度相对应的概念，使用上文的代码，计算方法如下：

$$RR = P(D \mid F)/P(D \mid F') \qquad (7\text{-}7)$$

由式（7-2）、式（7-3）和式（7-6），可以得出 AR 和 RR 之间的关系式：

$$AR = reach\left(1 - \frac{1}{RR}\right) \qquad (7\text{-}8)$$

根据式（7-8），归因危险度 AR 是一个百分数，AR 越大说明用户对该因素不满和对整体服务质量不满意的相关性越强。而相对危险度 RR 比值范围在 0 至 ∞ 之间，当 RR =1，表明用户对某因素不满意与用户对整体服务质量的不满意无联系；而 RR > 1 时，表明两者存在正联系，比值越大，联系越强。因此，在识别关键影响因素时，首先分析 success 值的变化，提取出能够使 success 函数达到最大值的因素联盟，再使用 AR 和 RR 值是否越来越大进行辅助判断，从而确定与用户对整体服务质量不满意之间联系最大的因素联盟。

## 三、移动图书馆优化项目的确立方法

在用户优化需求的识别和不满特征的识别完成之后，移动图书馆服务质量优化还必须落实到具体的优化项目，即考虑服务质量优化过程中可能涉及的人力、财力、技术、时间等资源约束，综合进行移动图书馆服务平台的用户优化需求权重分析、技术特征重要性分析、需求与技术特征的相关分析、市场竞争表现分析、优化成本分析。本书借鉴质量功能展开（QFD）方法中质量屋相关数据计算思路，并提出优化改进指数计算方法，以简化质量屋在实际应用中的难度，增强可理解性。

质量功能展开（Quality Function Deployment，QFD）是把用户对产品的需求进行多层次的演绎分析，转化为产品的设计要求、产品细节特性、产品设计过程要求的质量工程工具，用来指导相关产品的健壮设计和质量保证。这一技术产生于日本，在美国得到进一步发展，并在全球得到广泛应用。质量屋是质量功能展开（QFD）运用的核心，是顾客声音和技术人员声音的"桥梁"，因而是最基本和最具战略性的阶段。研究人员认为质量屋在服务质量改进中更具有适用性和可行性，并把质量屋当作服务质量改进或服务产品创新中重要的决策和评价工具。王砚羽[1]分析发现服务的特点和质量屋方法的核心思想相吻合：服务的同时性要求用户的参与，这是质量屋原理的关键；服务的无形性要求服务机构重视对用户感知服务质量的把握和控制，这一点是质量屋要

---

[1]　王砚羽. 服务质量屋的改进与应用研究 [D]. 南京：南京航空航天大学，2012：23.

解决的问题；服务的非存储性要求服务机构更加注重用户满意和对产品的依赖，这是质量屋要达到的效果。

从现有的研究成果看，质量屋用于服务质量优化的主要优点体现在：构建用户需求简单质量屋，直观，方便确定评价指标体系；关注用户个性化、差异化需求，提升产品或服务用户满意度；定量化分析，直观、科学，避免了主观意识太强的缺陷；促进信息流通，可操作性较强，有助于实现资源优化配置。但质量屋用于服务质量优化也存在不小的缺点：使用该方法涉及较多较大规模的矩阵计算，数据处理过程复杂，量化中指标重要度排序等不可避免地带有主观意识，且质量屋模型使用要监测用户动态需求，工作量大，任务重，使用成本较高。

在图书情报研究领域，研究人员使用质量屋评估服务质量，找出影响图书馆服务质量的主要因素。他们研究的结果表明，质量屋在图书馆服务的质量控制过程中起连接用户需求和序化图书馆服务的影响因素，从而起到指导图书馆服务的作用。施国洪[①]等构建移动图书馆用户需求评估模型质量屋，评估移动图书馆用户需求，综合考虑质量特性的重要度和技术难度来确定需改善的用户需求项，证实了质量屋能够缩减服务设计的成本和时间，并为移动图书馆服务质量和用户满意度的提升确定更为具体的实现方向。

但现有研究也表明独立使用质量屋方法进行图书馆服务质量优化，无法避免前文提到的种种缺陷，所以质量屋方法可以配合其他方法使用，定量研究和定性研究相结合，如层次分析法、专家分析法确定指标重要度，调查问卷法确定重要度排序，模糊理论帮助确定用户需求多样性和差异性，集值迭代法帮助计算等。

## (一) 质量屋中所需要的关键指标

### 1. 优化需求重要性

优化需求重要性指用户对各项优化需求定量评分的相对比重，通过对资深用户、图书馆员、移动图书馆的产品开发人员进行调查来综合判断。

### 2. 需求与技术特征的相关分析

相关矩阵是描述用户优化需求同实现这些需求的技术特性之间的相关程度，邀请经验丰富的移动图书馆建设者、提供者、研究人员对用户优化需求和技术特征之间的相关性进行判断，有助于移动图书馆服务质量优化工作的顺利开展。

### 3. 技术特征重要性

由于技术特征的落实依托于移动图书馆的技术开发人员，因而他们对技术特征的

---

① 施国洪，张晓慧，夏前龙. 基于 QFD 的移动图书馆用户需求评估研究 [J]. 图书情报工作，2014 (11)：46-51.

重要性判断可以为移动图书馆服务质量优化提供专业视角分析。

4. 市场竞争表现

它通过了解本产品和对手产品市场表现的比较来实现，邀请移动图书馆建设者、提供者和研究人员进行市场竞争性判断，并使用本产品表现和竞争对手表现的比值表示本产品的市场竞争力。

5. 优化成本

由于移动图书馆服务质量优化工作必然需要投入人力、财力、技术、时间等资源，因而判断技术特征的优先级别和资源耗费，能够增强优化工作的可行性。同样可以邀请移动图书馆建设者、提供者和研究人员结合自身的工作实践来进行判断。

## （二）基于 QFD 方法的相关指数指标计算

质量屋作为 QFD 的核心工具，为数据的收集分析提供了框架，但不能将众多环节的数据整合为一个清晰的判断指标。本书依托质量屋的核心架构，从平台内部、外部将优化过程的各个环节进行区分，并据此提出一个综合考虑内外部评估的优化指数。

1. 外部评估指数

在移动图书馆服务质量优化工作中，用户优化需求是移动图书馆服务质量优化的外在推动力，而市场竞争则带来外部压力。同时，由于用户优化需求只有转化为相应的技术特征，才能为移动图书馆服务质量优化指明方向，因而判断需求和技术特征的相关性，是移动图书馆服务质量优化工作的关键。为了更好地诊断移动图书馆平台自身的问题，有必要引入外部用户和第三方专家学者识别优化需求，判断市场竞争表现、需求和技术特征相关性。

在优化需求识别上，除了使用频率较高的资深用户建议，图书馆员对于图书馆功能和用户服务的实践有更深的认识，而产品开发人员作为移动图书馆平台的建设者，也是平台的第一使用者，因而有必要对资深用户、图书馆员、产品开发人员进行调研，以便准确、全面地识别出移动图书馆的优化需求。

同时由于用户和技术开发人员对平台的关注点不同，邀请经验丰富的移动图书馆产品经理、图书馆管理人员、研究人员对用户需求和技术特征之间的相关性进行判断，能够弥补这种差异。而且对市场竞争的判断，也有赖于这些专家的丰富经验。

在质量屋分析需求—技术特征相关程度的基础上进行拓展，本书提出需求—技术—市场关联度这一概念，用 DTM（Demand – Technology – Market）表示。作为移动图书馆服务质量优化的外部评估指数。

$$DTM_j = \sum_{i=1}^{m} W_i \times T_{ij} \times M_i \tag{7-9}$$

$W_i$ 表示第 $i$ 个用户优化需求的权重，其中 $m$ 代表的是优化需求的总数量。$T_{ij}$ 则表示第 $i$ 个优化需求与第 $j$ 个技术特征之间的相关程度值。$M_i$ 指的是在第 $i$ 个优化需求上的市场竞争表现，用本产品表现与竞争对手表现的比值进行表示。

2. 内部评估指数

移动图书馆服务质量的优化，需要平台内部管理人员和开发人员落实外部用户优化需求。移动图书馆的技术开发人员可以判断具体技术特征的重要性程度，而优化工作必然需要投入人力、财力、技术、时间等资源，因而管理人员判断技术特征的优先级别和资源耗费程度，能够增强优化工作的可行性。

借鉴王砚羽[①]将质量收益和质量成本之差作为改进经济学分析的思路，本书将开发技术人员的技术特征重要程度、优化资源耗费程度、改进优先级别 3 个调查数据进行结合，作为移动图书馆服务质量优化决策的组织内部评估集合，并用优化决策指数 IDS（Improvement Determine Index）表示。

优化决策指数 IDS 是通过（改进优先级别 + 技术重要性 – 优化资源耗费度）计算得出的。

3. 整体计算指标——优化改进指数

由于需求和技术特征之间的相关性是质量屋的核心，而且这种相关性也能够将移动图书馆平台的外部和内部评估数据连接起来，因而本书构建计算出每一个技术特征的优化改进指数 SII（Service Improvement Index）。

$$SII_j = DTM_i \times IDS_j \tag{7-10}$$

通过整合平台优化的内外部评估数据，本书的研究实现了对用户优化需求、技术特征、市场表现、优化决策的综合考虑，从而使管理决策、实践和方法立足于明确的数理证据之上，即实现了基于数据的优化决策。

① 王砚羽. 服务质量屋的改进与应用研究 [D]. 南京：南京航空航天大学，2012：23.

▶ 第八章

# 移动图书馆云服务概述

## 第一节　云服务有关概念

### 一、云计算与云服务的定义

云计算的定义有多种说法。对于到底什么是云计算，至少可以找到 100 种解释。现阶段广为接受的是美国国家标准与技术研究院（NIST）的定义，云计算是对基于网络的、可配置的共享计算机资源池能够方便地、随需访问的一种模式。这些可配置的共享资源计算池包括网络、服务器、存储、应用和服务。在云计算的概念中，硬件和软件都是资源，并被封装为服务，用户可以通过网络按需地访问和使用，这也是云计算的核心原则。

云计算服务，即云服务。中国云计算服务网的定义是：云计算服务指可以拿来作为服务提供使用的云计算产品，包括云主机、云空间、云开发、云测试和综合类产品等。

### 二、云计算的基本特征

在云计算中，软硬件资源以分布式共享的形式存在，可以被动态地扩展和配置，最终以服务的形式供用户使用。一般来说，云计算的基本特征有以下几点：

#### （一）按需服务

按需分配，是云计算平台支持资源动态流转的外部特征表现。"云"是一个庞大的资源池，包括网络、服务器、存储、应用和服务，用户可以根据自身需求进行选择和购买，云计算服务甚至可以像自来水、电、煤气那样计费。

## （二）虚拟化

云计算支持用户在任意位置使用各种终端获取各项应用服务。用户所请求的资源来自"云"，应用在"云"中某处运行，但实际上用户无需了解，也不用担心应用运行的具体位置。只需要一个终端（个人计算机甚至手机），就可以通过网络服务来完成各项工作任务。

## （三）高可靠性

用户总是担心存储在电脑中的重要资料会因为软硬件故障而丢失，云计算出现之前，用户一般采用移动硬盘、电脑互相备份等方式进行资料备份。如今市面上琳琅满目的云存储服务将彻底打消用户的顾虑，轻松实现重要资料的安全存储和备份，这就是云服务带来的高可靠性。"云"使用了数据多副本容错、计算节点同构可互换等措施来保障服务的高可靠性，使得云计算比本地计算机更为安全和可靠。

## （四）通用性

云计算并不针对特定的应用，在"云"的支撑下可以构造出千变万化的应用，同一个"云"可以同时支撑不同的应用运行。

## （五）高可扩展性

高可扩展性是指一种可以快速和弹性地提供资源，并且可以快速和弹性地释放资源的能力。对用户来说，"云"的规模可以动态伸缩，满足应用和用户规模增长的需要。云计算可以弹性地提供所利用的资源，用户可根据需要随时增加或减少所使用的资源。用户可以利用的资源看起来似乎是无限的，并且可在任何时间、任何地点按需求获取任意数量的资源。

## （六）极其廉价

"云"的特殊容错措施导致其可以采用极其廉价的节点来构成，"云"的自动化集中式管理方式使大量企业无需负担日益高昂的数据中心管理成本，"云"的通用性使资源的利用率较之传统系统大幅提升，因此，用户可以充分享受"云"的低成本优势。

## （七）潜在的危险性

云计算服务除了提供计算服务，还必然提供存储服务，这就带来了数据安全的潜在危险。政府机构、商业机构（特别是像银行这样持有敏感数据的商业机构）对于选择云计算服务应保持足够的警惕。信息社会中信息是至关重要的。所有这些潜在的危险，都是商业机构和政府机构选择云计算服务，特别是国外机构提供的云计算服务时，不得不考虑的一个重要的前提。

## 三、云计算的三大服务模式

云计算的主要概念都源自"一切皆服务"，云计算的三大服务模式分别为基础设施即服务（Infrastructure as a Service，IaaS）、平台即服务（Platform as a Service，PaaS）和软件即服务（Software as a Service，SaaS）。

### （一）IaaS

IaaS 为客户提供完善的计算机基础设施服务（含硬件和底层软件），为客户提供处理、存储、网络，以及基础计算资源，通过创造虚拟的数据中心，把内存、I/O 设备、存储和计算机能力集中起来形成一个虚拟的资源池，并根据客户对资源的实际使用量或占用量进行收费。IaaS 就像云中的标准厂房，可供电、供水、供气。客户租用标准厂房后，只需要再购置机器和雇佣工人即可。

IaaS 具有免维护、经济性高、标准开放、应用支持广泛、可扩展性强的特点。目前 IaaS 的代表产品有亚马逊 EC2、IBM Blue Cloud、思科 USC 和 Joyent 等。

### （二）PaaS

PaaS 是指以服务形式为开发人员提供开发环境、服务器平台和硬件资源，使其能够在这个平台上开发新的应用，或者扩展已有的应用。用户并不需要管理和控制云的基础设施、网络、服务器、操作系统或者存储，但用户可以控制部署应用，对应用环境进行配置。

与当前基于本地的开发和部署环境相比，PaaS 平台具有开发环境友好、服务类型丰富、管理监控精细、可扩展性强、采用多租户机制、整合率高等优点。其典型的产品包括 Salesforce 的 Force.com、Google 公司的 Google App Engine、微软的 Windows Azure 平台、亚马逊的 AWS 云计算平台和 Heroku 等。

### （三）SaaS

SaaS 是最成熟、最知名，也是应用最为广泛的一种云计算模式。SaaS 指提供商通过互联网为用户提供应用软件服务，用户通过按需付费的方式从提供商订购并使用应用软件服务，不需要购买软件和相应的基础设施，也无需对软件进行升级和维护。SaaS 模式，对于用户来说实现了零安装、零维护和零剩余。

与传统桌面软件相比，SaaS 的优势在于使用简单、安全性高、初始成本低等。其典型产品包括 Google Apps、Salesforce CRM、Microsofi Office Web Apps 和用友伟库 CRM 等。

## 四、云计算的部署模式

云计算的部署模式包括私有云（Private Cloud）、公有云（Public Cloud）和混合云（Hybrid Cloud）。

### （一）私有云

私有云是指某个企业单独构建和使用云环境，IT 能力通过企业内部网，在防火墙内以服务的形式为企业内部用户提供，私有云的所有者不与其他企业或组织共享任何资源。

### （二）公有云

公有云是由若干企业和用户共同使用的云环境，业务和功能以服务的形式，通过互联网来为广泛的外部用户提供。

### （三）混合云

混合云是整合了公有云和私有云所提供服务的云环境。用户根据自身因素和业务需求选择合适的整合方式，制定其使用混合云的规则和策略。

# 第二节　云服务在图书馆中的应用

云计算作为一种 IT 基础设施与服务的交付和使用模式，它的出现深刻地影响着互联网的服务模式。图书馆的职责是信息组织和知识传递，图书馆历来是 IT 新技术实践的重要场所，新技术的应用常常在图书馆率先开启。联机计算机图书馆中心（Online Computer Library Center, Inc., OCLC）启动的"Web 级合作型图书馆管理服务"是图书馆界接受云服务的重要标志性事件。2009 年 4 月，OCLC 宣布推出基于 WorldCat 书目数据的"Web 级合作型图书馆管理服务"，这是图书馆界公认的第一个云计算服务，这也宣布了图书馆界正式进入云服务时代。美国国会图书馆与 DuraSpace 公司合作的 DuraCloud 项目是图书馆对云服务进一步应用的重要见证。该试点项目的主要目的是检测云技术在维持数字内容永久访问上的性能。DuraCloud 项目通过云计算，使一个机构在不需要本地构建技术基础设施的情况下能够实现数据的存储和访问。尽管云服务在云存储、云基础设施服务、图书馆管理系统（LIS）等方面给图书馆带来了机遇，但也有学者担心云服务会给图书馆管理带来不小的挑战。胡小菁等①认为，云服务时代图书馆管理面临的挑战包括可替代性问题、标准问题、数据安全和保密问题、知识产权问题。机遇与挑战并存，随着云计算的不断发展，云计算在图书馆的应用逐渐增多，并得到了图书馆界的认可。

## 一、图书馆云服务平台

云计算给图书馆的自动化系统、图书馆管理系统、数字图书馆平台带来了新的理念，图书馆云服务平台层出不穷。云计算已经深入图书馆的业务管理平台。OCLC 已经为图书馆提供了全套云计算图书馆信息管理服务产品，该产品包括联合合作编目、馆际互借资源共享、WorldCat. org、WorldCat Local、QuestionPoint、Contentdm、流通管理、采购管理、版权管理等九个功能模块，涵盖了图书馆几乎所有的服务和业务管理工作。对 Worldcat 数字图书馆而言，云计算技术为其本身和成员馆都带来了巨大的效益，其效益主要体现在以下两方面：大幅提高信息资源利用率，充分整合信息资源。Proquest 公司也已宣布将推出纯 SaaS 架构的图书馆自动化管理系统 ITOTA。

在中国，采用云计算打造的图书馆云服务平台不也少。结合云计算、SaaS、Web 2.0、SOA（service-oriented architecture，面向服务的架构）等技术，基于 CALIS 三期建设目标，王文清等②提出了 CALIS 云战略和相应的数字图书馆云服务平台（即 Nebula 平台）模型。该模型适合于构建大型分布式的公共数字图书馆服务网络，能将分布在互联网中各个图书馆的资源和服务整合为一个整体，形成一个可控的自适应的新型服务体系。谢原等③提出了图书馆联盟云计算服务平台的架构设计，并实现了吉林省图书馆联盟云服务平台建设，云平台包括书刊管理子平台、知识发现与获取子平台、数字资产管理子平台、云存储子平台和基础架构服务子平台等。魏达贤等④基于云计算技术提出的国家数字图书馆基层服务云，旨在实现服务云内各级数字图书馆之间的资源与服务的共建共享，为读者提供一个资源丰富、获取便捷的数字图书馆服务云，主要建设内容有硬件资源的云共享、数字资源的云建设、业务系统的云服务和信息资源的云

① 胡小菁，范并思. 云计算给图书馆管理带来挑战 [J]. 大学图书馆学报，2009 (4)：7-12.

② 王文清，陈凌. CALIS 数字图书馆云服务平台模型 [J]. 大学图书馆学报，2009 (4)：13 - 18 + 32.

③ 谢原，张静鹏，周秀霞. 图书馆联盟云计算服务平台的设计与实现——以吉林省图书馆联盟云服务平台建设为例 [J]. 情报科学，2012，30 (12)：1854 - 1857.

④ 魏达贤，谢强. 基于云计算的国家数字图书馆基层"服务云"研究 [J]. 国家图书馆学刊，2012 (4)：41 - 47.

服务。赵美凯①基于 Eucalypts 构建了数字图书馆私有云服务系统，成功地将数字图书馆系统中的统一检索、数字仓储、资源加工、网页采集、论文提交等各子系统，以及图书馆自动化系统灵活部署到数字图书馆私有云中的不同虚拟机上。刘乃强等②提出了图书馆 SaaS 知识服务云平台应用体系结构，构建图书馆 SaaS 模式知识服务云平台。

## 二、云存储平台

云存储是指通过集群应用、网格技术或分布式文件系统等功能，将网络中大量的各种不同类型的存储设备通过应用软件集合起来协同工作，共同对外提供数据存储和业务访问功能的一个系统。与传统的存储设备相比，云存储不仅仅是一个硬件，而且是一个由网络设备、存储设备、服务器、应用软件、公用访问接口、接入网和客户端程序等多个部分组成的复杂系统。随着数字资源的不断增加，加之图书馆数字化进程的不断推进，图书馆面临的存储压力不断增加，主要是硬件增加带来的预算压力，还有安全存储的压力。云存储服务为图书馆存储带来了新的选择。云存储服务为图书馆节约了数据存储、维护和管理等多项成本，借助云存储服务，图书馆可以提供内容更加丰富的服务。

马晓亭等③基于亚马逊网络服务（amazon web services，AWS）研究，提出了一种基于 AWS 云服务平台的数字图书馆云基础设施构建方案，该建设方案具有较高成本收益、可靠、灵活、全面的特点。李爱勤等④将云存储引入数字图书馆资源存储中，构建了基于体系结构、拓扑结构及功能模块三方面的数字图书馆资源云存储方案。随着图书馆界对云计算的认识不断深入，图书馆采用云存储的案例逐渐增多。为减少重复建设与投入，提高资源利用率，温州市构建了一个区域联盟的图书馆数据云存储服务中心，建成了一个功能全面、资源丰富、全市图书馆共享的数字资源库，数据中心以温州大学图书馆机房作为主要的云存储数据中心。云存储中心的建立有力地推动了图书馆联盟成员馆之间的信息资源共享，改进了图书馆的服务方式，提升了服务效果，更广泛地发挥了图书馆联盟的作用。伞红等⑤采用 IBM 服务交付管理器（IBM Service Delivery Manager，ISDM）打造了湖北省图书馆云计算中心，云平台管理包含云计算资

---

① 赵美凯. 基于 Eucalypts 的数字图书馆私有云服务系统的研究与实现［D］. 北京：北京邮电大学，2012.

② 刘乃强，武巍泓. 构建图书馆 SaaS 模式知识服务云平台［J］. 图书馆工作与研究，2010（9）：28－31，

③ 马晓亭，陈臣. 基于亚马逊 AWS 云服务的数字图书馆云计算基础设施构建，情报科学，2013，31（1）：46－51.

④ 李爱勤，鲍凌云，冯晓娜. 数字图书馆资源云存储模型研究. 现代情报，2012，32（2）：48－50.

⑤ 伞红，王涛. 图书馆的云计算中心建设——以湖北省图书馆为例，图书馆杂志，2012，（12）：68－71.

源管理平台、云计算计费管理平台、云计算安全平台等。云计算中心不仅能提供更好的基础架构及信息资源共享，提高业务系统的稳定性，还能克服业务访问瓶颈，降低了维护运营费用。加利福尼亚大学图书馆的数字图书馆运维体系曾遇到经费短缺、技术压力和安全隐患三方面的问题，向校园私有云和专业开放云迁移的组合策略成为解决这些问题的首要对策。通过渐进式的分批次过程，图书馆集成系统、馆际互借系统、内容管理系统和校外访问代理系统先后迁移到软件商托管云、OCLC 公共云和校园私有云平台，最终实现图书馆基于 IaaS 层的全面云端化。

## 三、数字资源服务

随着数字图书馆的迅速发展，数字资源成为图书馆文献资源的重要部分。保持数字资源访问服务的稳定性，是所有图书馆技术部门的重要工作，事关读者对图书馆服务的满意度。如果不考虑资源长期保存这个因素，数字资源走向云服务是必然的。因为在云服务环境下，数字资源访问更为稳定和高效，而且有利于解决高峰时段资源访问速度慢的瓶颈。高校图书馆数字资源采购联盟（Digital Resource Acquisition Alliance of Chinese Academic Libraries，DRAA）于 2011 年启动高校图书馆集团采购管理系统 DRAA 新门户建设项目，新门户体系架构中的"云"思想主要体现在硬件虚拟化、服务联合化、数据云朵化三个方面。新门户的建设部分实现图书馆资源迁出和存储整合，定期收集、整合、维护和存储资源数据，实现本馆引进资源的导航与评估功能，避免了各成员馆资源重复整合却又难以共享的问题。美国俄亥俄州图书馆与信息合作网（Ohio LINK）使用亚马逊云服务管理一些公共数字资源，匹兹堡大学使用 EC2 服务托管该馆的网站，用 S3 服务备份图书馆集成系统，并且还计划用 Flickr 和 EC2 服务管理未来的数字馆藏资源。

# 第三节　移动图书馆走向云服务

随着移动互联网的迅速发展、智能手机的不断普及，各项服务的移动化势不可当。如今通过智能手机购物、订票、订酒店、上网看新闻、收发邮件、阅读等已经司空见惯，甚至手机银行的服务都已经非常普及。移动就是一切，以前通过个人计算机才能完成的功能和操作，现在通过智能手机基本都能完成。可以预见，服务移动化的趋势将会继续进行下去，将会继续深刻地影响民众的生活方式。对很多学生来说，手机不再仅仅是通信工具，更是一种手持式信息检索工具。移动图书馆的推出，满足了读者随时随地阅读文献和享受服务的需求，使得图书馆服务无处不在、无所不在，这也正是未来图书馆发展的趋势和目标，即实现图书馆服务的泛在化。

随着全球移动图书馆项目的推进，移动图书馆服务的普及率不断提升，服务模式走向多样化，移动图书馆正走向蓬勃发展的时期。但是移动图书馆的发展隐患已经呈现，目前的移动图书馆建设呈现功能单一化、资源孤岛化、投入产出比不高的趋势，移动服务基本是桌面服务的简单移植，缺乏创新，难以吸引读者使用；移动图书馆与数字图书馆相脱离，移动资源建设模式单一，缺乏优质的阅读资源，难以满足读者的阅读需求，无法与商业阅读平台竞争用户；现阶段移动图书馆系统投入较大，而实际服务效益不高，使得国内外不少图书馆及其主管部门或投资方对推出移动服务的态度较为谨慎，如何降低移动图书馆的运行成本是需要思考的重要问题。因此，我们必须对移动图书馆现有的服务模式、运行模式进行创新，否则移动图书馆服务将逐步失去对用户的吸引力。

云计算和云服务为移动图书馆的运行模式提供了新的思路，云计算将为移动图书馆注入新的活力。移动图书馆云服务就是指采用云服务理念的移动服务的新模式，是云计算在移动图书馆服务中的应用案例。移动图书馆云服务是指将云计算理念和技术融入当前移动图书馆运行和管理模式中，打破孤立和封闭的移动服务系统，通过整合云服务产业链，重塑云服务生态系统，梳理图书馆、资源商、移动平台服务商、读者之间的角色关系和利益关系，为移动用户提供高质量移动图书馆服务的新理念和新思路。首先，云计算不要求终端具有很高的配置，这和智能手机的特点非常相符；其次，通过云服务的方式可以有效整合图书馆的数字资源，更好地解决移动资源的版权问题，真正发挥图书馆的文献资源优势，凸显内容为主的用户需求，更好地满足移动用户的移动阅读需求；最后，云服务模式将有效降低移动图书馆运行和维护的成本，减轻图书馆的经费压力，提升经费使用绩效，使得更多的图书馆能快速推出移动图书馆服务。

# ▶ 第九章

# 移动图书馆云服务体系架构研究

从计算领域开始，云服务架构到目前为止已经比较完善，在各个领域都得到了广泛的关注和应用。图书馆历来是 IT 新技术的重要场所，新技术的应用经常在图书馆率先开启。云服务在图书馆管理系统、资源云存储和数字资源服务等领域都得到了广泛的应用，相应的云服务体系架构趋于成熟。移动图书馆作为近年来迅速发展的一项新服务，尽管很多高校图书馆和公共图书馆均选用成熟的移动图书馆系统，采用 SaaS 云服务模式开展移动服务，但是目前对于移动图书馆云服务体系架构的理论研究却很少。只有对移动图书馆云服务体系架构开展更为深入的研究，才能更好地完善移动图书馆的服务模式，更好地促进移动图书馆云服务的应用和发展。

## 第一节 移动图书馆云服务体系架构研究现状

### 一、云计算对移动图书馆服务模式的影响

云计算是指在分布式处理、并行处理和网格计算的发展上提出的一种新型计算模型，是一种新兴的共享基础架构的方法。作为一种新兴的共享基础架构的方法，云计算的应用给图书馆的服务方式与服务内容带来巨大变革，同样对移动图书馆的服务模式产生了重要的影响。云计算为移动图书馆服务提供了新的发展思路，云计算服务器中的大型存储器为日益丰富的数字文献资源的聚合奠定了坚实的基础，促使移动服务对使用者终端硬件的要求大幅降低，用户只需一台支持浏览器技术的移动设备，如手机、平板电脑、PDA 等，即可享受移动图书馆的服务。

云计算环境下的移动图书馆服务具备更多的服务优势，同时为移动图书馆创新服

务带来新的发展机遇和更多的可能。师晓青①提出，在云环境下，移动图书馆的服务优势在于统一移动通信标准和降低终端设备要求，同时在云计算环境下移动图书馆将为实时参考咨询带来新局面，为推广阅读拓展新空间，为导读、书籍推荐等传统服务带来新机遇。施海燕②提出云计算给移动图书馆服务带来的影响主要体现在四个方面。第一，改变了现有的移动图书馆服务模式。在云计算环境下，海量数字资源将存储于云服务器中，使用者无需再通过短信点播或 WAP 站点浏览等方式来获取电子图书等数字资源，只需使用移动设备通过浏览器即可接入"云"端存储器自行选择所需资源。第二，整合最丰富的数字图书资源。云计算时代，全世界范围内资源商的数字资源都可以聚合到云端的存储服务器中，使用者只需遵守服务端既定的访问规则和访问权限，即可获取来自云端的数字文献资源。第三，创建自主、多元的虚拟知识社区。在云计算背景下，虚拟社区将向个性化、自由化、多元化的方向发展，每个使用者都可以自由地创建虚拟社区，并跟具有共同学习目标或兴趣爱好的其他读者一起交流与协作，同时与来自世界各地不同文化背景的读者进行交流，从而实现多元化的文化知识交流。第四，对移动图书馆终端设备的要求大幅降低。在云计算背景下，所有数据的存储和处理都将在"云"端进行，由于所有数据的处理都是在"云"端进行，所以对移动设备除了要求运行浏览器本身所需的计算能力以外，再无其他数据处理和数据存储的要求，从而有效降低了对终端设备的硬件要求。李若等③认为，云技术给区域移动图书馆开展信息化服务带来的优势有信息资源云整合、快速资源部署、虚拟化存储、多终端访问等。吕蕴红④提出云计算在移动图书馆建设中具有海量的信息存储空间、安全可靠的数据存储、真正的信息共享等优势。海维克·金菇（Hoivik Jingru）提出云计算技术最适合于移动设备，将图书馆资源存储在云端供全球移动访问，可以实现真正的全球图书馆网络。张莹等⑤提出将移动云计算应用于图书馆，存在五个方面的优势，分别为降低图书馆硬件购置成本，减少人员投入；满足用户需求，提供实时服务；便捷的数据存取，可扩展性强；改变现有移动图书馆模式；整合最丰富的数字图书资源，提高图书馆资源利用率。

将云计算应用于移动图书馆服务不仅给图书馆带来了机遇，同时也带来了不少挑战和难题，如管理问题、数据安全、全文访问和资源版权等。吕蕴红认为，面临的挑战体现在两个方面。首先是云计算环境下图书馆的管理问题。云计算应用于移动图书馆并没有现成的道路可走，这就需要图书馆界迅速应对云计算给图书馆管理提出的挑战，对应用云计算所导致的管理问题进行系统、深入的研究。其次是云计算环境下的知识产权问题。在云计算环境下，通过"云"来托管图书馆自动化集成系统，随着服务规模的日益扩大，知识产权的问题必将日益突出。云计算企业深知"数据核心"原理，因而他们会千方百计地利用这些数据，并以数据整合、数据挖掘、知识服务的名

① 师晓青. 基于云计算的手机图书馆服务研究 [J]. 图书馆工作与研究, 2011 (5): 58-60.
② 施海燕. 云计算和移动图书馆 [J]. 图书馆建设, 2009 (9): 10-12.
③ 李若, 高鸿雁. 面向区域移动图书馆的云平台构建研究 [J]. 情报科学, 2014, 32 (9): 48-51.
④ 吕蕴红. 基于"云"环境的移动图书馆构想 [J]. 图书馆学刊, 2012 (2): 100-101+142.
⑤ 张莹, 俞天岩. 图书馆应用移动云计算技术的探讨 [J]. 沈阳航空航天大学学报, 2012, 29 (6): 80-82.

义使用户数据利用合法化。文伟①也认为妥善解决版权瓶颈是区域性移动图书馆服务的发展动力，数字资源由于受版权保护的原因，数据库供应商通常都严格限制在单一高校内部使用，这已成为限制区域性移动图书馆服务发展的瓶颈问题，建议通过组织专业馆员收集无版权限制的信息资源、适当扩大授权范围、与数字库供应商和文献作者签订数字资源对外营利服务协议等方式，保证图书馆数字资源对外服务中不受版权的限制，同时数字信息资源供应商和文献作者也适当得到一定的补偿，实现双赢的目标。师晓青②对在云计算环境下手机图书馆服务面临的问题进行了分析，认为其存在的主要问题是安全问题和电池瓶颈问题。李桂贞③认为，移动图书馆云服务平台构建面临的问题是全文数字资源的使用和数据安全问题。

## 二、云计算服务体系架构研究

从体系架构的角度来看，云计算平台是为统一有效配置 IT 资源、部署客户应用而搭建的。用户通过应用发出获取信息的请求，云计算平台通过统一调度计算资源回应用户的请求。云计算可以按需提供弹性资源，它的表现形式是一系列服务的集合。云计算分为 IaaS、PaaS 和 SaaS 三种类型，不同的厂家又提供了不同的解决方案，因此目前没有统一的技术体系架构，以下罗列三种有代表性的学者观点。

罗军舟等④结合当前云计算的应用与研究，将云计算服务体系架构定义为三层结构，分别为核心服务、服务管理和用户访问接口，如图 9-1 所示。核心服务层将硬件基础设施、软件运行环

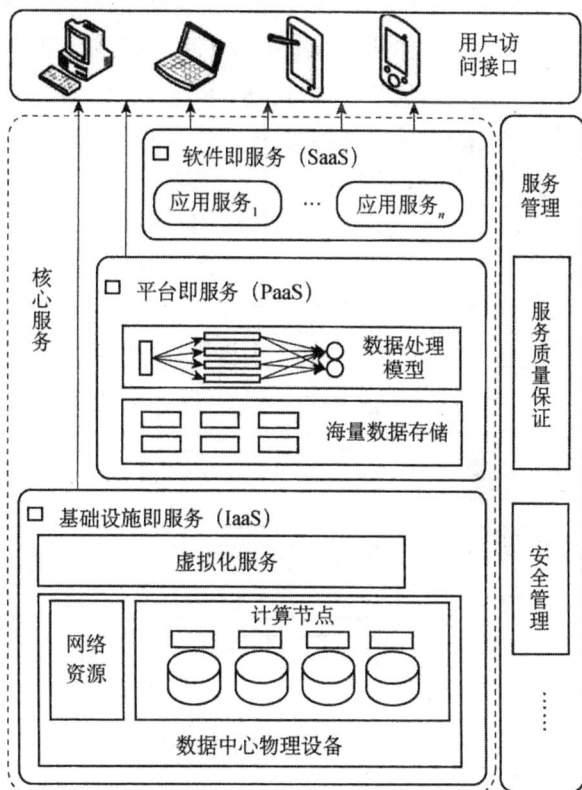

图 9-1　云计算服务三层体系架构图

---

①　文伟. 区域性移动图书馆服务建设初探［J］. 图书馆, 2012（3）：107-109.

②　师晓青. 基于云计算的手机图书馆服务研究［J］. 图书馆工作与研究, 2011（5）：58－60.

③　李桂贞. 基于云计算的移动数字图书馆服务平台构建研究. 现代情报, 2015, 35（3）：82－85.

④　罗军舟, 金嘉晖, 宋爱波, 等. 云计算：体系架构与关键技术［J］. 通信学报, 2011, 32（7）：3－21.

境、应用程序抽象成服务，这些服务具有可靠性强、可用性高、规模可伸缩等特点，满足多样化的应用需求。服务管理层为核心服务提供支持，进一步确保核心服务的可靠性、可用性与安全性。用户访问接口层实现端到云的访问。云计算核心服务通常可以分为 3 个子层：IaaS 层、PaaS 层和 SaaS 层。服务管理层为核心服务层的可用性、可靠性和安全性提供保障。服务管理包括服务质量保证和安全管理等。用户访问接口实现了云计算服务的泛在访问，通常包括命令行、Web 服务、Web 门户等形式。

中国云计算专家刘鹏①提出了云计算的技术体系架构，如图 9-2 所示。整个体系机构由四个层次组成，自下而上依次是物理资源、虚拟化资源、管理中间件和 SOA 构建层。物理资源包括计算机、存储器、网络设施、数据库和软件等，资源池层将大量相同类型的资源构成同构或者接近同构的资源池，如计算资源池、数据资源池等。SOA构建层将云计算能力封装成标准的 Web 服务，并纳入 SOA 体系进行管理和使用，包括服务接口、服务注册、服务查找、服务访问和服务工作流等。管理中间层和资源池层是云计算技术的最关键部分，SOA 构建层的功能更多地依靠外部设施提供。管理中间件则负责资源管理、任务管理、用户管理和安全管理等工作，其核心在于系统管理和监视统计。

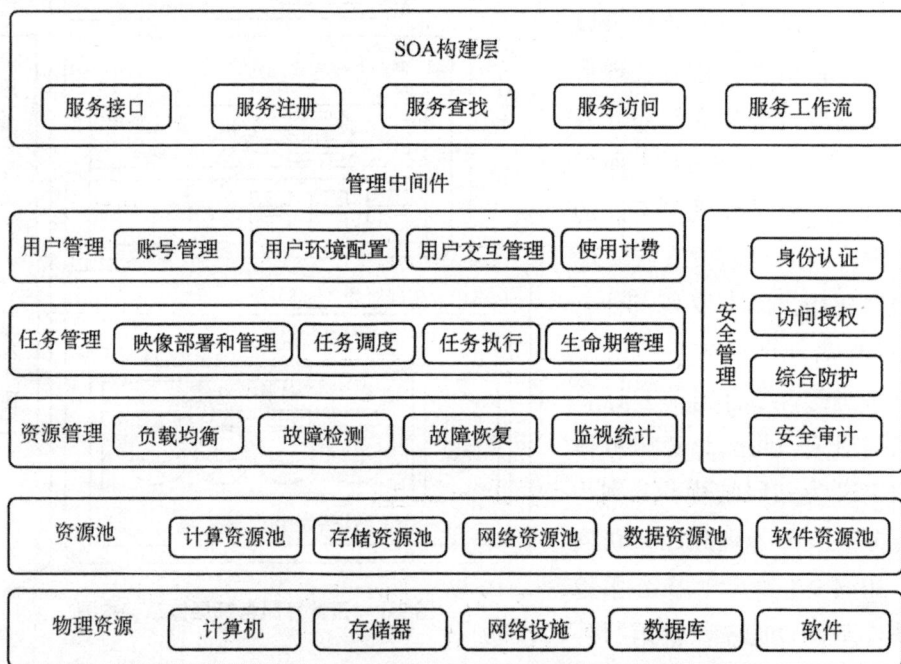

**图 9-2 云计算四层技术体系架构**

---

① 刘鹏. 云计算（第二版）[M]. 北京：电子工业出版社，2011.

雷万云①博士提出的云计算体系架构如图 9-3 所示，整个体系结构由五个主要部分构成，分别为应用层、平台层、资源层、用户访问层和管理层。资源层是指基础架构层面的云计算服务，它把基础架构的各种功能提供给用户，使得用户可以基于这些服务搭建自己的应用。这种服务可以提供虚拟化的资源，从而隐藏物理资源的复杂性。平台层为用户提供对资源层服务的封装，使得用户可以使用并为高级的服务构建自己的应用。应用层为用户提供软件服务。用户访问层是方便用户使用云计算服务所需的各种支撑服务。管理层是提供所有层次云计算服务的管理功能。

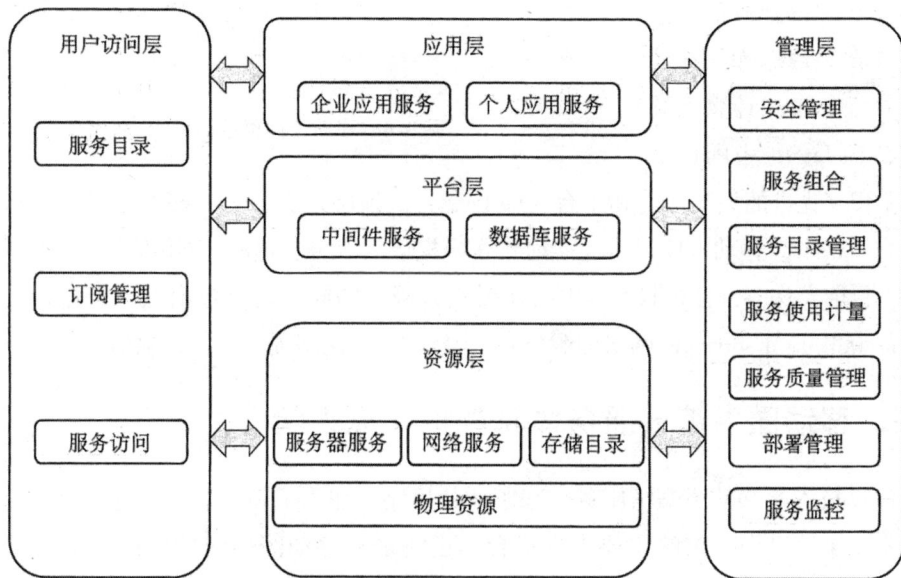

**图 9-3　云计算服务技术体系架构**

# 三、移动云计算及其服务模型

移动云计算是基于云计算的概念提出来的。移动云计算是移动用户/终端通过移动互联网以按需、易扩展的方式获得所需的基础设施、平台、软件或应用等的一种 IT 资源或信息服务的交付与使用模式。移动云计算作为云计算的扩展，提供给移动用户云平台上的数据存储和处理服务。在移动云计算中，终端的移动性要求其在任何时间、任何地点都能进行安全的数据接入，以便用户在移动云计算环境中，通过移动设备使用应用程序及访问信息时，有更好的用户体验。

移动云计算的服务模型可以用"端""管""云"三个组件来描述，如图 9-4 所示。"端"是指任何可以使用"云"提供服务的移动终端设备，包括手机、PDA 等；

---

① 雷万云. 云计算技术、平台及应用案例［M］. 北京：清华大学出版社，2011.

"管"是指完成信息传输的通信网络，即移动互联网；"云"则是包含了丰富资源和服务的平台。"云"端的架构是基于服务的，有三个层次，分别为基础设施服务、平台服务和应用服务，最底层为基础设施层面，由各种服务器、数据库、存储设备、并行分布式计算系统等组成，即 IaaS；中间层是

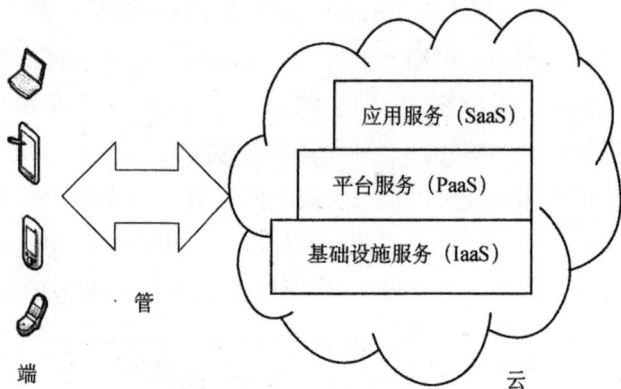

图 9-4　移动云计算服务模型

提供应用程序先进的集成环境和平台，即 PaaS；最顶层是服务云，提供软件、数据等各种应用，即 SaaS。移动云计算通过移动互联网提供云服务，这对于网络带宽提出了更高的要求。目前，许多云计算服务提供商在提供云服务的同时还打包出租网络流量，形成 NaaS（network as a service，网络即服务），当然主要的网络提供者仍是电信运营商。

## 四、移动图书馆云服务体系架构研究现状

云计算技术给移动图书馆服务带来了新的思路，注入了新的理念。施海燕[①]认为云计算将是未来移动图书馆的主要支撑平台，也将推动移动图书馆的发展。国内图书馆与情报界的学者纷纷开展了相应的理论研究，提出了移动图书馆云服务体系架构。

申飞驹[②]阐述了基于云计算的移动图书馆建设思想，提出了移动图书馆云服务的 5 项设计原则（以需求确立定位、以技术支持选择、以体验引领功能、以共享增强保障、以空间满足个性），并提出了移动图书馆整体架构，将系统分为高阶应用层、业务层、数据层，如表 9-1 所示。在云计算环境下的移动图书馆需要实现四大功能：与 OPAC 系统的集成，实现纸质馆藏文献的移动检索与自助服务；与数字图书馆门户集成，实现电子资源的一站式检索与全文移动阅读；与全国共享云服务体系集成，实现馆外资源联合检索与文献传递服务；构建读者信息交流互动平台，实现公告信息发布与读者个性化服务定制。从图 9-4 可以看出，申飞驹提出的整体架构主要考虑了资源的整合与服务，与超星移动图书馆的资源整合服务模式非常相似，侧重于对文献资源的挖掘、整合、管理，在元数据整合的基础上开展资源共享与文献传递服务，而对于其他移动服务关注较少，难以体现移动服务的丰富性。

---

① 施海燕. 云计算和移动图书馆 [J]. 图书馆建设，2009（9）：10 – 12.
② 申飞驹. 基于云计算的移动图书馆建设探析 [J]. 商业时代，2013（15）：54 – 55.

表9-1 云计算环境下的移动图书馆整体架构表

| 高阶应用层 | 统一认证门户系统 | | | |
|---|---|---|---|---|
| | 统计管理系统 | | | |
| 业务层 | 元数据挖掘存储管理 | | 资源调度系统 | |
| | 元数据收割 | | 资源链接 | |
| | 元数据分析 | | 资源调度 | |
| | 元数据建模 | | 资源管理 | |
| | 元数据存储 | | 资源分发 | |
| | 云图书馆共享与文献传递服务系统 | | | |
| 数据库 | 电子期刊 | 电子图书 | 会议文献 | 报纸 |
| | 政府出版物 | 专利 | 学位论文 | …… |

　　朱朝晖等①提出了一个基于云服务的图书馆系统模型，系统模型分为基础设施即服务、基础服务平台（Basic PaaS）、平台即服务和业务接入层。基础服务平台提供对数据库和应用环境的服务，平台即服务提供对图书馆系统的核心功能模块，如统一认证、服务注册与集成、计费、安全等服务。他在此基础上提出了基于云计算的移动图书馆系统架构设计，如图9-5所示，移动图书馆系统的架构由门户展现层、业务应用层、业务管理层、格式适配层等四层构成。用户通过门户展现层提供的各种访问方式使用手机阅读业务。手机阅读业务共包括WAP门户、手机客户端门户、手持阅读器门户、Web门户、管理门户。业务应用层是用户登录站点后可以进行的一些操作和应用的集合，业务应用层主要包含在线阅读、用户下载、个人空间等16项功能。业务管理层包括栏目策划、内容策划、页面定制、排行策略、热门推荐、关联推荐、产品上架、终端适配等。格式适配层将图书资源中各种格式的数字图书转换为移动终端可支持的格式，如HTML、TXT、JPG等。

　　李若等②从信息资源云整合、快速资源部署、虚拟化存储、多终端访问等方面分析云技术为区域移动图书馆开展信息化服务带来的优势，提出基于云技术的区域移动图书馆平台的架构，如图9-6所示，云服务平台架构分为基础设施层、数据存储层、基础服务层、业务应用层、应用展示层等五层。基础设施层是整个框架的支撑系统，保证了一体化管控平台的正常运行，为资源层提供了全方位的环境支持。数据存储层是云存储最基本的部分，在区域移动图书馆云平台的运行过程中，数据存储层为应用展示层、基础服务层的合理运行提供数据支撑，是所有数据信息存储与管理的逻辑表现。数据存储层为各类数据资源的交互交换、检索查询、统计分析、统一存储、统一管理

---

① 朱朝晖，王翔，周冠宇. 基于云计算的移动图书馆系统的研究与设计［J］. 移动通信，2011（9）：29－33.

② 李若，高鸿雁. 面向区域移动图书馆的云平台构建研究［J］. 情报科学，2014，32（9）：48－51.

提供数据支持。基础服务层借助中间件的接口服务，提供区域移动图书馆云平台所需要的通用服务接口组件，支撑不同业务的需求的实现。业务应用系统层是直接为应用系统提供服务的，主要面向数字图书馆的最终应用服务系统。应用展示层是区域移动图书馆云平台展示给用户的最终页面，用户访问该层进行系统操作和功能访问。用户通过权限管理体系确定应用层的访问内容的分布，门户网站层是应用系统层的前台表现，整合接入应用系统，为系统各级用户提供统一、集成、个性化的访问。

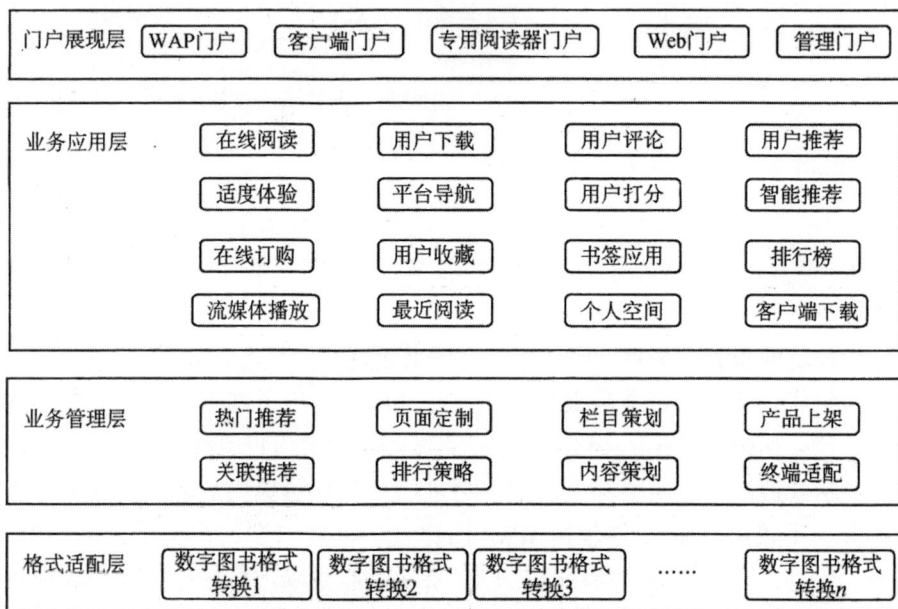

**图 9-5　基于云计算的移动图书馆系统架构示意图**

图 9-5 和图 9-6 所提出的云服务架构更多侧重云计算技术层面的实现，可以作为云计算服务架构在移动图书馆领域的一个移植应用，对于资源云和服务云的构建涉及较少，同时缺乏相应的实践案例支撑，对移动图书馆云服务模式的建设和改进难以形成切实而有效的指导。秦晓珠等[①]提出智能手机等手持移动设备由于其特殊功能的限制，使得其对应的计算能力、存储能力、I/O 输入输出能力、电池续航能力、网络带宽等受到了极大的局限，因此，使得基于移动终端的移动图书馆服务在业务构建模式、服务体系等的深化方面极其有限。将移动图书馆与云计算相结合是一个良好的解决方案，因为云计算一个极大的优势是可以将这些限制条件置于"云端"，由云服务体系中的虚拟计算机集群为高性能的服务器，为移动终端提供计算能力与存储能力，最大限度地发挥移动终端的潜力。通过分析移动云计算环境下数字图书馆的云服务模式，秦海珠等人提出了一种基于应用融合的 MaaS（machine as a service，物联网即服务）服务模

---

① 秦晓珠，张兴旺，李晨晖. 移动云计算环境下的数字图书馆云服务模式构建研究 [J]. 情报理论与实践，2012（5）：90－93＋72.

型，如图9-7所示。MaaS 服务模型分为三层：服务终端、网络载体及移动服务云。移动服务终端是指用户访问图书馆所提供的移动云计算时所使用的各类移动设备，包括手机、PDA 等；网络载体是指由移动运营商所提供的通信网络传输通道；移动服务云则是由图书馆所提供和建立的云端资源和服务，包括基础设施、文献信息资源、个性化服务、相对应的应用软件等。

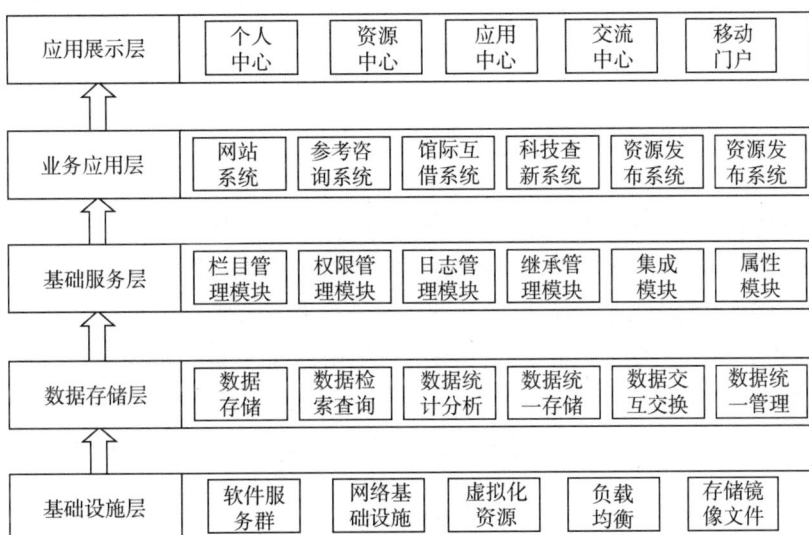

| 应用展示层 | 个人中心 | 资源中心 | 应用中心 | 交流中心 | 移动门户 | |
|---|---|---|---|---|---|---|
| 业务应用层 | 网站系统 | 参考咨询系统 | 馆际互借系统 | 科技查新系统 | 资源发布系统 | 资源发布系统 |
| 基础服务层 | 栏目管理模块 | 权限管理模块 | 日志管理模块 | 继承管理模块 | 集成模块 | 属性模块 |
| 数据存储层 | 数据存储 | 数据检索查询 | 数据统计分析 | 数据统一存储 | 数据交互交换 | 数据统一管理 |
| 基础设施层 | 软件服务群 | 网络基础设施 | 虚拟化资源 | 负载均衡 | 存储镜像文件 | |

**图 9-6　区域移动图书馆云服务平台服务架构**

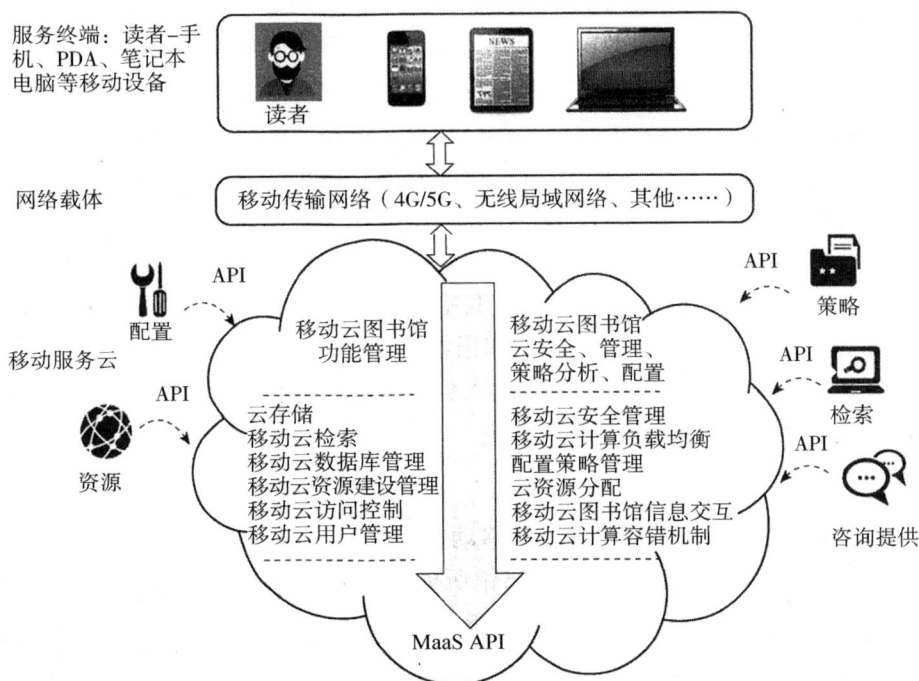

**图 9-7　按需分配的移动云图书馆服务架构**

纵观以上四种移动图书馆云服务架构，可以看出大部分技术架构均为技术层面和理论层面的阐述，对于移动图书馆云服务的具体实施缺乏案例支持，同时和目前现有的移动图书馆服务模式缺乏关联度，均没有涉及新兴的微信服务模式，难以促进移动图书馆云服务模式的升级与改进。对于高校图书馆和公共图书馆的管理者来说，到底如何升级和选择现有的移动图书馆服务模式，如何应用云计算服务理念提高移动图书馆服务质量，提升移动用户的使用体验，依然非常迷茫。想要解决难题，必须对移动图书馆云服务架构进行进一步研究，切实将云计算服务引入移动图书馆服务中来。

# 五、当前云服务模式的问题分析

不少高校图书馆和公共图书馆均选用成熟的移动图书馆系统产品，包括超星移动图书馆系统、书生移动图书馆系统、Boopsie 和 Biblio Mobile 等产品，并采用 SaaS 云服务模式为图书馆读者提供移动图书馆服务。可以看出，云服务模式已经成为当前移动图书馆服务的重要运行模式。根据前文的用户调研结果来看，移动用户对移动图书馆服务的满意度有待进一步提升，当前的移动云服务模式主要存在云服务体系开放性差、移动资源体系不够完善、移动服务体系缺乏创新、移动云服务缺乏个性化等问题。

## （一）移动云服务体系的开放性较差

当前的移动图书馆云服务体系总体来说较为封闭，没有构建完善、开放和可持续发展的移动服务生态系统。在现有的移动服务生态系统中，仅有服务平台提供商和图书馆、读者三个角色，由于系统的封闭性，数字资源商在其中并没有合适的角色和定位。在中国，不管是超星移动图书馆系统，还是书生移动图书馆系统，在移动服务平台上的移动资源基本上都是平台提供商的自有文献资源，不能提供其他资源商的文献资源。比如，在中国最为流行的移动图书馆平台——超星移动图书馆系统，它不仅为图书馆提供移动图书馆服务平台，还提供自有的移动文献资源，其中的超星移动资源包拥有电子图书 110 万种（其中文本格式电子图书 20 万种）、电子期刊 3000 种、音视频有 3 万多集和报纸 300 种。在现有的移动服务生态体系中，更多的资源提供商难以加入现有的服务体系中来，难以体现服务体系的开放性。

## （二）移动资源体系不够完善

移动资源体系是指读者通过移动图书馆可以访问的文献资源共同形成的资源体系，也可称为移动图书馆所提供的各类文献资源的集合。在"内容为王"的信息时代，移动图书馆所能提供的文献资源是读者所关注的重要内容。通过移动图书馆开展移动阅读是读者最喜爱的移动服务之一，建立较为完善的移动资源体系是移动图书馆服务的关键所在，也将是移动服务能否持续吸引读者的重要因素。但是，现有移动资源体系与数字图书馆的资源体系相比，存在非常明显的差距，移动资源体系主要依靠移动服务平台提供商的自有文献资源，导致移动文献资源的来源单一，不仅移动资源体系集成的文献数据库非常少，而且所覆盖的文献类型不够丰富，难以满足移动用户的资源需求。为了进一步完善现有的移动资源体系，必须加强与数字资源商的合作，探索新型的合作模式，提高资源商参与图书馆移动服务的积极性。

### （三）移动服务体系缺乏创新

现有的移动服务缺乏创新，大部分移动服务都是数字图书馆现有信息服务的简单复制，没有充分挖掘和利用移动终端的特性，导致移动服务对读者缺乏吸引力。从移动服务的创新性来看，美国公共图书馆普遍强于中国公共图书馆，比如，美国公共图书馆基本上都提供 GPS 地图导航功能，对于读者通过智能终端查找附近的图书馆、推荐交通路线前往图书馆等非常有帮助；美国公共图书馆提供的通过手机预约取图书功能，也非常人性化。智能手机充当借阅卡、刷手机通过门禁、手机扫条形码借还书等特色移动服务尽管在一些图书馆中得到了一定的应用，但是还远没有得到充分普及。智能手机、平板电脑等移动终端一般都具有摄像、GPS 等模块，这是智能终端非常重要的特性，充分利用这些特性，可以开发出独具特色的移动服务，从而进一步提升移动服务体系的创新性，完善现有的移动服务体系，吸引更多的移动用户使用移动服务。

### （四）移动云服务缺乏个性化

移动图书馆云服务缺乏个性化，主要体现在两个方面：系统界面和功能的个性化及用户的个性化服务。中国公共图书馆的移动服务在系统界面和功能方面明显缺乏个性化，例如，采用同一家移动图书馆系统产品的图书馆，其系统界面（界面风格、色调等）几乎完全一致，甚至没有图书馆的标志；移动服务功能及其位置也几乎完全一致，如果不看主页界面上的单位名称，根本无法分辨是哪个图书馆的移动服务，难以展示图书馆的特色，难以让用户产生较好的服务认同感。移动用户也许会认为使用的是超星移动图书馆系统，而不是某个图书馆的移动客户端。在系统界面和功能上，美国公共图书馆做得更好，尽管选用的是同一个产品，但是其界面和功能具有较好的个性化，而且具有独立的标志和客户端。用户的个性化服务主要侧重用户的服务体验，用户可以根据自身的喜爱，对于系统界面、功能设置进行个性化定制，满足用户的个性化服务需求。

# 第二节　移动图书馆云服务概念及其交付模式

## 一、移动图书馆云服务概念

云服务的出现给各行各业的信息服务带来全新的思路，各类云服务平台层出不穷。

图书馆作为信息技术的应用先锋，利用云服务技术打造了云存储平台和数字资源平台，甚至出现了自动化系统和管理系统的云服务平台。我们有理由相信，云计算服务必将会对图书馆的信息服务模式继续产生深刻的影响。移动图书馆云服务系统平台已经出现，并已经在图书馆中得到了广泛的应用，但根据前文的用户体验调研可以发现，用户对于移动图书馆服务的体验较差，部分服务模式的服务稳定性和有效性较差，不同服务模式之间的移动服务的一致性较差，移动资源难以满足用户对于海量资源访问和阅读的需求。要解决这个问题，必须对现有移动图书馆服务模式进行升级，将云计算理念和技术引入移动图书馆领域，切实提升移动资源的容量，以及移动用户的使用体验，提高移动服务的稳定性和持续性。

移动图书馆云服务并不是一项新的服务名称，也不是一种新的服务模式，而是一种新的服务理念和服务思路，是云计算在移动图书馆服务中的应用案例。当前移动图书馆的服务模式依然是短信息、移动网站、移动客户端和微信，移动图书馆云服务并不会颠覆目前的移动模式，但是将改变移动服务模式。移动图书馆云服务是指将云计算理念和技术融入当前移动图书馆运行和管理模式中，打破当前孤立和封闭的移动服务系统，通过整合云服务产业链，重塑云服务生态系统，梳理图书馆、资源商、移动平台服务商、读者之间的角色关系和利益关系，为移动用户提供高质量移动图书馆服务的新理念和新思路。在移动图书馆服务平台下，系统将不再是一个封闭的服务系统，平台可以接入更多的资源云服务和应用云服务，更多的资源云使得用户可以查询和获取更多资源商的文献资源，阅读更多数据商的电子图书，更多地应用云服务使得用户可以享受更多的移动服务应用。个性化资源与服务推送，有利于读者使用各类移动终端随时随地开展学习，满足读者的个性化学习需求。

## 二、移动图书馆云服务的特点

云服务在图书情报领域已经得到了一些应用，如在竞争情报领域，黄兰秋[①]就提出了基于云计算的企业竞争情报服务模式，认为基于云计算的企业竞争情报服务的特征表现为服务的经济性、安全性、便捷性、个性化、协同性、智能性、多样性等七个方面。移动图书馆云服务将有效融合云计算服务的特点，并呈现出经济性、扩展性、稳定性、可靠性、专业化的特点。

### （一）经济性

廉价的使用成本是云计算服务的显著特点。"云"的特殊容错措施导致其可以采用极其廉价的节点来构成，"云"的自动化集中式管理方式，使大量企业无需负担日益高

---

① 黄兰秋. 基于云计算的企业竞争情报服务模式研究 ［D］. 天津：南开大学，2012.

昂的数据中心管理成本，"云"的通用性使资源的利用率较传统系统大幅提升，因此用户可以充分享受"云"的低成本优势。在云计算服务平台上，各类 IT 资源（计算、存储、网络、数据）面向所有云服务使用者按需弹性扩展或收缩，显著降低所有用户的使用成本。移动图书馆云服务的经济性表现为三个方面。首先，硬件投入成本显著降低，图书馆无需单独购置服务器、存储、交换机等硬件设备，而是根据硬件使用量和服务量（CPU 核心数量、内存容量、存储容量、下载流量等指标）支付使用费用，云服务费用明显低于单独硬件建设的费用。其次，人员维护成本大幅度减低。在传统服务模式下，图书馆技术部同时维护微信图书馆、移动网站、多平台移动 App 等移动服务系统，工作量非常巨大。而云服务平台提供商同时为多个图书馆提供移动云服务，同时提供成本软硬件平台维护、功能升级等工作，绝大部分维护工作不需要图书馆的技术人员参与，对图书馆来说维护工作量明显减少，维护成本和人员投入将明显减少。最后，移动图书馆服务平台使用费用更少，在云服务模式下移动图书馆提供商同时为多个单位提供移动服务，可以有效分摊运行成本，从而有效降低单个图书馆的服务费用。

## （二）扩展性

移动图书馆云服务由于云服务平台的开放性而具备高扩展性，主要表现在 IT 资源、文献资源和移动服务等三个方面。首先是 IT 资源的高扩展性，这是云计算技术的天然优势，表现为一种可以快速和弹性地提供资源，并且可以快速和弹性地释放资源的能力。对图书馆来说，"云"的规模可以动态伸缩，满足应用和用户规模增长的需要。云计算可以弹性地提供所利用的硬件资源，图书馆可根据需要随时增加或减少所使用的 IT 资源。其次是移动文献资源的高扩展性，在移动图书馆云服务平台下，资源云是一个开放的系统，文献资源提供商不再局限于某一家单位或某一个数据库平台，各类文献资源均可以通过云服务方式接入移动图书馆平台中，供移动用户检索和使用，满足读者对海量文献资源的阅读需求。最后是移动服务的多样性，在移动图书馆云服务模式下，服务云也是一个开放的系统，图书馆可以根据自身需求不断扩展和丰富移动服务体系，定制特色的移动服务内容，从而满足读者对各类移动服务的使用需求，以及个性化服务的需求。

## （三）稳定性

用户非常注重移动服务的稳定性，稳定性对于用户体验具有重要的影响，而移动图书馆服务相对而言属于一项新服务，作为服务提供方的图书馆更需要关注服务的稳定性。稳定性直接影响用户是否愿意继续使用移动服务，以及用户对于移动服务的口碑相传。在传统的本地服务运行模式下，要保证各项移动服务模式（移动网站、移动 App、微信图书馆）的稳定性对于技术维护部门来说，需要巨大的工作量。云计算技术的使用，可以有效提升移动服务的稳定性。首先，移动云服务提供商将保障大部分移动服务的稳定性，因为商家为众多图书馆提供移动云服务，如果服务不够稳定的话，服务提供商将承受很大的压力，所以平台提供商需要配置强大的技术维护团队，并为移动云服务提供切实的技术保障能力，以维护各项服务的稳定性和有效性。其次，由于技术维护工作量的减少，图书馆拥有足够的人力监控特色服务的运行情况，保障各项服务接口的正常运行，从而提升云服务平台的整体稳定性。

## （四）可靠性

移动服务的可靠性主要指数据的安全性和服务的稳定性。在移动云服务运行模式上，所有的音视频、电子图书、数字资源、报纸、有声读物等移动阅读资源，以及用户配置信息（个性化设置信息、收藏夹、阅读与学习记录等内容）和用户产生内容（如图书评论、阅读批注、阅读笔记等）都保存在云端，数据的备份、维护、安全，以及升级均由云计算平台进行托管，由专业的 IT 管理团队和数据中心负责提供专业化信息安全与保密方案，可以确保文献资源和用户数据的安全。相比在传统模式下，图书馆单独进行资源保存和数据安全而言，云服务平台可以大幅度提升数据的可靠性和安全性，最大限度地避免因为意外、灾难、系统漏洞等情况产生的数据安全问题。除了数据的安全性之外，通过云服务方式运行移动图书馆服务，移动服务的稳定性均由云平台提供商进行保障，因为云平台提供商拥有专业的技术团队和丰富的服务运行经验，所以移动服务的稳定性更加容易得到保障。

## （五）专业化

云计算是一种先进的社会分工模式，必将催生一个完整的产业链条，更加专业化的分工有助于提升服务的专业性。移动图书馆云服务平台包括移动服务平台提供商、移动资源提供商、图书馆、读者等角色，在云服务模式下，云生态的各种云角色可以发挥各自特长。云服务平台提供商保障云服务平台的数据安全性和服务稳定性，提供丰富的移动服务；移动资源提供商为移动用户制作和提供更多丰富的符合移动终端使用和适合移动互联网传输的各类移动阅读资源，保障移动资源的版权和资源丰富性；图书馆则注重服务的宣传、推广与咨询，密切关注用户需求和使用体验，提供更好的移动服务。在云服务模式下，各角色可以充分凸显各自的专业特长，可以更好地发挥不同领域的专业优势，有效提升移动服务的专业化服务水平，从而构建更加完美的移动图书馆服务模式，最终提升移动用户对于移动服务的满意度。

# 三、移动图书馆云服务的三种交付模式

云计算的主要概念源自"一切皆服务"，云计算的三大交付模式分别为 IaaS、PaaS

和 SaaS。与此相对应地，移动图书馆云服务也有三种交付模式，即 IaaS、PaaS 和 SaaS。

## （一）IaaS

IaaS 通常译为基础设施即服务，这里的基础设施主要指 IT 设施，包括计算机、存储、网络以及其他有关的设施。IaaS 服务指用户通过网络，按照实际需求获得 IaaS 云服务提供商提供的上述 IT 设施资源服务，进而将自己的应用部署到基础设施上面，开展业务工作。IaaS 服务商为客户提供了完善的计算机基础设施服务（含硬件和底层软件），通过创造虚拟的数据中心，把内存、I/O 设备、存储和计算机能力集中起来形成一个虚拟的资源池，并根据用户对资源的实际使用量或占用量进行收费。通常来说，IaaS 服务商提供的 IT 基础设施大致可以分为计算资源、存储资源、网络资源和中间件资源、数据库资源等。可以说，IaaS 服务模式重塑了 IT 资产的拥有者和这些资产所包含的计算能力的使用者之间的关系，简言之，就是与其昂贵地获得产出计算能力的资产，不如低成本地直接获得需要的计算能力。IaaS 服务模式将 IT 资产和 IT 能力相分离，用户作为 IT 能力的使用者，无需拥有资产，就可以获得相应的计算能力。IaaS 服务具有免维护、经济性高、标准开放、应用支持广泛、可扩展性强的特点。

随着各地智慧城市建设进程的加快，各省市均大规模开展大型云计算服务中心的建设，例如，2014 年建成的重庆两江国际云计算服务中心，投资金额达 300 多亿元。可以预见，未来集中的存储中心和云服务中心将成为信息技术领域最重要的发展趋势。移动图书馆云服务作为云计算技术在移动图书馆中的应用案例，IaaS 交付模式的应用领域主要包括移动文献资源的存储和移动服务平台的运行。

移动文献资源的存储。对于移动资源提供商来说，将海量的移动文献资源存储在云端，可以充分利用 IaaS 服务模式扩展性强、经济性高、免维护的特性，为广大图书馆的移动用户提供稳定的移动资源服务。对于图书馆来说，也可以将适合移动终端访问的各类文献资源存储在云端，有效降低移动资源的存储成本。价格低廉和免维护是 IaaS 的重要优势，以新浪的云存储服务 SCS（sina cloud storage）为例，1GB ~ 50TB 的存储空间，使用费用为 0.0063 元/GB/日，下载流量为 0.3GB ~ 2TB，单价为 0.60 元/GB/日，明显低于图书馆单独采购和维护存储的费用。

移动服务平台的运行。对于选择自主研发移动服务系统的图书馆来说，可以选择 IaaS 服务作为移动服务的运行平台。功能较为简单的移动 WAP 网站，占用的存储空间较小，部署在云端，几乎不需要支付额外的使用费用，非常适合 IaaS 云服务。微信图书馆和 App 服务平台也可以轻松实现 IaaS 云服务，在 IaaS 云服务模式下，图书馆可以充分利用云服务的计算资源、存储资源、网络资源和中间件资源、数据库资源等，不需要关注基础的硬件资源即可实现硬件资源的弹性扩展，图书馆可以专注系统平台的功能建设和移动资源的内容建设，从而为读者提供稳定的移动云服务。

## （二）PaaS

PaaS 面向广大互联网应用开发者，把分布式软件开发、测试、部署、运行环境及复杂的应用程序托管当作一种服务，通过互联网提供给用户，使用户能够在平台上开发新的应用，或者扩展已有的应用。用户并不需要管理和控制云的基础设施、网络、服务器、操作系统或存储，但用户可以控制部署应用和可能对应用环境进行配置。PaaS 依托基础设施云平台，通过开放的架构，为互联网应用开发者提供共享云计算的有效机制，覆盖了应用程序开发的完整生命周期，为开发人员提供了包括统一开发环境在内的软件开发服务，使得开发者无须花费过多精力在环境搭建、配置和维护等基础性工作上，可以集中精力于软件编写、功能开发等工作，从而大幅度提升软件和应用开发的工作效率。与当前基于本地部署环境的应用开发模式相比，PaaS 平台具有开发环境友好、服务类型丰富、管理监控精细、可扩展性强、采用多租户机制、整合率高等优点，体现了互联网低成本、高效率和规模化应用的特性。

PaaS 最初只是 SaaS 服务商为提高自己的影响力、增加用户黏度的一种努力和尝试，随着众多 PaaS 平台的成功运营，PaaS 不再是 SaaS 服务的延伸，而发展成为一场互联网应用软件开发革命。目前，PaaS 服务没有标准的服务列表，不同服务商有不同的实现策略和服务内容，例如，Google 在其 AppEngine 上，为用户提供了包括集成开发环境（IDE）、Account、Mail 在内的互联网应用程序开发平台。一般来说，PaaS 提供的服务有软件开发环境（物理环境、开发环境、测试环境、调试环境、部署环境和运行环境）、基于云平台的配套服务（账户、邮件、数据库、消息列表等）、基于 Web 浏览器的使用模式、易于掌握的编程语言和编程环境、安全的工作环境、动态扩展的资源分配、应用程序监控服务、良好的认证和计算机制，从而帮助应用程序开发人员快速定制、开发满足特性需求的互联网应用。

移动图书馆的三种服务模式（移动网站、移动客户端、微信）均可以采用 PaaS 服务架构进行开发和提供服务，PaaS 服务商除了提供开发环境服务外，一般都同时提供 IaaS 服务，所以不仅能够满足移动服务开发人员对于软件开发环境、数据库环境的需求，同时还可以满足开发人员对硬件存储、服务器等 IT 资源的需求。移动服务的开发人员无需考虑服务器和存储资源的弹性配置，也无需从事繁杂的软件开发环境搭建工作，以及复杂的平台安全策略应用，加之 PaaS 服务商提供了丰富的 API（application program interface，应用程序编程接口）接口，可以供开发人员调用，满足了移动互联网服务的开发需求，这样就可以大幅度提升移动服务应用的开发效率，有效缩短移动图书馆应用的开发周期。例如，新浪 PaaS 云服务平台 SAE（sina app engine）就专门为移动 App 开发推出了云推送（Push）服务，这是 SAE 开发的协助开发者推送手机通知的服务，目前支持 iOS 和 Android 系统的推送。开发者通过编写代码调用 API 接口（或直接通过

SAE 提供的页面）推送消息，消息先存到 SAE，再由 SAE 的推送服务发送到苹果的推送服务器（apple push notification service，APNs），最后由 APNs 投递到用户的手机上。

PaaS 云服务在国内移动图书馆服务领域已经有应用案例，未来在自主研发移动图书馆和微信图书馆个性化开发领域将大有作为。微信公众平台也是一项 PaaS 服务，通过微信开发模式就可以实现微信图书馆的菜单定制和功能开发。目前微信图书馆在国内图书馆中的普及率极高，已经成为移动图书馆不可忽视的一种服务形式。根据陈明①的调研，"985" 高校中 84.6% 的院校图书馆开通了微信服务。微信 JS-SDK 是微信公众平台面向网页开发者提供的基于微信的网页开发工具包。通过使用微信 JS-SDK，网页开发者可借助微信高效地使用拍照、选图、语音、位置等手机系统的功能，同时可以直接使用微信分享、扫一扫、卡券、支付等微信特有的功能，为微信用户提供更优质的网页体验。北京市委党校图书馆的陈晨利用微信基础平台 JS-SDK 和新浪 SAE 平台，充分利用 PaaS 提供的各类服务接口，搭建了可交互、富功能的微信图书馆系统，实现了毕业寄语模块、用户分享模块、书籍推荐模块等读者交互式功能，使用户在使用微信图书馆时就像使用原生社交 App 一样，甚至优于原生 App，有效提升了移动用户的使用体验。

## （三）SaaS

SaaS 是最成熟、最知名，也是应用最为广泛的一种云计算模式。SaaS 是一种以互联网为载体，以浏览器为交互方式，把服务器端的程序软件传给远程用户来提供软件服务的应用模式。SaaS 提供商为用户搭建软件服务所需要的网络设施、硬件设施和全部软硬件运行平台，负责前期实施、日常运行和后期维护等一系列工作；而用户只需通过按需付费的方式从提供商订购并使用应用软件服务，不需要购买软硬件和相应的基础设施，也无需招募 IT 技术人员对软件进行升级和维护，对于用户来说真正实现了零安装和零维护。可以看出，SaaS 服务强调的是最终的应用，而 IaaS 和 PaaS 侧重对 IT 资源和底层架构的充分利用。

SaaS 作为一种新型的软件服务模式，与传统桌面软件相比，SaaS 的优势在于使用简单、安全性高、初始成本低等。移动图书馆 SaaS 云服务模式与传统软件开发服务模式相比，具有如下几方面的优势。首先，供应商与图书馆的关系从售卖关系转变为服务关系。SaaS 几乎颠覆了传统的软件授权费用使用模式，服务提供商将应用软件统一部署在服务器上，同时为多用户提供软件和应用服务。图书馆无需购买软件平台，只需要根据使用情况支付软件服务费用，即可获取相应的移动图书馆服务。其次，移动图书馆项目部署周期短，风险较低。采用 SaaS 服务模式，图书馆无需涉及更多的技术工作，移动服务供应商即可在较短时间内协助图书馆完成移动图书馆项目的搭建和部

① 　陈明. 985 高校图书馆微信公众平台调查研究 ［J］. 农业图书情报学刊, 2015 (5)：91 - 93.

署工作，尽快开始为读者提供移动服务。图书馆也不需要承担项目开发失败的风险，因为大部分的移动服务模块都是标准化模块，实施风险极低。最后，SaaS 服务具有多重租赁性和自定制性。SaaS 提供商只需提供一套软件系统就能够同时支持多个图书馆用户，同时，图书馆也可以根据自身的应用需求，定制个性化的 SaaS 软件。

SaaS 是在目前移动图书馆云服务中应用最为广泛的云服务模式。在国内"985"高校图书馆中，90.4% 的图书馆选用 SaaS 云服务模式，主要采用超星移动图书馆系统和书生移动图书馆系统；另外，86.3% 的中国省级公共图书馆选择 SaaS 云服务模式，大部分图书馆采用的是超星移动图书馆服务系统。SaaS 云服务的移动服务模式主要有移动 WAP 网站和移动 App。在美国顶尖的公共图书馆中，大部分图书馆的移动服务采用 SaaS 云服务模式，选用的移动图书馆产品主要有 Boopsie 和 Biblio Mobile。通过选用成熟的移动服务产品，不仅实现了移动图书馆的云服务，而且实现了良好的个性化服务，让每座图书馆都拥有具有馆藏标志的独立 App。可以看出，SaaS 云服务模式在移动图书馆应用中得到了大多数图书的认可。不管是移动 WAP 网站还是移动 App，均适合 SaaS 云服务，对于图书馆来说，不仅可以快速启动移动图书馆服务，免去运行和维护的工作量，还可以实现个性化的定制服务。

# 第三节　移动图书馆云服务体系架构

前面提到，云服务在移动图书馆中已经得到了广泛的应用，尤其是 SaaS 云服务模式，涌现出了超星移动图书馆、书生移动图书馆、Boopsie、Biblio Mobile 等移动图书馆云服务产品，但对于移动图书馆云服务的理论研究明显不足。然而，目前国内外学者对移动图书馆云服务架构的研究更多偏重于理论层面和技术层面，与移动图书馆的服务模式和具体实践的融合较差，相关研究对于移动图书馆的实践和应用缺乏有效的指导。下面结合移动图书馆具体服务模式的实践，分别阐述移动图书馆云服务的三种服务体系架构。考虑到 SaaS 服务是移动图书馆未来的主流模式，将重点讨论 SaaS 云服务体系架构。

## 一、移动图书馆 IaaS 服务架构

IaaS 就是指将硬件和基础软件以服务的形式交付给用户，使用户可以在云服务平台上安装和部署各自的应用程序。一般来说，IaaS 通常包括网络和通信系统提供的通信服务、服务器设备提供的计算机、数据存储空间提供的存储服务，以及操作系统、通用中间件和数据库等软件服务。在 IaaS 云服务模式下，用户能够租用具有完整功能

的计算机和存储设备，从而获得相应的计算资源和存储资源，并满足用户通过网络获取服务的需求，同时根据用户对资源的使用情况进行收费，可以满足用户按需使用、按需付费的需求。

移动图书馆服务模式包括短信息、移动网站、移动客户端和微信，移动网站、移动客户端和微信均可以采用 IaaS 服务架构，将移动服务的应用程序部署在云端，面向移动用户提供移动图书馆服务。其中，移动网站更加适合 IaaS 云服务架构，主要原因有三个方面。首先，移动网站一般具有规模小、占用存储空间小的特点，将移动网站部署在云端，存储成本极低。例如，在新浪云存储 SCS 价格体系中，如果网站存储容量低于 1G 的话，存储费用为 0。其次，移动网站的用户使用量不高，采用 IaaS 服务架构性价比更高。随着智能手机、平板等智能终端设备在移动用户中的普及率逐渐提升，移动用户逐渐偏好功能更为丰富、界面更为友好的客户端应用，人们对于移动网站的需求将逐渐减少。而 IaaS 服务均采用根据使用量收费的模式，非常适合使用量不高的各类应用服务。最后，IaaS 服务架构有助于提升移动网站的服务稳定性。虽然移动网站访问量不高，但是移动网站依然是一种重要移动服务模式，对于图书馆而言，开通移动网站服务是必要的，因为移动网站仍然可以满足非智能手机的访问需求。将移动网站部署在云端，不仅可以减少因硬件问题带来的服务不稳定的因素，有效提升移动服务的稳定性，同时也可以减轻技术人员的维护工作量。

以下将以移动网站为例，阐述移动图书馆 IaaS 架构，其服务架构主要分为资源层、虚拟化层、管理层和服务层，如图 9-8 所示。其中资源层、虚拟化层、管理层都是 IaaS 服务商提供的服务，图书馆仅需要使用虚拟机即可。

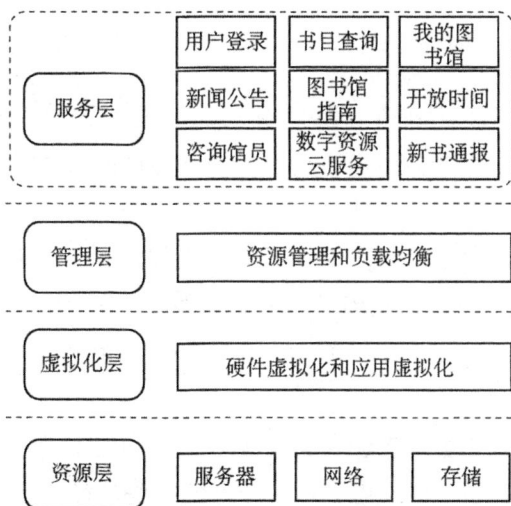

图 9-8　移动图书馆移动网站的 IaaS 架构

## （一）资源层

资源层位于 IaaS 架构的最底层，主要包括服务器、网络、存储等硬件设备。这些硬件资源不再是独立、分散的物理设备个体，而是组成一个集中的资源池。作为移动服务的提供方，图书馆不再需要关心这些硬件资源，只需要根据资源需求申请使用即可。

## （二）虚拟化层

虚拟化层的主要作用是按用户或者业务的需求，从资源池中选择资源并打包，从而形成不同规模和容量的计算资源，或者称为虚拟机。虚拟化层主要包含了各种虚拟化技术，虚拟化技术是 IaaS 架构中的核心技术，以便灵活地使用物理资源构建不同规模、不同能力的计算资源，并可以动态、灵活地进行资源调整。图书馆需要做的就是规划和申请移动站点所需的 CPU 核数、物理内存和存储容量，即可以形成一台虚拟机，并部署移动网站系统。

## （三）管理层

管理层主要对资源层进行统一的运行维护和管理，包括收集 IT 资源信息、了解硬件运行状态和性能情况，并保证计算资源实现负载均衡，以便稳定、高效地提供移动图书馆服务。管理层具有完备的系统监控功能，使得管理人员可以随时了解 IaaS 架构中各个模块、资源的运行状态和性能指标。

## （四）服务层

服务层是指部署在 IaaS 架构中的移动网站应用，通过移动 WAP 门户为移动用户提供各类移动云服务，使用方式为用户通过手机浏览器访问移动站点，满足读者通过智能终端查询书目、办理业务、了解图书馆动态等的服务需求。主要的服务功能包括用户登录、书目查询、我的图书馆（查询读者当前借阅信息、续借、读者证挂失、查询借阅历史等）、新闻公告、图书馆指南（图书馆简介、分馆信息、联系方式、交通指南）、开放时间、咨询馆员（电话咨询、E-mail 咨询、FAQ）、数字资源云服务、新书通报等。

在此特别强调一下数字资源云服务，资源云是移动图书馆云服务的关键。构建完备的移动资源体系，是吸引读者、提升资源服务的重要途径。在移动图书馆 IaaS 架构体系中，构建数字资源云服务非常关键。在移动网站的 IaaS 架构中，可以通过实现用户单点登录（读者成功登录移动网站后，使用数字资源服务系统时无需再次登录），搭建与数字资源移动网站的链接，实现与云资源服务系统的集成，以便读者通过移动网站可以访问更加丰富的数字资源。目前很多数字资源商都已经开始布局移动服务，相继推出了各自的移动资源服务，例如，中国知网作为中国最大的数字资源提供商，通过"手机知网"（WAP 网址：http：//wap. cnki. net/）为移动用户提供集成期刊、报纸、学术论文、工具书等多种文献类型的移动资源服务，其他提供移动资源服务的文献数据库还有博看期刊网、读览天下、网上报告厅、中文在线等。目前国家图书馆 WAP 网站已经成功集成了手机知网、读览天下等数字资源服务。

## 二、移动图书馆 PaaS 架构

PaaS 是云计算的三大服务类型之一，它面向互联网应用开发者，把端到端的分布式软件开发、测试、部署、运行环境，以及复杂的应用程序托管作为一种服务，为互联网用户提供一个共享云计算超大规模计算能力的有效机制。PaaS 覆盖应用程序完整的开发生命周期，为开发者提供集成开发环境在内的一站式软件开发服务，从而大幅度提升软件开发的效率，节约开发者用于开放环境搭建、配置和维护的时间。PaaS 是云计算技术与业务提供平台相结合的产物，它不但可以为更高可用性、更具扩展性的应用提供基础平台，还可以提高硬件资源的利用率，降低业务运营成本，被认为是解放"草根"开发者业务创新能力行之有效的解决方案。从业界对平台即服务 PaaS 的定位来看，它主要是解决业务应用和业务平台解耦的问题，即业务平台能力的资源池化。在 PaaS 模式下，应用程序的开发、测试、部署、运行和维护都在同一个集成环境中进行，有助于降低软件开发、维护的成本，降低项目实施的风险。同时，PaaS 自身的扩展性、可靠性和安全性，有助于解决用户数据、网络流量和源代码的安全问题。最后，PaaS 支持贯穿整个软件开发的生命周期，并提供深入的应用程序监控手段，使得开发者可以随时了解应用程序的运行和使用状态。相对于 IaaS 而言，PaaS 最大的特点就是免运维。使用 PaaS 后，技术人员只需要关心代码，所有的平台运维工作均交由 PaaS 服务提供商去完成，免运维是 PaaS 平台与 IaaS 平台最大的区别。

微信服务已经成为中国高校图书馆和公共图书馆的重要移动服务模式之一，96.7%的省级公共图书馆均提供微信图书馆服务，同时微信也是中国特色的移动服务模式。微信作为移动图书馆的典型服务模式，非常适合采用 PaaS 云服务架构，可以说，微信图书馆天生就是移动图书馆 PaaS 模式的典型案例。首先，微信平台本身就一个简化版的 PaaS 云服务平台，依靠开放的 API 进行功能拓展。微信图书馆依托微信的海量用户群体优势，可以迅速汇集人气，从而有效推广图书馆的移动服务。其次，微信自带的开发工具可以有效地调用微信的各类接口，满足微信图书馆的基本开发需求；同时，PaaS 云服务平台不仅提供一站式的开发环境，还提供了丰富的 API 接口，尤其是各类互联网服务接口，开发人员不仅可以忽略底层硬件设计，还可以有效提高开发工作效率，节约宝贵的开发时间。最后，PaaS 云服务模式可以很好地保障移动服务的个性化，图书馆可根据自身特色开发出更多独具特色的移动服务功能，从而提升微信服务的个性化服务水平。

微信是腾讯公司 2011 年推出的一款免费应用程序，是中国目前最流行的手机社交应用，它可以发送语音短信、视频、图片和文字，可以群聊，仅耗少量流量，适合大部分智能手机。真正影响移动图书馆服务模式的则是 2012 年 8 月开通的微信公众平台功能，凭借众多用户基础、良好交互性和营销推广特性，掀起了移动互联网轻应用开发（Light App）的革命，借助微信公众平台进行服务宣传和推广成为一种时尚和潮流，微信图书馆也由此产生并迅速普及。要实现微信图书馆的移动服务功能，仅依靠微信自身提供的功能是远远不足的，必须使用开发者模式的 API 接口，采用 PaaS 云服务模式将是微信开发应用的一个重要发展趋势。目前，腾讯公司已经推出了微信云服务，微信云服务里的一个重要功能就是向开发者提供由腾讯云统一管理的服务器服务。微信云上线后，目前已经提供了微社区、微信生意宝、微信卡卡、微俱聚等服务商，覆盖了社交、交易、展示、互动、场景等众多模块。除了微信云服务之外，主流的 PaaS 服务提供商也是开发微信图书馆服务的一个很好选择，如新浪的 SAE 平台。以下将以微信图书馆为例，阐述移动图书馆 PaaS 架构，如图 9-9 所示，整个架构自下而上分为基础设施层服务、平台层服务和应用层服务。

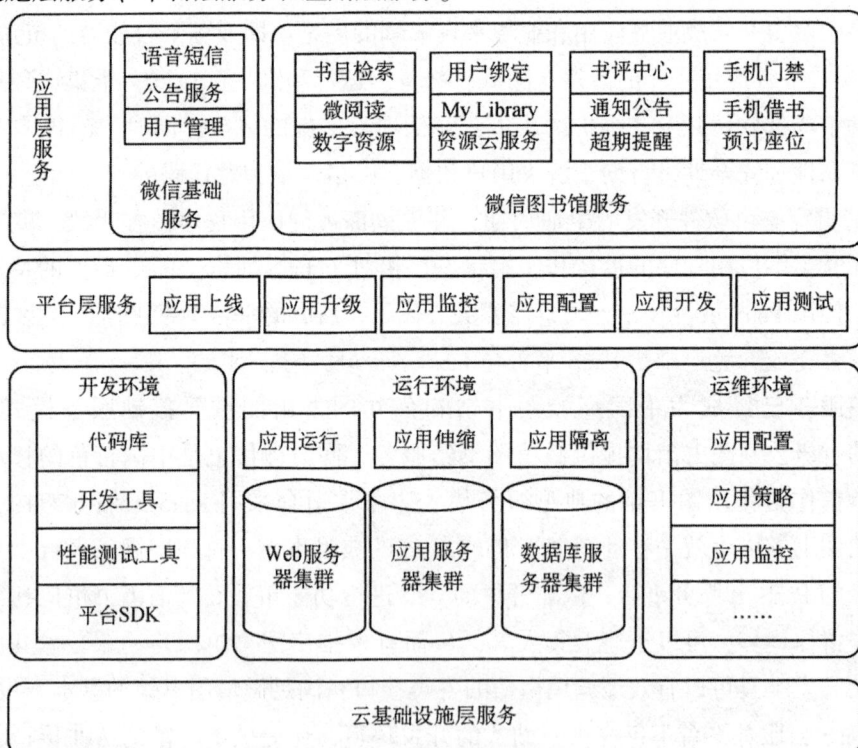

图 9-9　微信图书馆的 PaaS 服务架构

## （一）基础设施层服务

基础设施服务层将经过虚拟化的计算资源、存储资源和网络资源以 IaaS 的方式通过网络提供给用户和管理人员。鉴于前文对基础设施层服务已有较为详细的论述，此处不再赘述。

## （二）平台层服务

平台层包括开发环境、运行环境和运维环境，以及这些环境所提供的一系列平台服务。开发环境为用户提供了快速开发各类应用的支持，运行环境为运行不同的应用提供了一个共享的中间件平台，运维环境则支持不同角色的用户对资源和应用进行管理。

首先是开发环境。在开发环境中，开发人员使用平台 SDK（software development kit，软件开发工具包）和集成开发环境进行应用开发。同时，平台层为用户提供模拟运行环境，供开发者模拟运行程序和调试。为支持应用与平台层的无缝整合，开发环境提供了自身平台的 SDK，SDK 一般包括平台 SDK 和通用服务 API。该 SDK 还能够模拟出与真实运行环境非常类似的测试环境，保证运行时生产环境中可用的各种服务同样在测试环境中适用，并且所有的使用条件和限制也能在测试环境中被反映出来。

其次是运行环境。运行环境为应用提供运行时的各类支持，并持续监控应用的性能，根据工作负载调整资源供给。运行环境需要解决两方面的问题：第一是应用之间的隔离性，每个应用对于其他应用都是不可见的；第二是应用的可伸缩性，应用的容量和能力应该根据访问需求进行动态的改变和调整。通过为不同的应用分配不同的虚拟机和中间件实例，每个应用都可以拥有自己的虚拟运行环境，并且不同应用之间可以做到互不干扰。平台层可以通过虚拟化技术很好地实现动态伸缩，大致包括应用服务器和数据库服务器的虚拟解决方案。

最后是运维环境。运维环境则为用户提供应用的上线、升级、维护，以及运行状态监控和配置等服务。运维环境需要能够有效地处理应用的上线、升级和维护，实现在线的应用配置，并满足管理员随时关注应用的运行状况的需求。

## （三）应用层服务

应用层即为微信图书馆服务，包括微信基础服务和微信图书馆服务。前面提到微信本身自带一些功能和服务，如语音短信、通知公告、用户管理等，这些都属于基础服务，所有的微信公众服务账号都可以提供这些服务。图书馆通过语音信息可以与读者进行交流和互动，实现参考咨询的功能。微信不仅可以实现自动问答，馆员可以设定关键词自动回复读者的提问，如输入"开放时间"，即可返回图书馆的开放时间；还可以实现实时的咨询服务，微信接受读者发来的信息，甚至是语音留言，由馆员进行针对性的回复，必要的时候可以进行音频留言对话。另外，在编辑模式下，由馆员进行资讯的自定义编辑，进行图片、文字、视频等多媒体资源的编辑处理，然后进行图书馆有关活动、新闻、公告的发布与呈现。所有关注了微信图书馆的用户，都可以在第一时间接受到图书馆所推送的内容。

微信图书馆服务主要指图书馆根据读者需求开发和推出的移动图书馆服务，满足读者对更多移动服务的使用需求。应用部署在 PaaS 云平台，不仅可以使用微信云服务，也可以使用新浪 SAE 平台等云服务。微信支持自定义菜单，方便图书馆进行个性化定制和设计，目前支持三个自定义菜单，每个菜单可以放置五项移动服务功能，微信服务功能参见表9-2。读者要使用个性化的微信服务，必须首先进行用户身份绑定。微信的开放性和云服务特性，有助于微信图书馆与其他资源商的合作服务，从而进一步提升微信服务的移动资源容量，例如，博看期刊网和读览天下的微刊产品，就可以很好地集成到微信图书馆中，读者的阅读体验良好。

表 9-2　微信服务功能列表

| 序号 | 服务功能 | 服务说明 |
|---|---|---|
| 1 | 书目检索 | 读者通过书名、作者、出版社等途径检索图书馆的 OPAC 书目信息 |
| 2 | 微阅读 | 提供移动阅读服务，满足读者随时随地阅读的需求 |
| 3 | 数字资源 | 提供数字资源检索服务 |
| 4 | 用户绑定 | 要使用个性化服务，读者必须首先进行用户绑定。一旦绑定成功，下次使用就无需再输入账号和密码 |
| 5 | My Library | 个人图书馆服务（查询读者借阅信息），提供个性化服务 |
| 6 | 资源云服务 | 提供数字资源的云阅读服务 |
| 7 | 新书通报 | 提供图书馆的新书通报，满足读者随时了解图书馆馆藏的需求 |
| 8 | 通知公告 | 通知公告服务 |
| 9 | 超期提醒 | 提前三天免费给读者发送超期提醒信息，提醒读者及时归还图书 |
| 10 | 手机门禁 | 通过微信扫描门禁系统的二维码，直接通过门禁，无需携带读者借阅证 |
| 11 | 手机借书 | 扫描图书的条形码，借阅图书，实现自助借书功能 |
| 12 | 预订座位 | 通过微信预约阅览座位、会议室、研讨室等空间服务 |

# 三、移动图书馆 SaaS 服务架构

## （一）概述

SaaS 是一种以互联网为载体，以浏览器为交互方式，把服务器端的程序和软件作为一种服务提供给远程用户使用的应用模式。SaaS 作为目前最为流行的云服务模式之一，在各行各业中都得到了广泛的应用。大部分高校图书馆和公共图书馆均选用成熟的移动图书馆系统产品，86.3%的中国省级公共图书馆选择成熟的产品，不管是 WAP 网站，还是移动客户端 App，基本都采用 SaaS 云服务模式。在 SaaS 云服务模式下，图书馆作为移动服务的提供方，无需购买服务器、存储等硬件设备，无需进行软件平台的开发，也无需招募额外的技术维护人员，仅需要根据使用情况支付相应的服务费用即可。对于图书馆来说，不仅可以节约硬件购买、软件开发和招募 IT 人员的费用，同时使得移动服务的部署时间更短，降低了项目开发的风险，可以在最短的时间内面向读者推广图书馆的移动服务。与其他两种云服务模式相比，IaaS 侧重硬件资源的利用，PaaS 侧重底层架构的利用，SaaS 则强调最终的服务和应用。

在目前的移动图书馆服务模式中，移动网站和移动客户端都适合采用 SaaS 云服务架构。当前国内主流的移动图书馆产品——超星移动图书馆和书生移动图书馆，其移动网站和客户端都采用 SaaS 云服务架构，并同时为众多的图书馆提供移动服务。国外主流的移动图书馆产品——Boopsie 和 BiblioMobile，其客户端也采用 SaaS 云服务架构，并同时为多个图书馆提供移动服务。超星移动图书馆还推出了 App＋的服务，允许图书馆根据自身需求将新功能集成到超星移动图书馆 App 中，例如，南京理工大学图书馆就扩展了课程表实时发布、课程学分查询、四六级报名系统、招生就业信息发布、馆长与读者交流、读者与读者之间的交流、用户信息安全服务、休闲小游戏等多达十几项的服务，不仅体现了图书馆的特色服务，还极大地丰富了移动服务的功能。

## （二）移动图书馆 SaaS 服务架构设计原则

移动图书馆 SaaS 服务要面向众多图书馆的读者提供移动服务，对于系统的存储、管理、可靠性和安全性要求较高，因此在充分考虑系统的总体目标和应用背景的前提下，移动图书馆 SaaS 服务架构设计应遵守开放性、个性化、扩展性和安全性的原则，以改进当前移动图书馆云服务模式存在的开放性差、资源体系不够完善、服务体系缺乏创新、云服务缺乏个性化等问题。

1. 开放性

移动图书馆云服务系统不应该是一个封闭的系统，因为仅仅依靠系统提供商的资源和服务难以满足移动用户对于海量移动资源的需求。云服务架构应该具有良好的开放性，以便与其他数字资源商开展资源合作，共同为读者提供移动资源检索、移动阅读等服务。同时，云服务系统还需要与图书馆的集成管理系统进行数据交换，这也需要系统具有良好的开放性。

2. 个性化

移动图书馆云服务系统不能采用一个固定的服务界面面向所有图书馆用户提供移动服务，这难以体现图书馆的服务特色，也无法让读者产生对服务的归属感。每个图书馆的移动服务系统必须拥有独立的标志和标识，满足图书馆的个性化需求。同时，云服务系统还需要为读者提供个性化的服务，允许读者设置个性化的服务界面和偏好的移动服务列表，并通过用户行为分析模块，根据读者的喜爱推荐个性化资源和服务。

### 3. 扩展性

随着移动互联网的进步和移动服务的发展，读者和图书馆都必将对移动图书馆服务提出更多的要求，移动图书馆 SaaS 云服务体系应该具备良好的扩展性，这样可以不断地扩充和完善移动服务体系和移动资源体系，以满足读者日益增长的服务需求，持续吸引读者使用移动图书馆服务。图书馆要将本馆的特色服务，如空间预约、硬件服务，集成到移动图书馆系统中，必须要求云服务系统具有良好的扩展性。

### 4. 安全性

云服务系统的安全性尤其重要，因为众多的用户数据、用户个人设置等信息均保存在云端，涉及敏感的用户数据，要求云服务系统具有高安全性。系统要能够抵御来自外部的干扰和攻击，比如，系统操作不当、破坏性使用、恶意攻击，以及系统内部的某些缺陷等。为了防止软硬件故障等原因造成的数据毁坏，要求系统有很强的抗压性和容错性，具有故障检测与恢复功能。同时，系统还应具有数据库备份和恢复功能，对数据库进行定期备份，以便在灾难发生后及时恢复系统和重启服务。

## （三）移动图书馆 SaaS 服务架构

移动图书馆有四种服务模式，分别为短信息、移动网站、移动客户端和微信。移动网站和移动客户端均适合采用 SaaS 服务架构。以下将以移动客户端为例，论述移动图书馆 SaaS 服务架构，如图 9-10 所示。SaaS 服务架构包括四层，分别为云基础设施层、平台层、软件服务层和用户层。云基础设施层和平台层与移动图书馆 PaaS 服务架构几乎一致，在此不再赘述。用户层即为享受移动图书馆客户端的移动用户，鉴于移动终端的平台多样性，为了满足使用不同终端的用户使用需求，移动客户端要至少支持 iOS、Android 和 WP 三种手机操作系统。在平台多样性支持方面，国内的移动图书馆产品不及国外系统，目前国内的超星移动图书馆和书生移动图书馆仅仅支持 iOS 和 Android 平台，均不支持 WP 平台，而国外的 Boopsie 系统不仅支持 WP 平台，还支持 Kindle 平台。以下重点介绍软件服务层的架构和功能。

### 1. 统一身份认证及权限管理

由于移动图书馆服务系统的功能众多，加之云服务模式可能有众多外接的资源系统和服务系统，要求 SaaS 云服务平台具有统一身份认证模块，能够实现单点登录，以及用户权限控制。单点登录（single sign-on，SSO），是指在多个应用系统中，用户只需要登录一次就可以访问所有相互信任的应用系统。SSO 是一个用户认证的过程，允许用户一次性进行认证之后，就可以访问系统中不同的应用，而不需要访问每个应用时，都重新输入密码。IBM 对单点登录有一个形象的描述"单点登录、全网漫游"。常见的单点登录模型方案有 Broker-Based SSO 模型、Agent-Based SSO 模型、Token-Based SSO 模型、Gateway-Based SSO 模型、Agent & Broker-Based SSO 模型和 SAML-Based SSO 模型。张洋洋①基于 SAML 改进的单点登录模型实现了 SaaS 平台的单点登录功能。

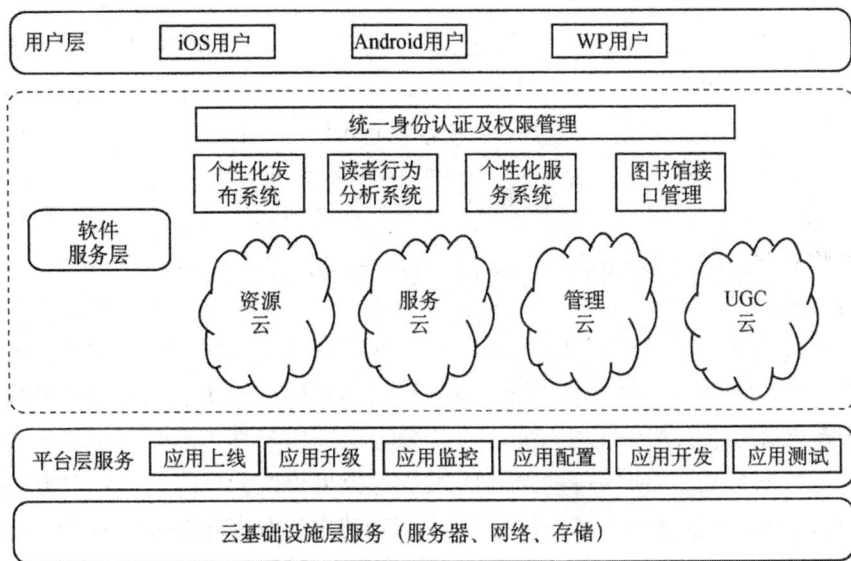

**图 9-10　移动图书馆 SaaS 服务架构**

2. 个性化发布系统

　　目前国内移动图书馆系统的个性化较差，例如，所有使用超星移动图书馆系统和书生移动系统的图书馆均采用同一个客户端，用户登录之后甚至连图书馆的标志都没有，难以满足图书馆的个性化需求。随着移动服务的深入发展，图书馆必将对移动图书馆服务品牌的个性化提出更多的要求。

　　在移动图书馆 SaaS 架构中，配置有客户端的个性化发布系统，满足了图书馆打造个性化服务品牌的需求，功能示意图如图 9-11 所示。SaaS 云服务系统应提供不同页面风格（例如，大图标按钮、类似菜单功能等）供图书馆选择，图书馆可以根据系统要求（例如，图片的大小、颜色和像素）提供图书馆标志，选择相应的功能模块（未来选用不同的功能模块，意味着不同的服务费用，图书馆可以自身需求进行选择）和各项功能模块显示的顺序，修改服务帮助内容（包括如何使用移动图书馆、遇到问题如何寻求帮助、服务电话等）后，即可进行移动图书馆客户端的个性化发布。每家图书馆都可以生成具有图书馆特色的客户端应用，打造图书馆的移动图书馆服务品牌，并同步在苹果应用商店、安卓应用商店等进行应用更新，提示用户更

---

① 张洋洋. SaaS 架构设计及单点登录技术研究［D］. 沈阳：东北大学，2011.

新至最新的客户端应用版本。

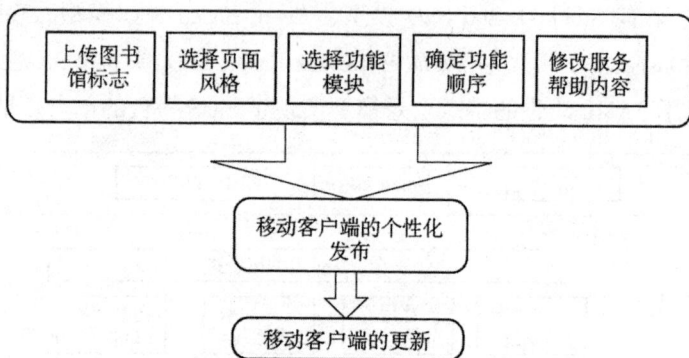

**图 9-11　移动图书馆个性化发布系统**

### 3. 读者行为分析系统

　　移动图书馆 SaaS 云服务系统将移动服务的应用以服务的形式，可以同时为众多图书馆提供移动服务。由于所有读者都访问云端的资源和服务，具有明显的读者数量优势，借助读者访问系统和使用各项服务所产生的访问数据和日志，可以为移动用户行为分析提供良好的数据基础。读者行为分析系统功能示意图如图 9-12 所示，分为读者行为分析系统和移动资源推荐系统两部分，不仅可以分析本机构读者的行为，同时可以分析云服务系统读者的行为，并为后续的资源推荐提供数据基础。依托积累的海量用户访问数据，可以进行读者检索行为分析、移动服务偏好分析和资源使用偏好分析，并可以根据读者类型，进行移动服务使用情况分析。同时，根据读者访问资源的日志，可以开展读者的个性化推荐，例如，查看该电子图书的读者还阅读过哪些电子图书，以及根据读者以往的阅读兴趣，进行相关的聚类资源推荐。

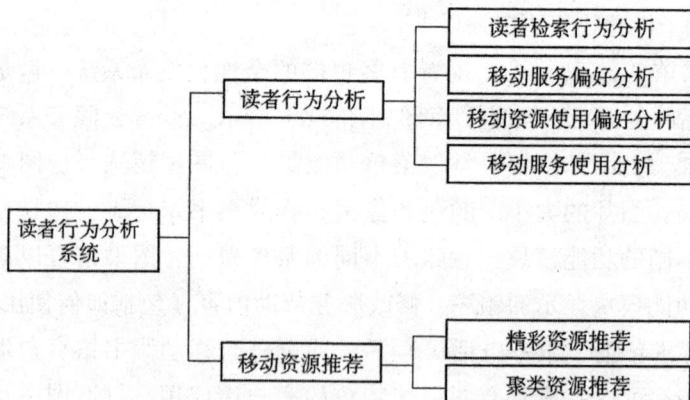

**图 9-12　读者行为分析系统**

4. 个性化服务系统

尽管移动云服务系统为读者提供了丰富的移动服务和海量的移动资源，但是读者对于个性化服务系统仍然充满期待。移动图书馆 SaaS 服务系统的个性化服务包括收藏夹、学习/阅读记录、个性化服务页面、资源订阅服务、借阅记录和扫描历史等，以满足读者的个性化学习和文献利用需求。

"收藏夹"指读者可以对于感兴趣的电子图书、视频、学术论文等资源进行收藏，以便下次迅速定位和阅读。"学习/阅读记录"是指读者使用移动客户端的学习和阅读记录，记录读者的学习和阅读历程。"个性化服务页面"提供个性化设置功能，允许读者设置主页面显示的功能模块，以及功能模块的顺序，对于不喜爱的功能可以选择屏蔽，为读者提供一个个性化的服务界面。"资源订阅服务"是指读者通过关键词的方式订阅移动阅读资源，如果有最新的阅读资源，系统第一时间推送给读者；另外，读者还可以根据喜好订阅系统的各类资源包。"借阅记录"是指读者可以通过客户端查询当前借阅记录、历史借阅记录、超期信息、超期违约金等。"扫描历史"是指读者可以查看查询扫描二维码和条形码的历史。

5. 图书馆接口管理

移动图书馆 SaaS 服务系统要实现用户登录、查询馆藏、查询读者借阅记录等功能，必须与图书馆的集成管理系统进行数据交换，功能实现的方式有数据接口和网页分析两种。网页分析方法的优点是不需要图书馆的技术力量参与，所有工作均由云服务平台提供商承担，但是该方法的缺陷是服务不够稳定，需要定期的技术监控和维护。如果图书馆的 OPAC 等页面发生变化，需要重新设置程序以提取网页中的数据。相对而言，采用数据接口的实现方式则更为稳定和高效，虽然第一次的程序编制工作量较大，但后续的维护工作量较少，无需定期的技术监控，数据接口服务更加稳定。

数据接口是指由图书馆提供其用户登录、OPAC 系统、个人图书馆、空间预约、硬件预约等相关功能的接口，包括用户登录接口（可以根据图书馆账号和密码，验证是否为该图书馆的合法用户，返回登录是否成功标识）、馆藏查询接口（可以通过关键词和相关字段组合查询相关的纸本资源，显示为馆藏图书的题录信息，包括书名、作者、出版社、出版年、索取号、馆藏数量、可借数量等）、纸本的详细页面接口（可以根据纸本图书的馆藏号，查询图书的详细信息，包括相关的藏书情况、所在校区、复本的各个状态、是否在架、是否可借、是否可预约等）、预约接口（可以根据图书的流水号、读者证号、密码去预约图书。接口可以自动去验证该书是否能过预约和自动验证用户的合法性，返回对应的状态）、续借接口（可根据纸本馆藏号、读者证号、密码去续借纸本、接口自动去验证纸本或用户是否服务续借规则和用户的合法性，返回对应的续借操作是否成功状态标识）、研修室预约接口（根据图书馆研修室的使用状态，进行空间服务预约）和预借笔记本接口（根据图书馆笔记本电脑的使用状态，进行笔记本电脑的预约)。

## 6. UGC 云

用户原创内容(user generated content，UGC)，是伴随着以提倡个性化为主要特点的 Web2.0 概念而兴起的。随着互联网运用的发展，网络用户的交互作用得以体现，用户既是网络内容的浏览者，也是网络内容的创造者，即用户将自己原创的内容通过互联网平台进行展示或者提供给其他用户。

移动图书馆领域中的 UGC 主要是读者对于纸本图书和电子图书的书评等内容。随着互联网学习和移动阅读的不断推进，书评已经成为读者之间重要的交流渠道，分享书评成为读者展示自我的一个途径。书评是读者对书籍的独特见解和读后感，属于原创性文学作品。书评不仅是读者阅读的感受，同时可以作为其他读者阅读图书的重要参考；通过书评，还可以加强读者之间的交流和互动，营造在云服务环境下读者分享与交流的新型环境。在移动图书馆 SaaS 云服务模式下，不仅可以实现同一个图书馆内的读者交流，还可以促进不同高校图书馆之间的读者互动，打造全新的网络交流社区。随着移动图书馆服务的普及，书评等 UGC 内容将成为移动图书馆的重要原创内容。此外，基于相似的阅读兴趣形成不同的读书圈，可以满足读者的社交需求，帮助图书馆建立用户阅读社区，使用户之间产生共鸣，并基于阅读兴趣进行传播，从而强化用户对移动服务的忠诚度，提升移动阅读的用户黏度。

书评已经成为图书馆重要的 UGC，随着阅读推广的深入开展，高校图书馆也纷纷发力开展书评资源建设，成效显著。例如，重庆大学图书馆提出"以书评促进阅读"的理念，自 2011 年起将书评纳入借阅流程，加入虚拟书会友的读者在借阅图书后必须发表书评。移动图书馆 SaaS 云服务的 UGC 云可以通过数据接口的技术手段有效整合各个图书馆和其他网站(如豆瓣、京东和当当等)已有的书评资源，从而进一步丰富书评内容，打造书评资源丰富的 UGC 云中心。读者在检索馆藏图书和浏览电子图书的同时，就可以查看和阅读其他读者对当前图书馆的书评内容，当然读者也可以在移动图书馆平台发表自己的书评。

## 7. 资源云

现有的移动资源体系主要存在移动资源容量偏少、文献类型不够丰富、资源商与图书馆的合作较少等问题，仅仅依靠移动平台商的数字资源，难以满足移动用户对于丰富移动资源的需求。移动资源体系的构建须吸纳云服务理念，运用云服务技术，加强图书馆与资源商的合作，共同搭建移动资源云服务系统。移动图书馆 SaaS 云服务系统的资源云架构是一个开放的资源体系，如图 9-13 所示，资源云服务系统可以集成移动平台提供商的资源、图书馆的特色资源，以及其他数字资源商的数字资源，为读者提供集电子图书、学术论文、视频、有声读物、报纸、图片等于一体的丰富的移动资源服务。

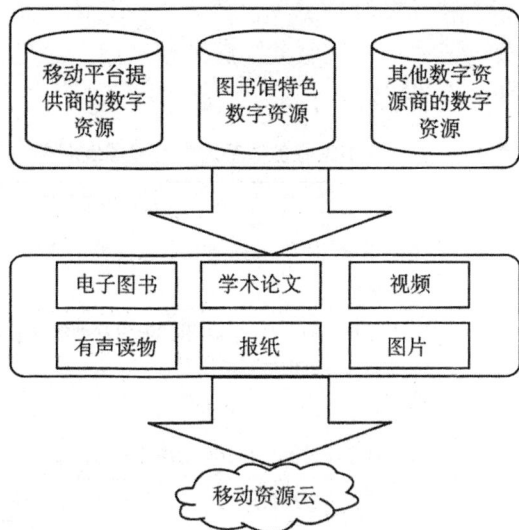

**图 9-13　移动图书馆 SaaS 服务系统的资源云**

要打造移动资源云，除了服务平台提供商自带的数字资源外，还需要集成其他数字资源商的数字资源和图书馆的特色资源。目前有两种集成方式可以采用，分别是元数据和链接 App。元数据方式是指将待集成的数字资源的元数据提交至移动图书馆的统一检索平台，读者通过一站式的检索平台检索各类数字资源，在访问全文的时候进行用户身份认证，由数字资源提供商提供全文内容，类似于目前资源发现系统的实现方式。第二种方式为链接 App，这种方式的前提是数字资源提供独立的 App，并且读者已经安装了该数字资源的 App。移动图书馆云服务平台只提供数字资源 App 的链接，并自动打开读者智能终端的 App，满足读者检索和获取数字资源的需求。从读者使用的角度来看，元数据集成方式更加方便读者使用，无需读者安装过多的 App，使读者的使用体验更佳。

8. 服务云

在移动图书馆 SaaS 架构下，服务体系由学习资源类服务、读者交互类服务、图书馆指南、信息推送服务、个性化服务、移动技术应用类服务、学习与科研支持服务组成，如图 9-14 所示。移动服务体系的设计充分考虑了移动终端的特性（具有 GPS 模块和照相功能），利用已有

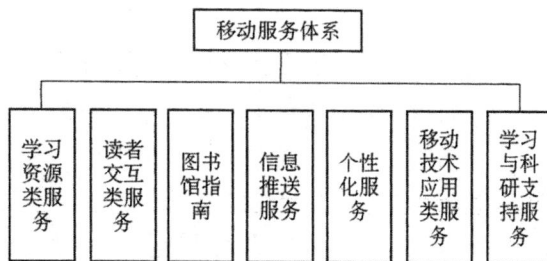

**图 9-14　移动服务体系示意图**

的各类移动技术，满足读者使用移动终端享受图书馆各项创新移动服务的需求。

学习资源类服务见表 9-3，包括馆藏目录检索、图书预借、电子书刊阅读、音频/

视频资料、数字资源检索、移动文献数据库、数字资源阅读、数字资源下载、数字文献传递、扫描二维码下载电子书等十项服务，满足移动用户通过移动客户端对于图书馆馆藏资源和数字资源的检索与获取需求。

表9-3　移动图书馆服务体系之学习资源类服务

| 序号 | 移动服务名称 | 移动服务说明 |
|------|--------------|--------------|
| 1 | 馆藏目录检索 | 通过题名、作者、出版社等检索途径，检索图书馆的馆藏目录，查询图书的馆藏状态 |
| 2 | 图书预借 | 读者在检索到需要的图书后，通过移动终端实现预约借阅，并及时在图书馆服务台办理借阅手续 |
| 3 | 电子书刊阅读 | 检索与阅读电子图书和电子期刊 |
| 4 | 音频/视频资料 | 检索音视频资源，并收听有声读物等音频，观看视频 |
| 5 | 数字资源检索 | 一站式数字资源集成检索平台，提供丰富的检索字段和高级检索功能 |
| 6 | 移动文献数据库 | 检索各类文献数据库 |
| 7 | 数字资源阅读 | 数字资源的在线阅读 |
| 8 | 数字资源下载 | 数字资源的在线下载 |
| 9 | 数字文献传递 | 由于版权的限制，对于部分无法在线阅读和下载的数字文献，通过文献传递的方式，将数字资源发送至读者的邮箱 |
| 10 | 扫描二维码下载电子书 | 扫描电子图书的二维码，即可将对应的电子图书下载至移动客户端 |

"图书预借"是一项创新服务，读者通过移动终端检索到可借图书后，即可申请预借，预借成功后读者就可以到图书馆服务台办理借阅手续。考虑到部分文献数据库未开通移动访问服务，对于无法通过移动终端直接阅读和下载的电子文献，"数字文献传递"可以满足读者对此类数字文献的使用需求。"扫描二维码下载电子书"服务则充分利用智能手机都配有摄像头的功能特性，将热门电子图书通过二维码的形式进行推广，读者只需要扫描二维码，即可将对应的电子图书下载至移动客户端。

读者交互类服务见表9-4，包括参考咨询服务、读者留言、SNS（social network services，社交网络服务）服务、社交网站访问链接、推荐购书、查找附近书友等六项服务，满足读者与读者、读者与馆员之间的交流和互动。"参考咨询服务"和"读者留言"提供读者与馆员之间的交流功能，读者不仅可以对图书馆的各项服务提出建议和意见，在使用图书馆各项服务遇到问题时，还可以通过客户端与馆员进行交流，满足读者随时随地咨询馆员的服务需求。近年来，图书馆都非常重视社交网站服务，如微信、微博等，在移动客户端通过"社交网站访问链接"功能提供这些服务的链接，供读者随时点击使用，增强不同服务之间的链接。"推荐购书"同样是一项人性化的服务，读者在书店查找图书的同时，扫描条形码即可查询图书馆是否拥有馆藏，如果没有，即刻推荐购买，方便读者随时随地推荐购书。SNS服务和"查找附近书友"满足了读者之间的交互需求。SNS服务是Web 2.0时代读者喜爱的服务，读者不仅可以针对喜爱的图书发表书评，还可以将精彩内容通过微信、微博和短信进行分享。"查找附近书友"是一项有趣的移动服务，打开移动图书馆客户端，即可查找附近同样安装客户端的书友，不仅可以添加好友，还可以相互交流和互动。

表 9-4　移动图书馆服务体系之读者交互类服务

| 序号 | 移动服务名称 | 移动服务说明 |
|---|---|---|
| 1 | 参考咨询服务 | 提供电话、邮件、实时等多种参考咨询服务 |
| 2 | 读者留言 | 读者对移动图书馆进行留言和反馈 |
| 3 | SNS 服务 | 包括图书评论、微博、内容分享等功能 |
| 4 | 社交网站访问链接 | 提供各类社交网站的链接，方便读者使用 |
| 5 | 推荐购书 | 读者直接填写题录信息或扫描图书条码，向图书馆推荐购书 |
| 6 | 查找附近书友 | 查找附近同样安装有移动客户端的书友 |

图书馆指南、信息推送类服务、学习与科研支持类服务如表 9-5 所示，包括开放时间、读者指南、通知与公告、短信息服务、书刊推介、优秀 App 推荐、空间服务预约和硬件服务预约等八项服务。"通知与公告"是一项基础服务，满足读者通过移动终端查询图书馆各项通知和公告的需求，应按照活动时间、活动类型、用户群体等进行细分，以便用户查询。"优秀 App 推荐"是指图书馆馆员为读者收集和推荐的各类学习类App，可以有效地提升读者的学习和科研效率，如 EndNote、Notability、GoodReader、Pages、Numbers 和 Keynote 等。"空间服务预约"和"硬件服务预约"是图书馆近年来的创新工作，如果能通过移动终端查询和预约，对于读者来说非常方便。读者可以通过这两项服务查看图书馆的空间服务，以及硬件资源的供应情况和当前使用情况，并对空闲的研修室、阅览座位、会议室、笔记本电脑等资源进行预约。

表 9-5　移动图书馆服务体系之指南、信息推送、学习与科研支持类服务

| 移动服务类型 | 序号 | 移动服务名称 | 移动服务说明 |
|---|---|---|---|
| 图书馆指南 | 1 | 开放时间 | 查看图书馆的开放时间 |
| | 2 | 读者指南 | 图书馆使用指南，包括读者导引、到馆路线、FAQ、联系我们等 |
| 信息推送类服务 | 3 | 通知与公告 | 查看图书馆的通知与公告 |
| | 4 | 短信息服务 | 手机短信息服务，包括预约提醒、到期提醒、通借通还服务提醒等 |
| | 5 | 书刊推介 | 新书通报、热门推荐、馆员推荐等 |
| 学习与科研支持服务 | 6 | 优秀 App 推荐 | 推荐各类学习类优秀 App |
| | 7 | 空间服务预约 | 预约图书馆的空间服务，包括研修室、阅览座位、会议室等 |
| | 8 | 硬件服务预约 | 预约图书馆的硬件服务，包括笔记本电脑、平板电脑等 |

个性化服务见表9-6，包括我的图书馆、订阅功能、读者证挂失、学习/阅读记录、个性化服务页面设置等五项功能，满足读者的个性化服务需求。"读者证挂失"是指读者丢失了借阅证，通过客户端第一时间进行挂失，及时冻结借阅权限，避免因证件丢失造成图书误借。

表9-6　移动图书馆服务体系之个性化服务

| 序号 | 移动服务名称 | 移动服务说明 |
| --- | --- | --- |
| 1 | 我的图书馆 | 包括借阅历史、当前借阅、预约、续借、收藏夹、检索历史、浏览历史、扫描历史等 |
| 2 | 订阅功能 | 关键词订阅资源、RSS（really simple syndication，简易信息聚合）订阅、订阅期刊、讲座订阅、报纸订阅等 |
| 3 | 读者证挂失 | 通过移动客户端挂失读者证 |
| 4 | 学习/阅读记录 | 记录读者在移动客户端的学习和阅读记录 |
| 5 | 个性化服务页面设置 | 设置页面风格、功能模块和排列顺序等 |

移动技术应用类服务见表9-7，包括位置服务、增强现实、NFC（near field communication，近场通信）、扫描条码、二维码借阅证、停车位查询/预约等六项服务。增强现实是一种实时地计算摄影机影像的位置及角度并加上相应图像的技术。付跃安[①]提出了移动AR技术在图书馆中的五种应用，分别是提供图书馆指引服务、实现图书定位、提升阅读体验、开展信息推送、促进馆藏资源的开发和利用。NFC又称近距离无线通信，是一种短距离的高频无线通信技术，通过在NFC芯片上集成感应式卡片、感应式读卡器和点对点通信的功能，能够在较短距离内与相关设备通信，达到识别和交换数据的目的。随着技术的发展和推进，NFC将广泛应用于图书馆的手机读者证、信息推送、数据传输和移动支付等方面。"停车位查询/预约"服务非常适用于公共图书馆，读者在来馆之前查询停车位情况，以便决定是否开车前往。

表9-7　移动图书馆服务体系之移动技术应用类服务

| 序号 | 移动服务名称 | 移动服务说明 |
| --- | --- | --- |
| 1 | 位置服务 | 包括查找最近的图书馆、图书馆导航、交通引导、书架导航等 |
| 2 | 增强现实 | 提供图书馆指引服务，实现图书定位，提升阅读体验，开展信息推送等 |
| 3 | NFC | 手机借阅证、手机支付等服务 |
| 4 | 扫描条码 | 扫描条码查询馆藏 |
| 5 | 二维码借阅证 | 智能手机生产二维码，并可作为读者借阅证 |
| 6 | 停车位查询/预约 | 查询图书馆当前的停车位使用情况，并进行预约 |

① 付跃安. 移动增强现实（AR）技术在图书馆中应用前景分析 [J]. 中国图书馆学报, 2013, 39 (3)：34－39.

9. 管理云

管理云主要满足移动服务的管理职能，包括租用单位管理、图书馆管理、资源管理、服务管理、用户管理等。作为云服务使用单位的图书馆来说，主要管理功能有推送信息管理、用户管理、服务统计等。推送信息管理以对移动图书馆的客户端进行消息推送，例如，重大事件通知或开放时间更改等，可以在第一时间被推送至用户终端。图书馆管理员还可以进行用户管理，查询用户的信息及服务使用情况。服务统计不仅包括本单位总访问量、读者登录次数、App 启动量、App 安装量等，还有读者各项移动服务的使用统计。管理员可以看到读者对图书的所有评价，可以按照图书名称或评论标题来查看，同时可以看到每一个评级的详细内容，还可以针对所有评价进行删除。

# ▶ 第十章

# 移动图书馆云服务运行机制
# 与管理模式研究

## 第一节 移动图书馆云服务运行机制研究

### 一、移动图书馆云服务安全机制

对于移动云服务系统而言，安全性是最重要的质量属性。对于云平台提供商来说，能否提供完备的安全保障是决定云服务系统成败的决定性因素。对于图书馆来说，安全性则是其选择云服务系统的重要决策依据。云计算在提供方便易用与低成本特性的同时也带来了新的挑战，安全问题首当其冲，云安全已成为制约云计算发展的关键因素之一。移动图书馆云服务平台规模较大，同时为众多图书馆提供云服务，存储了海量的用户数据和文献资源，云服务系统本身的开放性，也给云服务系统的安全带来一定的复杂性，除了面临传统的计算机安全问题外，还要面临云计算技术带来的特有的安全问题。能否确保云服务平台的完整性和保密性，在很大程度上影响着图书馆使用移动图书馆云服务系统的意愿。

### （一）云计算平台的安全体系架构

云计算安全是云计算服务提供商和云计算用户之间共同的责任，两者之间的责任界限取决于所采用云计算模式的类型。在不同云计算服务模型中，提供商和用户的安全职责有很大的不同。IaaS 提供商主要负责为用户提供基础设施服务，所以云计算基础设施的可靠性、物理安全、存储安全、系统安全、环境安全是云服务提供商的职责范畴，而用户则负责与 IT 系统相关的安全控制，包括操作系统、应用程序和数据。PaaS 提供商主要负责为用户提供简化的分布式软件开发、测试和部署环境，云服务提供商除了负责底层基础设施的安全外，还有操作系统、接口等安全职责，而用户则负责应用和数据的安全。SaaS 提供商将软件作为服务，所以需要保障其所提供的 SaaS 服务从基础设施到应用层的整体安全，不仅负责物理和环境安全，还必须解决基础设施、应用和数据相关的安全控制。不同的云服务模式的安全关注侧重点不同，IaaS 关注基础设施安全，PaaS 关注平台运行安全，SaaS 关注应用安全。同时这三种云服务模式也有共有的安全问题，如数据安全、密钥管理、身份识别和访问权限、安全事件管理、业务连续性与稳定性等。

王惠莅等[①]通过对目前 IaaS、PaaS、SaaS 三种云计算服务模式中存在的安全问题进行分析，提出了云计算平台的安全体系结构，如图 10-1 所示。

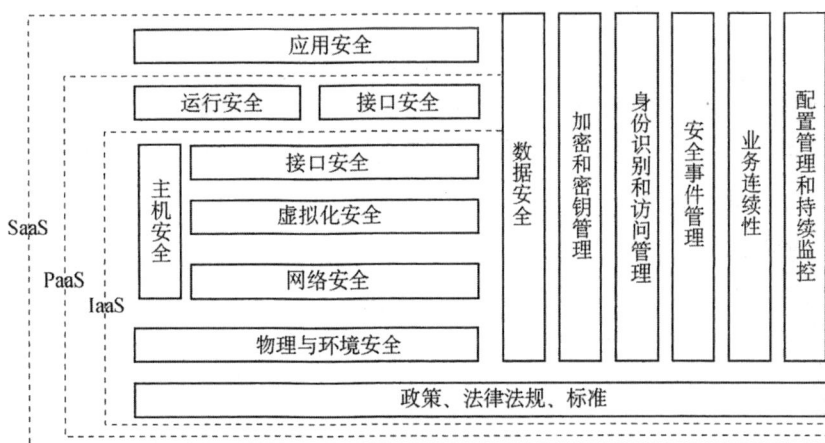

**图 10-1 云计算平台的安全体系架构**

IaaS 层的安全主要包括物理与环境安全、主机安全、网络安全等。物理与环境安全主要包括两个方面：一是指保护云计算平台免遭地震、水灾、火灾等事故及人为行为造成的破坏；二是对云服务供应商的数据中心设施的安全设计和运维进行管理，建立严格的管理规程。云服务依靠互联网提供服务，云服务提供商在网络安全方面应提供防火墙、防毒墙、入侵检测和防护系统等安全措施。在主机安全方面，应提供对操作系统的安全加固、病毒防范、入侵检测及防护功能，同时应加强对操作系统的日志管理和监视。IaaS 服务提供商应保证数据中心的运行连续性，涉及的技术有负载均衡

---

① 王惠莅，杨晨，杨建军. 云计算安全和标准研究 [J]. 信息技术与标准化，2012（5）：16－19＋27.

技术、群集技术和系统高稳定技术。

PaaS 层的安全主要体现在保障用户的业务应用系统的安全部署和安全运行上。运行安全主要包括对用户应用的安全审核、不同应用的监控、不同用户系统的隔离、安全审计等。接口安全指采取相应的安全措施，来确保接口的用户认证、加密和访问控制的有效性，避免利用接口对内和对外的攻击，避免利用接口进行云服务的滥用等。

SaaS 层的安全主要包括应用安全和共有安全。在云计算中对于应用安全，尤其需要注意的是 Web 应用的安全。要保证 SaaS 的应用安全，要在应用的设计开发之初就充分考虑到安全性，应该制定并遵循适合 SaaS 模式的 SDL（安全开发生命周期）规范和流程，从整个生命周期来考虑应用安全。

## （二）移动图书馆云服务安全机制与策略

图书馆在选用移动图书馆云服务解决方案时，必须将安全问题放在重要位置，因此，云服务安全关系到云服务系统的可持续发展。前面提到，在不同的云服务模式下，云服务提供商和图书馆所承担的安全职责有所不同。只有明确职责，依靠双方的共同努力，各司其职，才能从云系统安全、云物理安全、云网络安全、虚拟化安全、云应用安全、云管理安全等方面完善移动图书馆云服务的安全机制。对于使用移动云服务的图书馆而言，可以从如下四个方面制定移动图书馆云服务的安全策略：

首先，图书馆要选用可信的移动云服务提供商。选择云服务提供商之前，须进行信息安全风险评估，选用一个可信的云服务提供商。基于云计算的信息安全风险评测方法是对云计算文档信息、软件信息、应用云计算平台、云安全设施、云存储设施等云计算平台上的所有资源进行分类列表，并根据资源对评估信息系统的重要程度对这些资源进行赋值、威胁识别和脆弱性识别。另外，加强对云服务提供商的信誉、企业实力和安全措施的考察，选用可信的云服务提供商，是降低移动图书馆云服务建设和运营风险，确保读者对移动服务满意度的有效保障。图书馆应考察云服务提供商的商业信誉、企业实力和安全措施，确保提供商具有能够持续、优质地履行云服务租赁合同的信誉与实力，能够有效抗拒云服务的安全风险，保证用户隐私不被泄露和窃取。另外，应根据移动图书馆的业务与安全需求，定期对云服务提供商进行安全性综合评估，及时更新安全服务协议内容，确保云服务平台服务满足图书馆云应用发展的安全需求。

其次，加强移动云服务平台访问的认证和授权。在云计算环境下的用户身份认证对于数据安全起到至关重要的作用，须保证只有通过认证的授权用户才能访问资源云中相应的信息资源。身份管理和访问控制的安全性和可靠性，是保障在云计算环境下移动图书馆云服务平台安全的有效措施。访问安全认证可以通过单点登录的统一身份认证结合特权管理基础设施 PMI（privilege management infrastructure）权限控制技术严格控制不同的用户对资源的访问权限，对图书馆用户角色进行合理的权限划分和管理，例如，区分图书馆用户、管理员和服务提供商的权限，以保证图书馆数据与服务的安全。对移动云服务系统访问者的用户身份进行认证与操作权限分配，主要认证对象为读者、合法用户、云服务提供商管理员、云图书馆管理员和非法攻击者，防止非法用户获取相应的访问权限。

再次，加强数据传输、用户数据安全与隐私保护。在数据的安全传输方面，为确保在云计算环境下数据存储和传输过程中不被丢失、窃取与篡改，无论是终端用户还是存储服务提供商，使用数据加密技术和数字签名认证技术可以有效地保证数据的完整性和隔离性。用户数据，包括读者的姓名、学号、身份证号、学院、专业、电话号码、访问密码等信息，都需要保证足够的安全性，以免被窃取而造成数据和隐私泄露。建议不要在云存储端保存全部完整的用户数据，仅保存系统必需的字段（如学号、专业、电话号码等），读者的详细信息（如密码、身份证号、学院等）尽量通过标准的数据接口的形式实时获取。同时，读者的借阅记录，以及在移动服务系统中的阅读记录与浏览记录等均属于读者的个人隐私，图书馆须在云服务协议中增加相应的约定，要求仅做相应的统计功能用途，云服务提供商不得向第三方提供读者的隐私数据。

最后，加强数字文献的访问监控，防止移动文献资源的滥用，保护移动资源的知识产权。在云服务环境下，文献资源的利用突破了传统数字图书馆的 IP 限制和地域限制，读者只需要拥有智能手机和合法账户，即可在任何地点通过移动终端使用移动文献资源，需在满足读者日常使用的前提下，谨防文献资源的过度使用，最大限度保护数字文献的知识产权。图书馆应该在移动服务系统中有文献资源利用和知识产权保护的提示和告知，以提升读者的版权意识。另外，移动云服务系统必须具有资源访问的实时监控功能，随时监控读者下载文献资源的日志，对于同一读者短时间内大批量下载文献的情况，必须有预警处理机制，在预警阈值达到之前及时提示读者，甚至在接下来的短时间内冻结其下载权限，以促进读者遵守移动文献的知识产权保护条例。

# 二、移动图书馆云服务生态机制

## （一）云计算系统的生态机制

生态系统（Ecosystem）是指在一定区域中共同栖居着的所有生物（即生物群落）与其环境之间由于不断进行物质循环和能量流动过程而形成的统一整体。亚历山大·伦克（Alexander Lenk）等将生态系统的概念引入云计算领域，并提出了云生态系统（Cloud Ecosystem）的概念，认为云生态系统就是云计算技术服务，以及服务提供者所处的更为繁复的环境。其后，更多的研究机构和学者对云计算生态系统的构成要素进行了探索。国际电信联盟远程通信标准化组织认为云计算生态系统包含云服务用户

（CSU）、云服务提供者（CSP）和云服务参与者（CSN）三种角色。王伟军等①提出，云计算生态系统又称为云计算产业生态系统，它以云计算技术为基础，以商业价值创造为核心，由云计算产业链上各方利益相关者共同参与形成的共生平台，它包含用户、政府、软硬件提供商、运维服务商、经销商、金融服务商、科研机构等多种角色，种群多样性是其形成的主要标志。在生态链的层面上，云计算生态系统以云计算技术产生的价值为推动力，以商业利益为纽带，尽管存在众多相互交织的生态链闭合成环，但其整体却是开放的，它既允许契约式个体也允许非契约式个体的加入，随着信息化水平的逐步提高，准入门槛在不断降低。

拉里·卡瓦略（Larry Carvalho）将云计算生态系统划分为八个角色，分别为云服务消费者、独立软件开发商、技术提供商、系统集成商、咨询服务商、创业公司、云服务提供商、软件栈提供商，如图10-2所示。

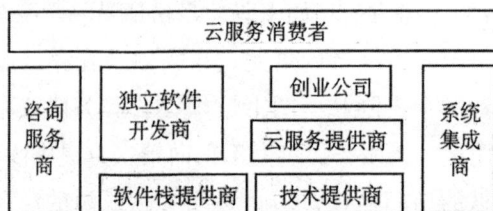

```
┌──────────────────────────────────────────────┐
│                 云服务消费者                    │
├──────┬───────────────────────────────┬────────┤
│ 咨询 │  独立软件      创业公司        │  系统  │
│ 服务 │  开发商        云服务提供商    │  集成  │
│ 商   │  软件栈提供商  技术提供商      │  商    │
└──────┴───────────────────────────────┴────────┘
```

**图10-2　云计算生态系统**

云服务消费者进一步分为个人消费者、中型消费者和大型消费者三类。云服务提供商是云计算服务的载体，也是云计算产业生态系统中的核心，只有构建了云服务平台，其他角色才能获取云计算产业链的价值。独立软件开发商希望通过云带来新的盈利资金流，提供多租户的能力享受规模经济带来的效益。他们在云服务提供商的基础平台上提供了"百花齐放"的增值服务补充，对底层平台也有一定的需求，包括可靠的托管服务、企业到企业（E2E）平台、平台的弹性、计费能力及商业灵敏性等。技术提供商提供一些新的技术，软件栈提供商提供通用的软件栈，为云服务提供商提供可用的技术和产品。咨询服务商和系统集成商可以帮助云服务提供商构建云服务的商业模式和服务平台，同时也可为云服务的消费者提供咨询和集成，采取最佳的方案实现IT基础设施向云的迁移及互操作。创业公司是一种特殊的角色，他们既要使用服务提供商提供的云服务，同时也是云计算产业中新技术和新服务的创新来源，占有重要的地位。他们需要一个带有计费能力的整合的云平台及低成本进入门槛，通过多租户模式实现市场分享。

---

① 王伟军，刘凯，鲍丽倩，等. 云计算生态系统计量研究：形成、群落结构及种群边界［J］. 情报理论与实践，2014，37（9）：11-15+25.

2015 年 2 月，商业伙伴咨询机构发布了《2014—2015 中国云计算生态系统白皮书》，全面阐述了云计算服务在政府行业、教育行业、能源行业、金融行业、制造行业和医疗行业的应用现状，并在白皮书中提出了云计算生态系统模型，如图 10-3 所示。

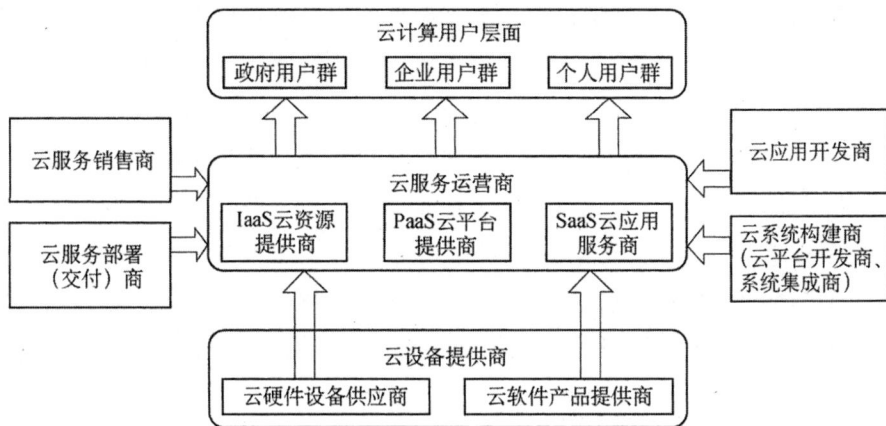

图 10-3　云计算生态系统模型

云计算生态系统模块将云计算生态链分为七大角色，分别为云设备提供商、云系统构建商（云平台开发商、系统集成商）、云应用开发商、云服务运营商（IaaS 云资源服务提供商、PaaS 云平台提供商、SaaS 云应用服务商）、云服务部署（交付）商、云服务销售商和最终用户。

云设备提供商面向全生态系统提供软硬件设备，包括云硬件设备供应商和云软件产品提供商。众多的服务器、存储硬件厂商，数据库、安全等软件产品厂商及网络设备厂商都希望通过云计算平台将自己的产品推广到云计算服务提供商，为各类企业提供服务。

云系统构建商面向云服务运营商提供系统搭建服务，包括云平台开发商（提供云计算平台实现所需的相关技术及软件）和云系统集成商（将软硬件设施相连接，提供云计算平台建设的解决方案）。硬件系统集成商搭建云计算数据中心的硬件系统，即传统的硬件商。软件系统集成商负责云计算系统的软件集成业务。云应用开发商面向云服务运营商提供应用开发服务，为云应用服务商开发及提供云计算应用软件及解决方案，大致可分为通用应用软件开发商和行业应用软件开发商。通用应用软件开发商为云计算系统开发通用类应用软件。该类应用软件无明显行业特征，通常可适用于各类行业的用户。行业应用软件开发商为云计算系统开发行业类应用软件，如银行、医疗、商超、交通等。该类应用软件具有明显的行业特征，不适用于其他行业的用户。

云服务运营商面向全生态系统及用户提供基础云服务，包括 IaaS 云资源服务提供商、PaaS 云平台提供商及 SaaS 云应用服务商。云服务运营商是云生态系统中真正意义上的面向终端客户实现交付的渠道类型。同时，云服务运营商还可为其他云渠道角色如云服务部署商提供支持，从而为客户提供更灵活的服务（如混合云服务）。

云服务部署（交付）商面向最终用户提供云及增值服务交付，以云服务运营商提供的服务为基础，通过自身的增值（咨询、培训、定制开发等）服务，通过满足客户个性化的需求实现盈利。它通常包含云整合服务商、云应用培训服务商和云定制开发商三种角色。云服务销售商面向最终用户提供云服务订阅服务。云服务转售商以向客户提供标准的云服务订阅为盈利手段，与传统 ICT（information and communication technology，信息和通信技术）市场中的零售商不同，云计算带来的交付方式的变化给转售商带来了最大的灵活性，无论是线上还是线下，只要拥有客户资源，即使本身没有任何 IT 服务能力，也可以成为云服务的转售商。

最终用户是云服务的最终归属地，是生态链的最终环节。在云生态链中，最终用户和传统 IT 生态链最大的不同，在于使用单位没有自建机房。最终用户主要包括政府用户、企业用户和公众个人用户。

## （二）移动图书馆云服务生态系统

目前移动图书馆云服务的提供方主要有三种形式，分别为图书馆自主开发的移动服务系统、图书馆购买成熟的云服务平台、资源商开发的云服务平台。第一种为图书馆自主开发的移动服务系统，主要移动服务模式为移动网站和微信，图书馆自主研发的移动网站系统部署在商用的 IaaS 平台为读者提供移动 WAP 服务，或者是图书馆开发的微信系统部署在商用的 PaaS 平台为读者提供微信图书馆服务。第二种是图书馆购买成熟的云服务平台，例如，超星移动图书馆系统和书生移动图书馆系统，利用平台商的 SaaS 服务为读者提供移动网站和移动客户端服务。第三种则是资源商开发的移动云服务平台，为读者提供移动服务；部分资源商服务平台与图书馆进行合作并提供定制服务，例如，首都图书馆就有中国知网和读览天下合作，开发了面向首都图书馆读者专用的移动客户端产品——首图移动知网和首图读览天下。

在当前移动云服务生态系统中，主要存在的问题是资源商、图书馆和云服务平台三者之间的协作太少，导致读者对移动服务的体验较差。试想一下，读者要使用不同文献数据库的移动服务，就必须安装不同资源商的移动客户端，这是多么可怕的事情。图书馆与数字资源商之间的合作较少。每家数字资源提供商纷纷通过推出各自的移动网站或移动客户端的方式，推广各自的移动资源服务，积极在移动服务领域占有一席之地。比如，中国知网推出的手机知网服务，主要面向社会用户服务，服务模式就是按照用户下载篇数收取文献获取费用，难以实现为广大移动用户提供服务的目标。另外，移动云服务平台提供商几乎不与数字资源提供商开展合作，这与目前国内两大主流移动服务提供商（超星公司和书生公司）同为数字资源提供商有很大的关系，导致现有的云服务平台提供商的开放性较差，难以为读者提供丰富的移动资源，严重影响移动服务的读者体验。

要改进目前云服务生态系统存在的问题，提升读者的移动服务体验，须提出新的移动图书馆云服务生态系统，如图 10-4 所示。在新的生态系统中，有用户层、云服务运营商、移动数字资源提供商、移动数字资源集成提供商、云设备提供商、移动应用开发商等六个角色。

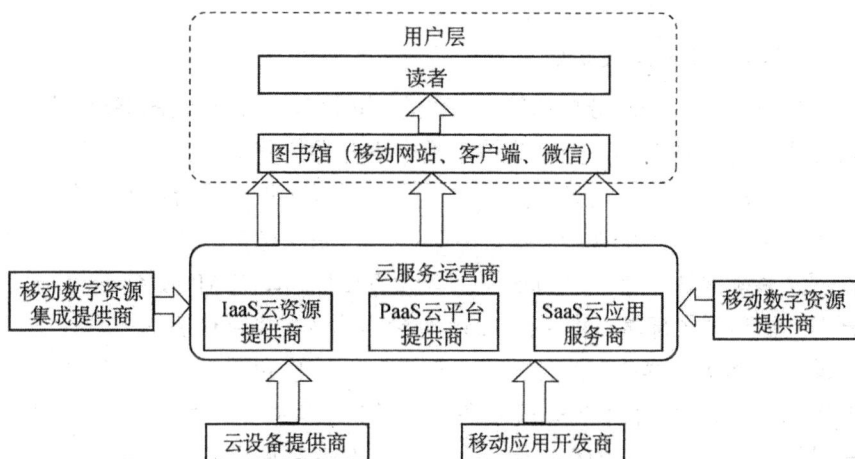

**图 10-4　移动图书馆云服务生态系统**

用户层包括图书馆和读者，读者是移动图书馆云服务的最终消费者和使用者，其使用的所有移动服务均由图书馆直接提供，移动服务模式包括移动网站、微信、客户端等。在此，不提倡数字资源商直接向读者提供移动资源服务，这种服务模式将影响读者对图书馆移动服务的认同感，难以体现图书馆的服务价值。

云服务运营商面向图书馆提供移动云服务的供应商，包括 IaaS 云资源提供商、PaaS 云平台提供商及 SaaS 云应用服务商。IaaS 云资源提供商和 PaaS 云平台提供商可以采用成熟的云服务产品，如新浪云、腾讯云、百度云等。Saas 云应用服务商指移动云服务提供商，如超星公司、书生公司等。

移动数字资源提供商是指向云服务运营商提供移动文献资源的服务商。为了丰富移动资源体系，必须引入数字资源提供商并让其发挥重要作用，以便为移动用户提供类型丰富、海量的移动资源，满足读者的移动阅读需求。除了移动数字资源提供商之外，未来还有可能出现移动数字资源集成商，通过集成数家资源商的数字资源，统一向云服务运营商提供资源服务，这样可以减少合作成本。在这种模式下，图书馆就无需与众多资源商进行商务沟通，直接与云服务提供商协商与约定即可，图书馆可以根据移动资源的使用量支付费用。移动应用开发商向云服务运营商提供各类移动应用，以进一步丰富移动服务体系，打造一个开放的移动服务体系。

## （三）移动图书馆云服务运行机制

根据图 10-4 的移动图书馆云服务生态系统，要提供高质量的移动服务，需要图书馆、移动数字资源提供商、云服务运营商、移动应用开发商几方的共同努力。目前数字资源提供商与服务运营商之间缺乏合同，必须提升数字资源提供商的积极性，因为它们是移动资源的提供方；同时，要提升图书馆的移动服务意识，移动资源的使用不太可能是免费的午餐，要为读者提供更好的移动资源服务，图书馆需要支付相应的费用，当然这个费用不太可能与目前数字图书馆的使用费用相当。作为数字资源提供商，不能漫天要价，毕竟目前移动资源访问不是图书馆的主流服务，移动用户通过移动终端获取和使用文献资源的使用习惯需要进一步培育。只有几方面共同努力，才可以营造移动服务的更好局面，在未来实现合作共赢。提供更丰富的移动资源，才能吸引更多读者使用移动服务，同时，只有更多用户使用移动服务，图书馆才愿意在移动服务领域投入更多的经费。

在移动图书馆云服务运行机制中，必须首先落实各方的职责范围。图书馆作为移动服务的提供方，负责移动服务的管理、宣传与推广，同时保障图书馆管理系统同云服务系统的数据接口的稳定性和有效性。云服务运营商负责提供稳定的云平台服务，同时与移动数字资源提供商、移动应用提供商等进行合作，为移动用户提供丰富的移动资源和移动服务。移动数字资源提供商负责制作更多类型的、丰富的、适合移动终端使用的移动文献资源，并提供稳定的资源服务。移动应用提供商负责开发适合移动终端使用的各类应用服务，方便移动用户通过移动终端开展移动学习和移动阅读等。

要保持移动云服务的高效运行，推进移动云服务生态体系的可持续发展，还必须充分考虑移动云服务生态中各个角色的利益，设计合理的移动服务费用机制，以提升各方的参与积极性。在目前的移动云服务运行模式中，图书馆向云服务运营商支付使用费用，没有考虑移动数字资源商的利益考虑。例如，重庆大学向读者提供的云服务有移动 WAP 网站和客户端服务，均使用超星公司的移动图书馆云服务产品，图书馆向超星公司支付的费用约为 10 万元/年。移动云服务的服务费用机制可以采用两种模式供图书馆选择：第一种是根据移动资源和移动应用的选用量；第二种是根据移动资源和移动应用的使用量。在第一种模式下，移动云服务运营商提供资源列表和应用服务列表供图书馆进行选择，图书馆根据读者需求进行选择，同时根据资源和应用的选用量支付每年的服务费用。在第二种模式下，移动云服务运营商向图书馆开放所有的移动数字资源和移动服务应用，图书馆根据每年的移动资源和应用服务的使用量向运营商支付相应的费用。

# 第二节　移动图书馆云服务管理模式研究

## 一、云服务管理模式现状

云计算服务模式对于服务管理提出了新的要求，在云服务环境下，各自独立分离的运行模式不能支持云服务的展开，新的 IT 运行模式对传统的管理架构提出了挑战。管理是 IT 系统良性运行的重要保障，不同的 IT 设备都有自己的管理系统。特别是大规模数据中心，必须通过集中的管理系统来管理计算、存储、网络等设备，以能够快速响应和处理数据中心的业务变更、异常事件、持续优化。在云计算服务环境下，云服务管理模式包括集中统一运行管理模式、双属性管理模式和三层式管理模式。

### （一）集中统一运行管理模式

在集中统一运行管理模式下，云的操作管理平台能够对计算、存储、网络进行整合，在用户操作平面上形成单一的界面，在逻辑结构、运行结构上很清晰，管理层次少。这种结构虽然在一定程度上实现了统一的业务部署、基础资源的自动化调度，但它的局限性很明显。不同的 IT 业务系统有其固有的专业性，网络、计算、存储各个系统的监控运行、故障处理、软硬件升级、容量与规划完全不同，要在一个管控系统中既做到业务的统一，又做到基础管理的全面，不仅对这个系统本身的规模、复杂性、功能性、专业性提出了挑战，而且对支撑管理运行的团队的操作配合、知识体系、专业交叉也提出了巨大的挑战。即使是一个厂家能够以极高的专业程度整合多个基础资源的运行管理到这样的统一系统，这个系统也必将非常巨大、复杂，其本身的运行维护也会存在极大困难。

### （二）双属性管理模式

第二种管理模式是双属性管理模式，除了统一的运行管理平台，在计算、存储、网络各个系统中集成各自专业的管理系统。不仅可以简化统一运行管理平台的复杂度，又引入了传统成熟的运维管理方式，并分离了云计算的服务运营与基础架构管理，形成一个具备分工与协作的 IT 运行结构。但这种模式的不足在于，对底层物理设备而言，存在两套指令系统（供应云服务的统一管理平台和独立的运维系统），如果存在操作上的偏差，需要这两套系统之间预先定义或确定一个优先顺序，否则在某些条件下会因不同系统的指令冲突而造成服务的异常。同时，对于基础设备来说，两套指令系统的调用接口或协议也可能完全不同，甚至由于当前标准化的不足，针对不同的云管理平台有不同的定制化要求，带来了基础设备运行与设计上的复杂性。

## （三）三层式管理模式

第三种模式是三层式管理模式，统一的云管理平台运行在一个逻辑层面，向云计算用户提供服务界面、云服务供应操作，不直接管理和操作底层设备。中间层是基础资源操作管理层，接收来自上层的云服务调用，并转换为针对底层设备的配置操作，中间层同时作为专业化系统对基础设备执行运行、维护、监管等功能。最下层为基础设备层面，是计算、网络、存储等基础云计算资源连通运行形成的物理层，接收来自上层的指令而运行和提供服务。

对于三层式管理模式，中间管理层统一了来自云服务管理平台的指令和自身的运维变更指令，形成一致的操作集下发，保证了操作的统一性。特别是对云计算而言，上层服务的部署、变化总是会涉及底层多个系统之间的相互关联性变化，例如，虚拟机动态计算的特点使得其网络位置发生变化，存储资源也会因为数据迁移产生位置变更，这都涉及计算、网络、存储各个对象之间的信息交互、协议通告、连接性检查等处理，以保证云服务的连续性与持续性。数据的流转与基础协议交互发生在第三个平面，但是在中间层不同资源的管理控制系统之间也主动进行信息传递。例如，虚拟机管理系统与网管系统之间交互计算迁移、状态与位置等信息，这使云服务的管理过程更为精确和可控，能够实现全部 IT 基础资源之间的关联性，并使得云计算的部署逐步走向更为完善的自动化。三层式管理模式更进一步的好处是，中间管理层作为对基础资源层面的指令层，因其完全由软件构成，具有需求变化的能力，即能够封装多种来自服务层面、异构系统之间的互操作信息，形成下层易执行的指令下发到基础设备上。

# 二、移动图书馆云服务管理问题分析

移动服务在中国得到了广泛的应用，为读者使用图书馆的资源和服务带来了便利，受到了一定的好评。但是，移动服务的满意度还有待进一步提升，加强对于移动服务的管理是提升服务质量的有效手段。国外部分图书馆成立了专门的移动服务部门，聘请了专业馆员从事移动服务的策划、宣传、推广和相应的服务管理工作。在中国，目前少有图书馆对于移动服务开展高效的管理，图书馆对于移动服务的管理主要存在三方面的问题。

首先，图书馆对于移动服务重视程度不够。尽管移动服务在中国公共图书馆和高校图书馆中的普及率较高，但是经常出现无法在图书馆主页找到移动服务入口的情况，或者没有适合智能手机等终端扫描的移动服务二维码，或者缺乏移动服务的详细介绍和使用说明，或者移动图书馆服务的入口隐藏得非常深，不容易被读者发现，这都说明图书馆对于移动服务存在明显的"重建设、轻宣传"的情况。覃凤兰①对"211 工程"高校图书馆的移动服务进行调研，结果发现部分高校图书馆的移动服务栏目设置及链接非常不合理，甚至将移动服务放置在三级栏目，不仔细查看很难找到。魏群义等②也提出对移动服务的宣传不足是中美公共图书馆面临的共性问题，在不少图书馆的主页上难以找到进入移动图书馆的链接或相关介绍，美国图书馆大部分 App 信息是通过使用图书馆的咨询服务（Ask Librarian）获取的。对图书馆移动信息服务的宣传推广力度明显不够，同时对用户的移动服务使用培训也十分缺乏，导致相当多的用户不知道图书馆提供移动服务或者如何使用移动服务。周怡等③针对复旦大学图书馆的读者开展移动服务调研，结果发现 54.06% 的读者从来没有访问过移动图书馆网站。

　　其次，图书馆对于移动服务的认识不到位。在数字图书馆时代，读者越来越习惯于通过数字图书馆检索和使用数字文献，可以说图书馆和读者之间的距离越来越远。移动图书馆是图书馆融入移动互联网时代的契机，是图书馆再次与读者拉近距离的好时机，图书馆可以利用移动图书馆将图书馆的服务和资源直接推送至读者的智能手机终端，未来移动图书馆将和数字图书馆享有同等的建设地位，这也是图书馆发展的重要机遇。部分图书馆对于移动图书馆服务的认识不到位，将移动图书馆系统作为一个资源产品来看待，认为图书馆无须投入人力和物力进行宣传和推广，无须开展有效的服务管理。这是非常错误的认识，随着智能手机的普及，移动服务的业务将有可能超过数字图书馆的业务。移动服务是图书馆信息服务的重要入口，未来将发挥更大的作用，移动服务是读者通过移动终端获取图书馆信息服务的重要途径，未来肯定将成为图书馆信息服务新的增长点。不过部分图书馆在图书馆移动服务的建设与管理上，仍然以技术开发部门为主，业务部门尚未跟进，导致移动服务并未能纳入图书馆的整体业务推广与管理中。

　　最后，图书馆对于移动服务缺乏有效管理。目前，移动服务的服务模式非常丰富，包括短信、移动网站、客户端和微信，为读者提供了非常丰富的移动服务，然而在云服务模式下，移动服务缺乏有效管理。一是移动服务的管理职责不清晰，目前图书馆对于移动服务没有专门的管理部门，又没有专门的管理岗位，大部分图书馆都是由技术部负责维护与管理，而技术部主要职责仅仅是业务系统的正常运行，不可能在移动服务的宣传和推广上投入太多的精力。二是与图书馆业务系统的数据接口不稳定，移动服务中的通知公告、查询借阅记录、OPAC 查询等业务，均需要与图书馆管理系统有

① 覃凤兰."211 工程"高校图书馆移动服务调查分析与对策研究［J］.国家图书馆学刊，2013（1）：26-32.
② 魏群义，袁芳，贾欢，等.我国移动图书馆服务现状调查——以国家图书馆和省级公共图书馆为对象［J］.中国图书馆学报，2014（3）：50-63.
③ 周怡，张敏，李莹.复旦大学移动图书馆用户需求及体验的调查与分析［J］.上海高校图书情报工作研究，2012（2）：28-34.

数据交换，由于缺乏监控，造成移动服务经常无人管理的状态，读者经常反映的问题有服务接口失效、移动服务无法访问、信息更新不及时等。宋恩梅等[①]针对 16 家图书馆的 WAP 网站进行调研，结果发现有 7 家图书馆存在诸如主页无法打开、书目查询功能失败等问题。魏群义等[②]对 32 家公共图书馆的移动服务开展有效性调研，仅有 29.4% 的图书馆提供的通知公告服务完全有效，导致图书馆无法将最新的通知公告推送给读者，而且容易误导读者。三是移动服务管理缺乏规范性，在各种云服务系统中均需要与图书馆管理系统进行数据交互，然后数据接口缺乏统一规划和标准，接口开发维护工作量较大，导致数据接口稳定性较差，经常出现读者无法使用服务的情况，直接影响移动服务的用户体验。

# 三、移动图书馆云服务管理模式

## （一）移动图书馆运营模式

移动图书馆云服务的运营均采用用户租用模式，不管是 IaaS、PaaS，还是 SaaS，图书馆均作为租用单位，向云服务运营商租用相应的云服务，并向图书馆的读者群体提供移动图书馆服务。图书馆是云服务的租用方，根据移动图书馆服务的使用情况，每年向云服务运营商支付使用费用。

## （二）移动图书馆云服务管理模式

在移动图书馆 IaaS 中，图书馆只租用云服务商的 IT 资源（计算资源、网络资源和存储资源）。在移动图书馆 PaaS 中，图书馆除了 IT 资源之外，还租用开发环境等资源。这两种云服务模式，应用业务逻辑均为图书馆自行开发，相关的云服务管理相对较为简单，图书馆负责移动服务的全部管理职责，硬件环境交由云服务运营商负责。在移动图书馆 SaaS 云服务架构下，图书馆直接使用软件服务，无须单独进行应用程序的开发，由于图书馆信息服务的专业性，云服务管理模式相对复杂。仅仅依靠云服务运营商无法单独提供全方位的移动服务，部分移动服务需要图书馆的数据接口支持和馆员的介入。下面重点介绍移动图书馆 SaaS 云服务的管理模式，如图 10-5 所示。

在移动 SaaS 云服务管理模式中，对于云服务平台基础设施层的 IT 资源（计算资源、网络资源和存储资源）实现统一集成管理，有利于提升硬件资源的管理和利用效率，为稳定的移动服务打下良好的基础。对于移动资源商提供的移动资源，由移动资

---

① 宋恩梅，袁琳. 移动的书海：国内移动图书馆现状及发展趋势 [J]. 中国图书馆学报，2010 (5)：34-48.

② 魏群义，袁芳，贾欢，等. 我国移动图书馆服务现状调查——以国家图书馆和省级公共图书馆为对象 [J]. 中国图书馆学报，2014 (3)：50-63.

源商实行统一的资源管理。对于交互式移动服务，即与读者存在交互、与图书馆存在数据交互的服务，则实行分布式管理模式，这部分移动服务通过标准接口与图书馆的管理系统进行数据交互，相应的服务由云服务租用单位——图书馆进行管理，例如，通知公告、OPAC 检索、我的图书馆、硬件资源预约、空间服务预约等。为了保障图书馆在与各种移动服务模式（移动网站、客户端和微信）下的稳定数据交换，提升接口开发效率，减轻技术维护量，建议采用统一的标准接口池，由图书馆统一进行开发与维护，供移动网站、客户端、微信等云服务系统调用，图书馆负责接口池的统一管理，并开展定期维护和监控，以保证各种交互类移动服务的稳定性。

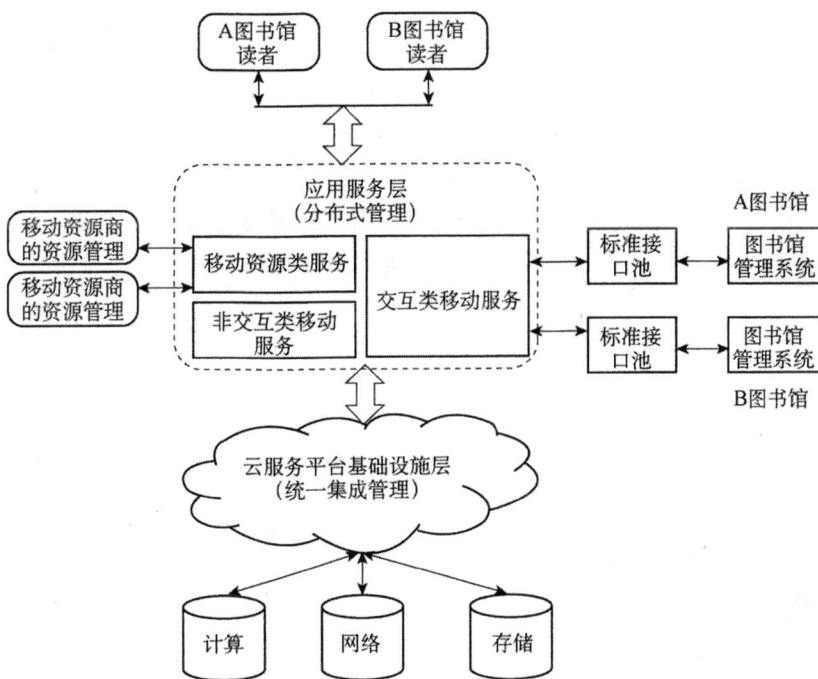

**图 10-5　移动图书馆 SaaS 云服务的管理模式**

加强服务管理是保证服务可持续发展的重要保障。图书馆在部署和租用移动云服务系统之后，必须加强对移动信息服务的管理，包括系统的技术管理和运营管理。技术管理包含系统的运行维护、更新升级等，运营管理则包括移动服务内容的更新建设、用户研究与用户管理、服务管理、人才队伍管理、资金管理、建立管理制度等。目前，我国不少开展移动信息服务的图书馆忽视对移动信息服务的管理，存在明显的"重建设、轻管理"的现象，将云服务的管理全部推给云服务运营商，认为图书馆无须介入服务管理，导致移动云服务用户体验差，用户满意度不高。因此，图书馆应该将移动信息服务与文献信息服务、数字图书馆服务等一起纳入图书馆的整体管理，通过管理保证移动信息服务系统的良性发展，提高用户的满意度。

# 参考文献

[1] 奥德姆, 巴雷特. 生态学基础 [M]. 陆健健, 王伟, 王天慧, 等, 译. 北京: 高等教育出版社, 2009.

[2] 白宇宇. 基于 Android 的移动学习交互平台设计 [D]. 北京: 北京交通大学. 2015.

[3] 保罗·斯盖尔敦. 移动就是一切 [M]. 李亮, 译. 南京: 江苏文艺出版社, 2013.

[4] 毕剑, 刘晓艳, 张禹. 使用响应式网页设计构建图书馆移动门户网站——以云南大学图书馆为例 [J]. 现代图书情报技术, 2015 (2): 97-102.

[5] 蔡君. DRM Fusion: 为移动电视、音乐和视频提供数字保护 [J]. 通讯世界, 2007 (9): 79.

[6] 曹鹏, 明均仁, 段欣余. 国内图书馆 App 移动服务调查与分析 [J]. 图书馆学研究, 2015 (16): 77-83+101.

[7] 陈晨. 微信 JS-SDK 下的社交图书馆的设计与实现 [J]. 知识管理论坛, 2015 (3): 37-44.

[8] 陈刚, 刘坤, 刘毅, 等. 图书馆微信公众平台服务号的设计与开发 [J]. 大学图书情报学刊, 2015 (3): 44-48.

[9] 陈国钢. 基于室内移动位置服务技术的图书馆服务策略探究 [J]. 图书馆建设, 2012 (10): 42-44.

[10] 陈茫, 周力青. 基于 WAP2.0 的移动数字图书馆应用研究 [J]. 图书馆杂志, 2010 (8): 52-56+49.

[11] 陈明. "985" 高校图书馆微信公众平台调查研究 [J]. 农业图书情报学刊, 2015 (5): 91-93.

[12] 陈深贵. 手机图书馆的可用性研究——以上海手机图书馆为例 [J]. 图书馆, 2013 (4): 125-127.

[13] 陈语时. 微信图书馆建设之思考 [J]. 情报理论与实践, 2014 (7): 86-89.

[14] 崔宇红. 基于手机短信平台的图书馆信息推送服务 [J]. 大学图书馆学报, 2004 (4): 67-68.

[15] 邓茹月，覃川，谢显中. 移动云计算的应用现状及存在问题分析 [J]. 重庆邮电大学学报（自然科学版），2012，24（6）：716–723.

[16] 邓巍. 崭露头角的图书馆微信服务 [J]. 图书情报论坛，2013（5）：38–41.

[17] 丁夷. WAP技术在图书馆无线门户网站中的应用 [J]. 情报探索，2011（5）：105–107.

[18] 窦天芳，张成昱，张蓓，等. 移动互联网与传统互联网的服务融合——以清华大学图书馆WAP网站建设为例 [J]. 图书情报工作，2011，55（9）：67–70+84.

[19] 方玮，张成昱，窦天芳. 基于资源整合的手机图书馆系统的设计和实现 [J]. 现代图书情报技术，2009（6）：76–80.

[20] 付跃安. 移动增强现实（AR）技术在图书馆中应用前景分析 [J]. 中国图书馆学报，2013，39（3）：34–39.

[21] 高春玲. 解读美国移动图书馆发展的昨天、今天和明天 [J]. 数字图书馆论坛，2010（11）：25–32.

[22] 高春玲. 中美移动图书馆服务PK [J]. 图书情报工作，2011，55（9）：63–66+44.

[23] 葛倩. 基于云服务的科普资源平台研究与设计 [J]. 软件导刊，2015，14（7）：129–131.

[24] 弓丞. 移动通信系统的发展历程与展望 [J]. 科技资讯，2007（26）：94–95.

[25] 龚亦农. 四种移动图书馆服务系统的比较研究 [J]. 新世纪图书馆，2013（11）：60–62.

[26] 官建文，唐胜宏. 中国移动互联网发展报告（2013）[M]. 北京：社会科学文献出版社，2013.

[27] 官建文. 中国移动互联网发展报告（2012）[M]. 北京：社会科学文献出版社，2012.

[28] 官建文. 中国移动互联网发展报告（2014）[M]. 北京：社会科学文献出版社，2014.

[29] 郭婵. 中美高校图书馆App服务比较研究 [J]. 图书馆学研究，2015（7）：80–85+96.

[30] 过仕明，梁欣. 国内移动图书馆服务模式发展现状与趋势调研 [J]. 大学图书馆学报，2014（1）：90–96.

[31] 韩娟娟. 高校图书馆微信公众账号服务研究——以"211"高校为例 [J]. 图书馆学研究，2015（11）：78–85+29.

[32] 胡小菁，范并思. 云计算给图书馆管理带来挑战 [J]. 大学图书馆学报，2009（4）：7–12.